21 世纪高职高专规划教材·财务会计系列

会 计 实 务

主　编　丁希宝
副主编　杨淑华　李艳梅　邵　婷
参　编　李巧玲　李　琳　刘俊杰

武汉理工大学出版社
·武汉·

内 容 提 要

　　本书主要以滨华有限责任公司的业务为载体,将教学内容划分为十四个项目:会计核算的基本要求,货币资金的核算,应收及预付款项的核算,存货的核算,金融资产的核算,长期股权投资的核算,固定资产的核算,无形资产的核算,流动负债的核算,非流动负债的核算,所有者权益的核算,收入、费用和利润的核算,财务会计报告的编制及特殊会计业务的处理。每个项目按照任务驱动的模式,通过校企合作开发的典型案例,采取做中学的方式,加强高素质技术技能型会计人才的培养。本书根据营业税改征增值税试点实施办法的要求,适当调整了相关内容。

　　本书可作为高职高专院校财经类专业的教材,也可供参加会计师专业技术资格考试的人员、中小企业会计主管和财务工作者使用。

图书在版编目(CIP)数据

会计实务/丁希宝主编. —武汉:武汉理工大学出版社,2016.11
(21世纪高职高专规划教材·财务会计系列)
ISBN 978-7-5629-5190-2

Ⅰ.①会…　Ⅱ.①丁…　Ⅲ.①会计实务　Ⅳ.①F233

中国版本图书馆 CIP 数据核字(2016)第 268032 号

项目负责人:崔庆喜(027-87523138)		**责 任 编 辑**:雷　蕾
责 任 校 对:王小平		**版 面 设 计**:天成图文

出 版 发 行:武汉理工大学出版社
社　　　址:武汉市洪山区珞狮路 122 号
邮　　　编:430070
网　　　址:www.wutp.com.cn
经　　　销:各地新华书店
印　　　刷:湖北丰盈印务有限公司
开　　　本:787×1092　1/16
印　　　张:16.25
插　　　页:1
字　　　数:416 千字
版　　　次:2016 年 11 月第 1 版
印　　　次:2016 年 11 月第 1 次印刷
印　　　数:2000 册
定　　　价:33.00 元

本社购书热线电话:027-87384729　87664138　87165708(传真)
凡购本书,如有缺页、倒页、脱页等印装质量问题,请向出版社发行部调换。

前　言

　　"会计实务"是会计专业的核心课程,主要培养学生遵循《企业会计准则——基本准则》和《企业会计准则——具体准则》,进行资产、负债、所有者权益、收入、费用、利润核算及编制财务报告的能力。本书根据培养高素质技术技能型会计人才的要求,以项目为导向,通过典型案例,采取做中学的方式,突出学生技能的培养。

　　本书共分为会计核算的基本要求,货币资金的核算,应收及预付款项的核算,存货的核算,金融资产的核算,长期股权投资的核算,固定资产的核算,无形资产的核算,流动负债的核算,非流动负债的核算,所有者权益的核算,收入、费用和利润的核算,财务会计报告的编制及特殊会计业务的处理等十四个项目,每个项目包括知识目标、能力目标、学习任务、项目小结,另有配套的《会计实务实训》教材供读者学习参考(第一部分知识能力点测试、第二部分综合能力测试)。

　　本书由长期担任财务会计教学并具有丰富实践经验的双师素质教师编写,主编丁希宝负责项目六、十三、十四;副主编杨淑华负责项目一、五;副主编李艳梅负责项目三、四;副主编邵婷负责项目十、十二;参编李巧玲负责项目二、七;参编李琳负责项目八、九;参编刘俊杰负责项目十一。最后由丁希宝负责统稿。

　　另外,山东滨州东慧会计师事务所、滨州四环五海会计师事务所的相关人员为本书提供了典型案例,并对本书的编写提供了很多宝贵的意见和建议,在此表示衷心的感谢。

　　由于编者水平所限,书中难免存在疏漏或不足,敬请使用本书的师生与读者批评指正,以期修订时改进。

编　者
2016 年 5 月

目　录

项目一　会计核算的基本要求

知识目标

1. 掌握会计的基本内涵。
2. 掌握我国会计准则体系的构成及会计核算的基本前提。
3. 掌握会计核算的基础——权责发生制原则。
4. 掌握会计信息的质量要求。
5. 掌握会计要素的含义及确认条件,掌握会计要素的计量属性。

能力目标

1. 能够理解和运用会计主体、持续经营、会计分期和货币计量等会计基本假设。
2. 能够在会计业务处理中运用权责发生制原则。
3. 能够按照会计信息的质量要求披露会计信息。
4. 能够对资产、负债、所有者权益、收入、费用和利润等会计要素进行确认。
5. 能够按照计量属性的要求对会计要素进行计量。

任务一　会计基本假设与会计基础

一、什么是会计

会计是以货币为主要计量单位,反映和监督一个单位的经济活动的一种经济管理工作。会计是随着人类社会生产的发展和经济管理的需要而产生、发展并不断完善起来的一项经济管理活动,按其报告的对象不同,又划分为财务会计与管理会计两个分支。在企业中,会计主要反映企业的财务状况、经营成果和现金流量,并对企业的经营活动和财务收支进行监督。

会计是现代企业的一项重要的基础性工作,通过一系列的会计程序,提供对决策有用的信息,并积极参与经营管理决策,提高企业的经济效益,服务于市场经济的健康有序发展。会计的服务对象主要有管理当局、投资者、债权人、政府及有关部门、社会公众等。

二、会计基本假设

2006 年 2 月,财政部颁布了《企业会计准则——基本准则》和 38 项具体准则;2006 年 10 月,发布了企业会计准则应用指南,后又陆续印发了企业会计准则解释,构成了当前我国的会计准则体系。其中,基本准则在整个企业会计准则体系中扮演着概念框架的角色,起着统驭作用;具体准则是在基本准则的基础上,对具体交易或者事项会计处理的规范;应用指南是对具体准则的一些重点、难点问题作出的操作性规定;解释是随着企业会计准则的贯彻实施,就实务中遇到的实施问题而对准则作出的具体解释

按照我国《企业会计准则——基本准则》的规定,会计的基本假设包括会计主体、持续经营、会计分期和货币计量四项假设。

会计的基本假设又称作会计的基本前提,是企业会计确认、计量和报告的前提,是对会计核算所处时间、空间环境等所作的合理设定。会计假设为会计核算对象的确定、会计政策的选择和会计人员对会计事项的判断、数据的加工过程提供了基本依据。会计假设是会计工作的重要前提,也是会计基本理论的重要组成部分。

(一)会计主体

会计主体,是指企业会计确认、计量和报告的空间范围。为了向财务报告使用者反映企业的财务状况、经营成果和现金流量,提供对其决策有用的信息,会计核算和财务报告的编制应当集中于反映特定对象的活动,并将其与其他经济实体区别开来,才能实现财务报告的目标。

《企业会计准则——基本准则》第五条指出:"企业应当对其本身发生的交易或者事项进行会计确认、计量和报告。"

需要注意的是,会计主体不同于法律主体。一般来说,法律主体往往是会计主体,但会计主体不一定是法律主体。

【案例 1-1】滨华有限责任公司是一家家具生产企业,其内设主要部门有人力资源部、财务部、生产车间、销售部。滨华有限责任公司作为一个法律主体,应当建立财务会计系统,独立反映其财务状况、经营成果和现金流量,形成一个会计主体。同时,为了加强内部核算监督,其内设机构如人力资源部、财务部、生产车间、销售部等,也可以构成会计主体。

【案例 1-2】某母公司拥有 5 家子公司,母、子公司均属于不同的法律主体,但母公司对子公司拥有控制权,为了全面反映由母、子公司组成的企业集团整体的财务状况、经营成果和现金流量,就需要将企业集团作为一个会计主体,编制合并财务报表。

(二)持续经营

持续经营,是指在可以预见的将来,企业将会按当前的规模和状态继续经营下去,不会停业,也不会大规模削减业务,能够完成其现有的各项经营目标。

一般情况下,应当假定企业将会按照当前的规模和状态继续经营下去。明确这个基本假设,就意味着会计主体将按照既定的用途使用资产,按照既定的合约条件清偿债务,会计人员就可以在此基础上选择会计原则和会计方法。企业破产清算的风险始终存在,一旦企业发生破产清算,所有以持续经营为前提的会计程序与方法就不再适用,而应当采用破产清算的会计程序和方法。若还是以持续经营假设进行会计确认、计量和报告,那所反映的会计信息就是不真实、不准确的,会误导会计信息使用者的经济决策。

《企业会计准则——基本准则》第六条指出:"企业会计确认、计量和报告应当以持续经营为前提。"

正是基于持续经营的假设,在预计的使用寿命内固定资产计提折旧、无形资产进行摊销才能够进行。

(三)会计分期

会计分期,是指将企业持续经营的生产经营活动划分为一个个连续的、长短相同的期

间,据以结算账目和编制会计报表,从而及时地提供有关企业的财务状况、经营成果和现金流量的会计信息。

《企业会计准则——基本准则》第七条指出:"企业应当划分会计期间,分期结算账目和编制财务会计报告。会计期间分为年度和中期。中期是指短于一个完整的会计年度的报告期间。"我国目前的会计分期采用公历年度,自公历 1 月 1 日至 12 月 31 日为一个会计年度,中期包括月度、季度和半年度。

会计分期对于确定会计核算的程序和方法具有极为重要的作用。有了会计分期假设,才产生了本期与非本期的区别,才产生了收付实现制和权责发生制,才有了收益性支出和资本性支出的划分,才产生了收入与费用配比等要求以及应收、应付等会计处理。只有正确划分会计期间,才能准确地提供财务状况和经营成果的资料,才能进行会计信息的对比。

(四)货币计量

货币计量,是指会计主体在财务会计确认、计量和报告时以货币计量,反映会计主体的生产经营活动。

《企业会计准则——基本准则》第八条指出:"企业会计应当以货币计量。"我国企业的会计核算以人民币为记账本位币。业务收支以外币为主的企业,也可以选定某种外币为记账本位币,但编制的会计报表应当折算为人民币反映。境外企业向国内有关部门编报会计报表,应当折算为人民币反映。

三、会计基础

《企业会计准则——基本准则》第九条指出:"企业应当以权责发生制为基础进行会计确认、计量和报告。"权责发生制基础要求,凡是当期已经实现的收入和已经发生或应当负担的费用,无论款项是否收付,都应当作为当期的收入和费用,计入利润表;凡是不属于当期的收入和费用,即使款项已在当期收付,也不应当作为当期的收入和费用。

【案例 1-3】2×14 年 12 月 25 日,滨华有限责任公司收到甲公司预付的货款 100 000元,商品在 2×15 年 1 月 6 日发出并开具增值税专用发票。对于此项销售,滨华有限责任公司确认销售收入时间为 2×15 年 1 月。

收付实现制是与权责发生制相对应的一种会计基础,它是以收到或支付的现金作为确认收入和费用等的依据。目前,我国的行政单位会计采用收付实现制,事业单位会计除经营业务可以采用权责发生制外,其他大部分业务采用收付实现制。

任务二　会计信息质量要求

会计信息质量要求是对企业财务报告中所提供的会计信息质量的基本要求,是使财务报告中所提供会计信息对投资者等使用者决策有用应具备的基本特征,也称为会计信息质量标准或者会计基本原则。《企业会计准则——基本准则》规定,会计信息质量要求主要包括可靠性、相关性、可理解性、可比性、实质重于形式、重要性、谨慎性和及时性等。

一、可靠性

可靠性要求企业应当以实际发生的交易或者事项为依据进行确认、计量和报告,如实反映符合确认和计量要求的各项会计要素及其他相关信息,保证会计信息真实可靠、内容完整。可靠性是对会计工作的基本要求。

为了贯彻可靠性要求,企业应当做到:

(1)以实际发生的交易或者事项为依据进行确认、计量,将符合会计要素定义及其确认条件的资产、负债、所有者权益、收入、费用和利润等如实反映在财务报告中。

(2)在符合重要性和成本效益原则的前提下,保证会计信息的完整性,其中应当编报的报表及其附注内容等应当保持完整,不能随意遗漏或者减少应予披露的信息。

(3)包括在财务报告中的会计信息应当是中立的、无偏的。如果企业在财务报告中为了达到事先设定的结果或效果,通过选择或列示有关会计信息以影响决策和判断的,这样的财务报告信息就不是中立的。

【案例1-4】某商业企业于2×14年年末发现公司销售收入萎缩,无法实现年初确定的销售收入目标,但考虑到在2×15年春节前后,公司销售收入可能会出现较大幅度的增长,公司为此提前预计库存商品销售,在2×14年年末制作了若干存货出库凭证,并确认销售收入实现。公司的这种处理不是以其实际发生的交易事项为依据的,而是虚构的交易事项,违背了会计信息质量要求的可靠性原则,也违背了我国会计法的规定。

二、相关性

相关性又称有用性,要求企业提供的会计信息应当与投资者等财务报告使用者的经济决策需要相关,有助于投资者等财务报告使用者对企业过去、现在或者未来的情况作出评价或者预测。

会计信息的价值在于与决策相关,有助于决策。不同的信息使用者所需求的会计信息侧重点不同:投资者需要了解企业的获利能力以及企业的财务状况,以作出是否增加、保持或减少投资的决策;债权人要求了解债务人的偿债能力,以作出继续发放或收回贷款的决策;企业管理当局需要掌握企业预算、计划的执行情况来控制企业的经营活动;国家宏观经济管理需要掌握各方面的信息以作出宏观经济决策。相关性要求会计在收集、加工和提供会计信息时,应该充分考虑各信息使用者的决策需求,提供与其经营决策相关的信息,满足其共性需求。相关性是以可靠性为前提的,要求尽可能做到相关性,以满足会计信息使用者的决策需要。

三、可理解性

可理解性要求企业提供的会计信息应当清晰、明了,便于财务报告使用者理解和使用。

企业编制财务报告、提供会计信息的目的在于使用,而要使使用者有效使用会计信息,应当能让其了解会计信息的内涵,弄懂会计信息的内容,这就要求财务报告所提供的会计信息应当清晰、明了,易于理解。只有这样,才能提高会计信息的有用性,达到财务报告的目标,满足向投资者等财务报告使用者提供决策有用信息的要求。

坚持可理解性,一是做到会计提供的信息要简明、易懂、准确、清晰,容易被人所理解;二是努力提高会计信息使用者认识和理解会计信息的水平。

四、可比性

可比性要求企业提供的会计信息应当相互可比。这主要包括两层含义:

(一)同一企业不同时期纵向可比

同一企业不同时期发生的相同或者相似的交易或者事项,应当采用一致的会计政策,不得随意变更。确需变更的,应当在附注中加以说明。

为了便于投资者等财务报告使用者了解企业财务状况、经营成果和现金流量的变化趋势,比较企业在不同时期的财务报告信息,全面、客观地评价过去、预测未来,从而做出决策,会计信息质量的可比性要求同一企业不同时期发生的相同或者相似的交易或者事项,应当采用一致的会计政策,不得随意变更。但是,满足会计信息可比性要求,并非表明企业不得变更会计政策,如果按照规定或者在会计政策变更后可以提供更可靠、更相关的会计信息,可以变更会计政策。有关会计政策变更的情况,应当在附注中予以说明,以防止会计信息使用者产生误解。

(二)不同企业相同会计期间横向可比

不同企业发生的相同或者相似的交易或事项,应当采用规定的会计政策,确保会计信息口径一致、相互可比,以便使各企业提供的会计核算资料和数据具有可比性。

为了使不同企业相同会计期间横向可比,需要做好两方面的工作:一是国家在制定有关的会计法规时要尽量减少企业选择会计政策的余地;二是企业要严格按照国家统一的会计法规规定选择会计政策。

五、实质重于形式

实质重于形式要求企业应当按照交易或者事项的经济实质进行会计确认、计量和报告,不仅仅以交易或者事项的法律形式为依据。

在实际工作中,大多数情况下,经济业务的法律形式反映了经济实质。但在有些情况下,经济实质与法律形式不同,我们应该以经济实质为标准进行会计核算,而不能仅仅根据它们的法律形式进行核算和反映。例如,用融资租赁方式租入固定资产,在租赁期满前,从法律形式上看,承租人未拥有租赁资产的所有权,但从经济实质上看,与该资产相关的收益和风险已经转移给承租人,因为租赁期很长,接近租赁资产的使用寿命;租赁期满后承租人有优先购买该资产的权利;在租赁期内,承租人有权使用该项资产,获得资产收益,承担资产使用中所发生的费用,并应计提折旧。遵循实质重于形式要求,承租人应该将用融资租赁方式租入的固定资产视为其自有的固定资产进行会计核算。遵守该要求体现了对经济实质的尊重,能够保证企业所提供的会计信息与客观经济事实相符。合并报表、售后回购、售后回租等也应严格遵守这一规定。

六、重要性

重要性要求企业提供的会计信息应当反映与企业财务状况、经营成果和现金流量有关的所有重要交易或者事项。

在实务中,如果会计信息的省略或者错报会影响投资者等财务报告使用者据此作出决策的,该信息就具有重要性。确认会计信息的重要性,在很大程度上取决于会计人员的职业判断,企业应当根据其所处环境和实际情况,从项目的性质和金额大小两方面加以判断。从质的方面讲,只要该会计事项的发生可能对决策有重大影响,则属于重要事项;从量的方面讲,该会计事项发生额到总资产的一定比例时,则认为是重要事项。

七、谨慎性

谨慎性又称稳健性,要求企业对交易或者事项进行会计确认、计量和报告时应当保持应有的谨慎,不应高估资产或者收益、低估负债或者费用。

谨慎性贯穿于会计核算的全过程,包括确认、计量、报告等方面。在会计核算工作中坚持谨慎性原则,要求企业在面临不确定因素的情况下做出职业判断时应当保持必要的谨慎,充分估计到各种风险和损失,既不高估资产或收益,也不低估负债或费用。例如,要求企业定期或者至少于每年年度终了,对可能发生的各项资产损失计提资产减值准备,以及固定资产的加速折旧等都是谨慎性要求的体现。谨慎性要求体现的是对历史成本的修正。

但是,企业应正确理解谨慎性,不得歪曲和任意使用。谨慎性的应用不允许企业设置秘密准备,如果企业故意低估资产或者收益,或者故意高估负债或者费用,将不符合会计信息的可靠性和相关性要求,会损害会计信息质量,扭曲企业实际的财务状况和经营成果,从而对使用者的决策产生误导,这是不符合会计准则要求的。

八、及时性

及时性要求企业对于已经发生的交易或者事项,应当及时进行确认、计量和报告,不得提前或者延后,以保证会计信息及时、有用。

会计信息的提供具有较强的时效性,其使用价值会随着时间的推移而逐渐下降,失去其利用价值,甚至会误导信息使用者作出不正确的经营决策。在会计确认、计量和报告过程中贯彻及时性:一是要求及时收集会计信息;二是要求及时处理会计信息;三是要求及时传递会计信息。

任务三　会计要素及其计量属性

一、会计要素

会计要素是为了实现会计目标,根据交易或者事项的经济特征所确定的财务会计对象的基本分类,是会计核算对象的具体化,是财务报表所列示的内容,是会计用以反映会计主体财务状况、确定经营成果的基本单位。按照我国《企业会计准则——基本准则》的规定,会计要素按照其性质分为资产、负债、所有者权益、收入、费用和利润,其中,资产、负债和所有者权益要素侧重于反映企业的财务状况,收入、费用和利润要素侧重于反映企业的经营成果。会计要素的界定和分类可以使财务会计系统更加科学、严密,为投资者等财务报告使用者提供更加有用的信息。

(一)反映企业财务状况的会计要素

1. 资产

资产是指企业过去的交易或者事项形成的、企业拥有或者控制的、预期会给企业带来经济利益的资源。一个企业从事生产经营活动,必须具备一定的物质资源,或者说物质条件。

资产具有三个特征:一是由过去的交易或事项形成;二是必须由企业拥有或控制;三是预期能够给企业带来经济利益。

一项资源是否作为企业的资产确认,除符合上述资产的定义外,还必须同时满足以下两个条件:一是与该资源有关的经济利益很可能流入企业;二是该资源的成本或者价值能够可靠地计量。

为了正确反映企业的财务状况,通常将企业的全部资产按其流动性分为流动资产和非流动资产。当资产满足下列条件之一时,应当归类为流动资产:一是预计在一个正常营业周期中变现、出售或耗用;二是主要为交易目的而持有;三是预计在资产负债表日起一年内(含一年,下同)变现;四是在资产负债表日起一年内,交换其他资产或清偿负债的能力不受限制的现金或现金等价物。流动资产主要包括货币资金、交易性金融资产、应收票据、应收账款、预付账款、应收利息、应收股利、其他应收款和存货等。

流动资产以外的资产应当归类为非流动资产,并应按其性质分类列示。非流动资产主要包括持有至到期投资、可供出售金融资产、长期股权投资、固定资产、在建工程、工程物资、无形资产等。

2. 负债

负债是指企业过去的交易或者事项形成的、预期会导致经济利益流出企业的现时义务。现时义务是指企业在现行条件下已承担的义务,而未来发生的交易或者事项形成的义务,不属于现时义务,不应当确认为负债。

负债具有如下特征:一是过去的交易和事项形成的现时义务;二是义务包括法定义务和推定义务;三是义务的履行必须会导致经济利益的流出。

一项义务是否作为企业的负债确认,除符合上述负债的定义外,还必须同时满足以下两个条件:一是与该义务有关的经济利益很可能流出企业,二是未来流出的经济利益的金额能够可靠地计量。符合负债定义和负债确认条件的项目,应当列入资产负债表。

负债满足下列条件之一时,应当归类为流动负债:一是预计在一个正常营业周期中清偿;二是主要为交易目的而持有;三是在资产负债表日起一年内到期应予以清偿;四是企业无权自主地将清偿推迟至资产负债表日后一年以上。流动负债主要包括短期借款、应付票据、应付账款、预收账款、应付职工薪酬、应交税费、应付利息、应付股利和其他应付款等。

除流动负债以外的负债应当归类为非流动负债,并应按其性质分类列示。非流动负债主要包括长期借款、应付债券和长期应付款等。

3. 所有者权益

所有者权益是指企业资产扣除负债后由所有者享有的剩余权益,又称净资产。所有者权益的来源包括所有者投入的资本、直接计入所有者权益的利得和损失(如其他综合收益)、留存收益等。

直接计入所有者权益的利得或损失,是指不应计入当期损益、会导致所有者权益发生增减变动的、与所有者投入资本或者向所有者分配利润无关的利得或者损失。利得是指由企业非日常活动所形成的、会导致所有者权益增加的、与所有者投入资本无关的经济利益的流入。损失是指由企业非日常活动所发生的、会导致所有者权益减少的、与向所有者分配利润无关的经济利益的流出。

【**案例1-5**】2×15年10月1日，甲公司以每股10元购入某公司股票10 000股，购入后甲公司将其划分为可供出售金融资产。2×15年12月31日，每股股票的市价为12元，公允价值上涨20 000元，属于利得，直接计入所有者权益（其他综合收益）。

如果2×15年12月31日，每股股票的市价为9元，公允价值下降10 000元，属于损失，也直接计入所有者权益（其他综合收益）。

留存收益是企业历年实现的净利润留存于企业的部分，主要包括累计计提的盈余公积和未分配利润。

所有者权益具有如下特征：一是所有者权益不像负债那样需要偿还，除非发生减资、清算，企业不需要偿还其所有者权益；二是企业清算时，负债往往优先清偿，而所有者权益只有在清偿所有的负债之后才返回给所有者；三是所有者权益能够分享企业实现的利润，而负债则不能参与企业利润的分配，只能按照预先约定的条件取得利息收入。

对于所有者权益的确认，由于所有者权益体现的是所有者在企业中的剩余权益，因此，所有者权益的确认主要依赖于其他会计要素，尤其是资产和负债的确认；所有者权益金额的确定也主要取决于资产和负债的计量。

（二）反映企业经营成果的会计要素

1. 收入

收入是指企业在日常活动中形成的、会导致所有者权益增加的、与所有者投入资本无关的经济利益的总流入。其中日常活动是指销售商品、提供劳务及让渡资产使用权等。收入只有在经济利益很可能流入从而导致企业资产增加或者负债减少，且经济利益的流入额能够可靠计量时才能予以确认。符合收入定义和收入确认条件的项目，应当列入利润表。收入不包括为第三方或者客户代收的款项。

收入具有以下特征：一是收入是从企业的日常活动中产生的，如销售商品所获得的收入；收入不是从偶发的交易或事项中产生的，如处置固定资产获得的收益。二是收入可能表现为企业资产的增加或负债的减少，或二者兼而有之。

企业的收入按其从事日常活动的性质可分为销售商品收入、提供劳务收入和让渡资产使用权收入。收入按其日常活动在企业所处地位可分为主营业务收入和其他业务收入。主营业务收入是企业为达到其经营目标而从事的日常活动中的主要项目的收入，如工业企业出售商品的收入等。其他业务收入是主营业务以外的其他日常活动收入，如工业企业出售材料的收入等。

2. 费用

费用是指企业在日常活动中发生的、会导致所有者权益减少的、与向所有者分配利润无关的经济利益的总流出。费用只有在经济利益有可能流出从而导致企业资产减少或者负债增加、且经济利益的流出额能够可靠计量时才能予以确认。符合费用定义和费用确认条件的项目，应当列入利润表。企业为生产产品、提供劳务等发生的可归属产品成本、劳务成本等的费用，应当在确认产品销售收入、劳务收入等时，将已销售产品、已提供劳务的成本等计入当期损益。企业发生的支出不产生经济利益的，或者即使能够产生经济利益，但不符合或者不再符合资产确认条件的，应当在发生时确认为费用，计入当期损益。企业发生的交易或者事项导致其承担了一项负债而又不确认为一项资产的，应当在发生时确认为费用，计入当期损益。

　　企业的费用主要包括营业成本和期间费用两部分。营业成本是指销售商品或者提供劳务的成本，是可以对象化的费用，通常称为制造成本或劳务成本。营业成本按照其销售商品或提供劳务在企业日常活动中所处的地位可分为主营业务成本和其他业务成本。期间费用是不能予以对象化的费用，由销售费用、管理费用和财务费用构成。

　　3. 利润

　　利润是指企业在一定会计期间的经营成果，包括收入减去费用后的净额与直接计入当期利润的利得或损失等。直接计入当期利润的利得或损失，是指应当计入当期损益、会导致所有者权益发生增减变动的、与所有者投入资本或者向所有者分配利润无关的利得或损失，如固定资产处置的净损益。利润有营业利润、利润总额和净利润之分。

　　【案例1-6】2×15年12月10日，甲公司将不需要的一项固定资产对外处置，取得收入100 000元，存入银行，该项固定资产处置时账面价值为90 000元，假定无其他处置费用。处置固定资产的净收益为10 000元，属于利得，直接计入当期损益（营业外收入）。

　　如果处置收入为70 000元，处置固定资产的净损失为20 000元，属于损失，也直接计入当期损益（营业外支出）。

二、会计要素计量属性

(一)计量属性的内容

　　企业在将符合确认条件的会计要素登记入账并列报于财务报表时，应当按照规定的会计要素计量属性进行计量，确定相关金额。从会计角度，计量属性反映的是会计要素金额的确定基础，主要包括历史成本、重置成本、可变现净值、现值和公允价值等。

　　1. 历史成本

　　历史成本又称为实际成本或原始成本，就是取得或制造某项财产物资时所实际支付的现金或者其他等价物。按照历史成本的计量属性，资产按照其购置时支付的现金或者现金等价物的金额，或者按照购置资产时所付出的对价的公允价值计量；负债按照其因承担现时义务而实际收到的款项或者资产的金额，或者承担现时义务的合同金额，或者按照日常活动中为偿还负债预期需要支付的现金或者现金等价物的金额计量。

　　2. 重置成本

　　重置成本又称现行成本，是指按照当前市场条件，重新取得同样一项资产所需支付的现金或现金等价物金额。按照重置成本的计量属性，资产按照现在购买相同或者相似资产所需支付的现金或者现金等价物的金额计量；负债按照现在偿付该项债务所需支付的现金或者现金等价物的金额计量。

　　3. 可变现净值

　　可变现净值是指在正常生产经营过程中以预计售价减去进一步加工成本和销售所必需的预计税金、费用后的净值。按照可变现净值的计量属性，资产按照其正常对外销售所能收到现金或者现金等价物的金额扣减该资产至完工时估计将要发生的成本、销售费用以及相关税金后的金额计量。

　　4. 现值

　　现值是指资产或者负债形成的未来现金流量以恰当的折现率进行折现后的价值，是考虑货币时间价值因素等的一种计量属性。按照现值的计量属性，资产按照预计从其持续使用和最终处置中所产生的未来净现金流入量的折现金额计量;负债按照预计期限内需要偿还的未来净现金流出量的折现金额计量。

5. 公允价值

公允价值是指市场参与者在计量日的有序交易中,出售一项资产所能收到或者转移一项负债所需支付的价格。企业以公允价值计量相关资产或负债,应当假定市场参与者在计量日出售资产或转移负债的交易,是在当前市场条件下的有序交易,应当使用在当前情况下适用并且有足够可利用数据和其他信息支持的估值技术。

(二)计量属性的应用原则

企业在对会计要素进行计量时,一般应当采用历史成本。采用重置成本、可变现净值、现值、公允价值计量的,应当保证所确定的会计要素金额能够取得并可靠计量。在取得一项资产时,历史成本和公允价值一般是统一的,但随着资产的使用,两者出现了分离。

附表　会计科目

会计科目作为会计要素的构成及其变化情况,是会计信息记录、生成、归类、传输的重要手段,为此,会计科目的设置应当努力做到科学、合理、适用。首先,会计科目的设置应当和会计准则的要求相一致;其次,会计科目的设置要满足企业内部管理和外部信息需要;最后,鉴于不同企业、不同业务的特点不同,对会计科目的设置可能应有所区别,为此,企业应结合自身特点,设置符合规定和企业需要的会计科目。

具体设置会计科目时,一般应从会计要素出发,将会计科目分为资产类、负债类、所有者权益类、成本类、损益类和共同类等。我国《企业会计准则——应用指南》提供了会计科目设置的指引,具体如表1-1所示。企业在不违反会计准则中确认、计量和报告规定的前提下,可以根据本单位的实际情况自行增设、分拆、合并会计科目;企业不存在的交易或者事项,可不设置相关会计科目;会计科目编号供企业填制会计凭证、登记会计账簿、查阅会计账目、采用会计软件系统时参考,企业可根据实际情况自行确定会计科目编号。

表1-1　主要会计科目表

顺序号	编号	会计科目名称	顺序号	编号	会计科目名称
		一、资产类	10	1221	其他应收款
1	1001	库存现金	11	1231	坏账准备
2	1002	银行存款	12	1401	材料采购
3	1012	其他货币资金	13	1402	在途物资
4	1101	交易性金融资产	14	1403	原材料
5	1121	应收票据	15	1404	材料成本差异
6	1122	应收账款	16	1405	库存商品
7	1123	预付账款	17	1406	发出商品
8	1131	应收股利	18	1408	委托加工物资
9	1132	应收利息	19	1411	周转材料

续表 1-1

顺序号	编号	会计科目名称	顺序号	编号	会计科目名称
20	1471	存货跌价准备	50	2501	长期借款
21	1501	持有至到期投资	51	2502	应付债券
22	1502	持有至到期投资减值准备	52	2701	长期应付款
23	1503	可供出售金融资产	53	2702	未确认融资费用
24	1511	长期股权投资	54	2711	专项应付款
25	1512	长期股权投资减值准备	55	2801	预计负债
26	1521	投资性房地产	56	2901	递延所得税负债
27	1531	长期应收款			三、共同类
28	1532	未实现融资收益	57	3001	清算资金往来
29	1601	固定资产	58	3101	衍生工具
30	1602	累计折旧	59	3202	被套期项目
31	1603	固定资产减值准备			四、所有者权益类
32	1604	在建工程	60	4001	实收资本
33	1605	工程物资	61	4002	资本公积
34	1606	固定资产清理	62	4101	盈余公积
35	1701	无形资产	63	4103	本年利润
36	1702	累计摊销	64	4104	利润分配
37	1703	无形资产减值准备	65	4201	库存股
38	1801	长期待摊费用			五、成本类
39	1811	递延所得税资产	66	5001	生产成本
40	1901	待处理财产损溢	67	5101	制造费用
		二、负债类	68	5201	劳务成本
41	2001	短期借款	69	5301	研发支出
42	2201	应付票据	70	5401	工程施工
43	2202	应付账款	71	5402	工程结算
44	2203	预收账款			六、损益类
45	2211	应付职工薪酬	72	6001	主营业务收入
46	2221	应交税费	73	6051	其他业务收入
47	2231	应付利息	74	6101	公允价值变动损益
48	2232	应付股利	75	6111	投资收益
49	2241	其他应付款	76	6301	营业外收入

续表 1-1

顺序号	编号	会计科目名称	顺序号	编号	会计科目名称
77	6401	主营业务成本	82	6603	财务费用
78	6402	其他业务成本	83	6701	资产减值损失
79	6403	营业税金及附加	84	6711	营业外支出
80	6601	销售费用	85	6801	所得税费用
81	6602	管理费用	86	6901	以前年度损益调整

▶▶▶ 项 目 小 结

本项目是会计基本准则的主要内容,理论性较强。对本项目的学习,为后续各项目中会计要素的确认、计量、记录和报告奠定了理论基础。

1. 会计是以货币为主要计量单位,反映和监督一个单位经济活动的一种经济管理工作。在企业中,会计主要反映企业的财务状况、经营成果和现金流量,并对企业经营活动和财务收支进行监督。

2. 会计基本假设是企业会计确认、计量和报告的前提,是对会计核算所用的时间和所处的空间所作的合理设定。会计基本假设包括会计主体、持续经营、会计分期和货币计量四个方面。

3. 会计信息质量要求是对企业财务报告中所提供的会计信息质量的基本要求,是使财务报告中所提供会计信息对使用者决策有用所应具备的基本特征,包括可靠性、相关性、可理解性、可比性、实质重于形式、重要性、谨慎性和及时性这八条要求。

4. 会计要素是指按照交易或事项的经济特征所作的基本分类,分为反映企业财务状况的会计要素,如资产、负债和所有者权益;反映企业经营成果的会计要素,如收入、费用和利润。

5. 会计计量是指根据一定的计量标准和计量方法,记录并在会计主体资产负债表和利润表中确认和列示会计要素而确认其金额的过程,主要包括历史成本、重置成本、可变现净值、现值以及公允价值。

项目二　货币资金的核算

知识目标

1. 掌握货币资金的含义及组成。
2. 掌握库存现金的管理规范及其核算要求。
3. 掌握银行存款的管理规范及其核算要求。
4. 掌握其他货币资金的组成及其核算要求。
5. 掌握货币资金内部控制的基本要求。

能力目标

1. 能够进行库存现金的序时核算,登记现金日记账;能够进行备用金的核算;能够进行库存现金的清查及其核算。
2. 能够进行银行存款的序时核算,登记银行存款日记账;能对银行存款进行核对,能处理未达账项,编制银行存款余额调节表。
3. 能够对其他货币资金各个项目进行核算。

货币资金是指企业的营运资金在循环过程中,停留在货币状态的那部分资金。其基本特点是普遍可接受性和最强的流动性。按用途和存放地点的不同,货币资金可分为:①库存现金,是直接可以使用的货币,包括人民币和外币。②银行存款,是存放在银行等金融机构的货币资金。③其他货币资金,包括外埠存款、银行汇票存款、银行本票存款和在途货币资金等。

任务一　库存现金的核算

一、什么是库存现金

库存现金,是指存放在企业中,由出纳人员保管以应付日常零星开支的现钞,包括库存的人民币和各种外币。库存现金不便于携带,不利于远程交易结算,不利于大额交易结算,流动性最大,最容易被挪用或侵占。企业必须加强对库存现金的管理,以提高其使用效率,保护其安全、完整。企业应严格执行国务院颁布的《现金管理暂行条例》,管理和使用库存现金。

二、库存现金的管理规范

(一)库存现金的使用范围

《现金管理暂行条例》规定,开户单位可以在下列范围内使用库存现金:

(1)职工工资、津贴；

(2)个人劳务报酬；

(3)根据国家规定颁发给个人的科学技术、文化艺术、体育等各种奖金；

(4)各种劳保、福利费用以及国家规定的对个人的其他支出；

(5)向个人收购农副产品和其他物资的价款；

(6)出差人员必须随身携带的差旅费；

(7)结算起点以下的零星支出；

(8)中国人民银行确定需要支付现金的其他支出。

(二)库存现金的保管与日常使用

由出纳人员负责库存现金的收、付及保管，非出纳人员不得经管库存现金。库存现金收入都应开具收款收据，签发库存现金收款收据与经手收款的人员应当分开，收款后加盖"现金收讫"戳记。如由业务部门人员或会计人员填制发票和收款收据，出纳人员据以收款，以防差错与作弊。收入的库存现金应当天入账，当天送存银行。如收款是在银行停止收款后收取的，应于第二天送存银行；当日送存确有困难的，应取得开户银行同意后，按双方协商的时间送存。库存现金支出都要有原始凭证，由经办人签名，经主管和有关人员审核批准后，会计人员审核编制付款凭证，出纳人员才能据以付款，在付款后，应加盖"现金付讫"戳记，妥善保管。

(三)库存现金的限额

库存现金限额是指为保证各单位日常零星支付，按规定允许留存的库存现金的最高数额。库存现金的限额由开户行根据开户单位的实际需要和距离银行的远近等情况核定。库存现金限额一般按照单位 3～5 天日常零星开支所需库存现金确定。远离银行机构或交通不便的单位可依据实际情况适当放宽，但最高不得超过 15 天的日常零星开支。

库存现金限额的计算方式一般是：

库存现金限额＝前一个月的平均每天支付的数额(不含每月平均工资数额)×限定天数

库存现金限额经银行核定批准后，应当严格遵守，每日结存的库存现金不得超过核定的限额。如库存现金不足限额，可向银行提取现金；库存现金超过限额，应及时送存开户行。库存现金限额一般每年核定一次，如需要增加或减少库存现金限额，可向开户银行提出申请，经批准后，方可进行调整，单位不得擅自超出核定限额增加库存现金的存放数额。

(四)严禁坐支库存现金

所谓坐支，是指将本单位的库存现金收入直接用于库存现金支出。按照《现金管理暂行条例》及其实施细则的规定，收入的库存现金要送存开户行，支付的库存现金可以从现金库存中支付或者从开户银行提取，不得从库存现金收入中直接支出(即坐支)。这主要是因为坐支使银行无法准确掌握各单位的库存现金收入来源和支出用途，干扰开户银行对各单位库存现金收付的管理，扰乱国家金融秩序，因此坐支库存现金是违反财经纪律的行为，会受到财经纪律的处罚。

坐支也不是一律都禁止的。按照规定，开户单位因特殊需要确实需要坐支现金的，应事先向开户银行提出申请，说明申请坐支的理由、用途和每月预计坐支的金额，然后由开户银行根据有关规定进行审查，核定开户单位的坐支范围和坐支限额。

三、库存现金的核算方法

在强化库存现金管理的基础上,要设置相应的账户对库存现金进行日常核算,对库存现金进行监督盘点,从而保证库存现金的真实存在性和库存现金管理的有效性。

(一)库存现金的总分类核算与序时核算

库存现金的核算包括总分类核算与序时核算。库存现金总分类核算可以总括地反映库存现金的收入、支出和结存情况,一般设置"库存现金"总分类账户,有外币收支业务的企业,应按人民币、各种外币分别设置明细账进行明细核算。"库存现金"总分类账户应由不从事出纳工作的会计人员负责登记。收入现金,借记"库存现金"科目,贷记相关科目;支出现金,借记有关科目,贷记"库存现金"科目。

库存现金的序时核算可以逐笔序时核算,反映库存现金的收入、支出和结存情况,一般设置"库存现金"日记账对库存现金进行核算。"库存现金"日记账由出纳人员逐笔序时登记,每日结出余额与实际库存数进行核对,做到账实相符。月份终了,"库存现金"日记账的余额必须与"库存现金"总账科目的余额核对相符,做到账账相符,即"日清月结"。

【案例 2-1】 2×15 年 6 月,滨华有限责任公司发生以下经济业务:

(1)6 月 15 日,王玲借差旅费 3 000 元,以现金支付。

借:其他应收款——王玲　　　　　　　　　　　　　　　　　　　3 000
　　贷:库存现金　　　　　　　　　　　　　　　　　　　　　　　　3 000

(2)6 月 18 日,开出现金支票,提取现金 6 000 元,以备零星开支。

借:库存现金　　　　　　　　　　　　　　　　　　　　　　　　6 000
　　贷:银行存款　　　　　　　　　　　　　　　　　　　　　　　　6 000

(3)6 月 20 日,王玲出差回来,报销差旅费 3 500 元。

借:管理费用　　　　　　　　　　　　　　　　　　　　　　　　3 500
　　贷:库存现金　　　　　　　　　　　　　　　　　　　　　　　　500
　　　　其他应收款——王玲　　　　　　　　　　　　　　　　　　3 000

(二)备用金的核算

备用金是单位财务部拨付给经常使用库存现金的部门或人员备作差旅费、零星采购、零星开支等用的款项。由财务部根据实际情况核定备用金定额,规定其使用范围,设立专人管理。备用金经管人员必须妥善保管备用金的收据、发票以及各种报销凭证,并设备用金登记簿,记录收到及支出的每笔备用金。

备用金通过"其他应收款"科目或专设"备用金"科目核算。拨付备用金时,借记"备用金"科目,贷记"库存现金"科目;备用金使用部门日常报销时,按报销金额补足备用金,借记"管理费用"等科目,贷记"库存现金"科目,不再通过"备用金"科目;收回备用金时,借记"库存现金"科目,贷记"备用金"科目。

【案例 2-2】 滨华有限责任公司自 2×15 年 6 月对外地销售部采用定额备用金核算,备用金定额为 50 000 元,用于除工资外的日常支出,由李红专人管理。2×15 年 6 月发生以下经济业务:

(1)6 月 1 日,李红到财务部支取备用金 50 000 元,根据付款凭条编制现金付款凭证。

借:备用金——外地销售部　　　　　　　　　　　　　　　　　50 000

　　　　贷：库存现金　　　　　　　　　　　　　　　　　　　　　　　　　　　　　　50 000

(2)6 月 30 日,李红持外地销售部本月的电费发票 10 500 元、水费发票 500 元和广告费发票 2 000 元到财务部报销,补足定额备用金,根据附有上述发票的费用报销单编制现金付款凭证。

　　　　借：销售费用　　　　　　　　　　　　　　　　　　　　　　　　　　　　　　13 000
　　　　　　贷：库存现金　　　　　　　　　　　　　　　　　　　　　　　　　　　　　13 000

(三)库存现金的清查及其核算

1. 库存现金清查制度

通过库存现金的"日清月结",出纳员完成了对库存现金的日常清查,在此基础上单位还应由有关领导和专业人员组成清查小组,对库存现金情况进行定期或不定期的清查,及时发现可能发生的库存现金差错或丢失,防止贪污、盗窃、挪用公款等不法行为的发生,确保库存现金安全、完整。清查重点放在账款是否相符、有无白条抵库、有无私借公款、有无挪用公款、有无账外资金等违纪违法行为上。

一般来说,清查小组清查库存现金多采用突击盘点方法,不预先通知出纳员,以防出纳员预先做手脚。盘点时间最好在一天业务没有开始之前或一天业务结束后,由出纳员将截至清查时的库存现金收付账项全部登记入账,并结出账面余额,这样可以避免干扰正常的业务。清查时出纳员应始终在场,并给予积极的配合。清查结束后,应由清查人填制"库存现金清查盘点报告表",填列账存、实存以及溢余或短缺金额,并说明原因,上报有关部门或负责人进行处理。

2. 库存现金清查的主要账务处理

清查中发现的有待查明原因的库存现金短缺或溢余,应通过"待处理财产损溢——待处理流动资产损溢"科目核算。发现库存现金短缺审批前调账,借记"待处理财产损溢——待处理流动资产损溢"科目,贷记"库存现金"科目。查明原因后按审批的要求分别情况处理,由责任人赔偿的部分,借记"其他应收款——应收库存现金短缺款(××个人)"或"库存现金"科目;无法查明原因的部分,借记"管理费用——库存现金短缺"科目,贷记"待处理财产损溢——待处理流动资产损溢"科目。发现库存现金溢余,审批前调账,借记"库存现金"科目,贷记"待处理财产损溢——待处理流动资产损溢"科目。查明原因后根据审批的要求分别情况处理,借记"待处理财产损溢——待处理流动资产损溢"科目,应支付给有关人员或单位的部分,贷记"其他应付款——应付现金溢余款(××个人)"或"库存现金"科目;无法查明原因的部分,贷记"营业外收入"科目。

【案例 2-3】 2×15 年 6 月,滨华有限责任公司发生以下经济业务：

(1)6 月 10 日,清查库存现金时发现现金短缺 330 元。

　　　　借：待处理财产损溢——待处理流动资产损溢　　　　　　　　　　　　　　　　330
　　　　　　贷：库存现金　　　　　　　　　　　　　　　　　　　　　　　　　　　　　330

(2)6 月 15 日,经审批 6 月 10 日库存现金短缺 330 元应由出纳员刘红赔偿 130 元,其余 200 元无法查明原因,批准作为管理费用(表 2-1)。

　　　　借：其他应收款——应收库存现金短缺款(刘红)　　　　　　　　　　　　　　　130
　　　　　　　管理费用——库存现金短缺　　　　　　　　　　　　　　　　　　　　　200
　　　　　　贷：待处理财产损溢——待处理流动资产损溢　　　　　　　　　　　　　　　330

表 2-1 库存现金盘点表

单位:滨华有限责任公司 盘点日期:2×15 年 6 月 15 日

票面额	张数	金额	票面额	张数	金额
壹佰元	15	1 500.00	伍角	23	11.50
伍拾元	4	200.00	贰角	66	13.20
贰拾元	2	40.00	壹角	7	0.70
拾元	7	70.00	伍分		
伍元	3	15.00	贰分		
贰元	6	12.00	壹分		
壹元	8	8.00	合计		1 870.40
减:已收讫未出账的账单					
调整后实际账面余额:					1 870.40
现金日记账账面余额:					1 540.40
差额					330.00

处理意见:

  出纳员刘红赔偿 130 元,其余 200 元作为管理费用处理。

部长:刘华丽   监盘人员:张海敏   出纳员:刘红

（3）6 月 26 日,清查库存现金时发现库存现金盘盈 900 元（库存现金盘点表略）。

借:库存现金   900

  贷:待处理财产损溢——待处理流动资产损溢   900

（4）6 月 30 日,经调查盘盈的现金中有 300 元是少付给职工刘艳的工资,另有 600 元无法查明原因,经批准核销,根据审批文件编制记账凭证。

借:待处理财产损溢——待处理流动资产损溢   900

  贷:其他应付款——应付现金溢余款（刘艳）   300

    营业外收入   600

任务二 银行存款的核算

一、什么是银行存款

  银行存款是指企业存放在银行和其他金融机构的货币资金。按照国家有关规定,凡是独立核算的企业都必须在当地银行开设账户;企业在银行开设账户以后,在经营过程中所发生的一切货币收支业务,都必须通过银行存款账户进行结算。

二、银行存款的管理规范

  根据中国人民银行《银行账户管理办法》的规定,企业必须按照银行存款的有关规定开设账户,严格遵守银行结算纪律,合理选择国家规定的银行结算方式进行日常结算。

(一)银行存款开户的有关规定

按照国家现金管理和结算制度的规定,每个企业都要在银行开立账户,用来办理存款、取款和转账结算。银行存款账户分为基本存款账户、一般存款账户、临时存款账户和专用存款账户。

1. 基本存款账户

基本存款账户是指企业办理日常转账结算和现金存取的账户,企业的工资、奖金等库存现金的支取只能通过基本存款账户办理。一个企业只能选择一家银行的一个营业机构开立一个基本存款账户,不得在多家银行机构开立基本存款账户,也不得在同一家银行的几个分支机构开立基本存款账户。

2. 一般存款账户

一般存款账户是指企业基本存款账户以外的用于银行借款转存的账户,以及与开立基本存款账户的企业不在同一地点的附属非独立核算单位开立的账户,企业可以通过该账户办理转账结算和现金缴存,但不能支取现金。

3. 临时存款账户

临时存款账户是企业因临时经营活动需要而开立的账户,企业暂时性的转账、库存现金收付业务可以通过本账户结算,如异地产品展销、临时性采购资金、基本存款账户开立过程中银行为企业临时设置的账户等。

4. 专用存款账户

专用存款账户是企业因特定用途需要而开立的账户,如专项建设资金账户、住房公积金账户等。

(二)银行结算纪律

企业收入的一切款项,除国家另有规定的以外,都必须当日解缴银行;一切支出,除规定可以用现金支付的以外,应按照银行有关结算办法的规定,通过银行办理转账结算。企业支付款项时,存款账户内必须有足够的资金。不准出租、出借银行账户,不准签发空头支票和远期支票,不准套取银行信用。

(三)国家规定的银行结算方式

国家规定的银行结算方式包括票据结算和非票据结算两类。票据结算包括支票、银行本票、银行汇票、商业汇票结算方式;非票据结算包括委托收款、托收承付、汇兑、信用卡和信用证结算方式。各种结算方式各具特点,各有其适用范围,客观上要求企业单位合理选择结算方式。

1. 支票

支票是出票人签发的,委托办理存款业务的银行在见票时无条件支付确定的金额给收款人或者持票人的票据。只要支票的金额不超过出票人开户行的存款额就能保证兑付。根据用途不同,可将支票分为现金支票、转账支票(图 2-1)和普通支票。印有"现金"字样的支票为现金支票,现金支票只能用于支取现金;印有"转账"字样的支票为转账支票,转账支票只能用于转账;未印有"现金"或"转账"字样的支票为普通支票,普通支票既可以用于支取现金,又可以用于转账。在普通支票左上角划两条平行线的支票为划线支票,划线支票只能用于转账,不得支取现金。单位和个人在同一票据交换区域的各种款项结算,均可以使用支票。支票的付款期限为 10 天。用于支取现金的支票不能背书转让,转账支票在同一票据交换区内可以背书转让。支票丧失,可以挂失止付。出票人签发的空头支票、签章与预留银行

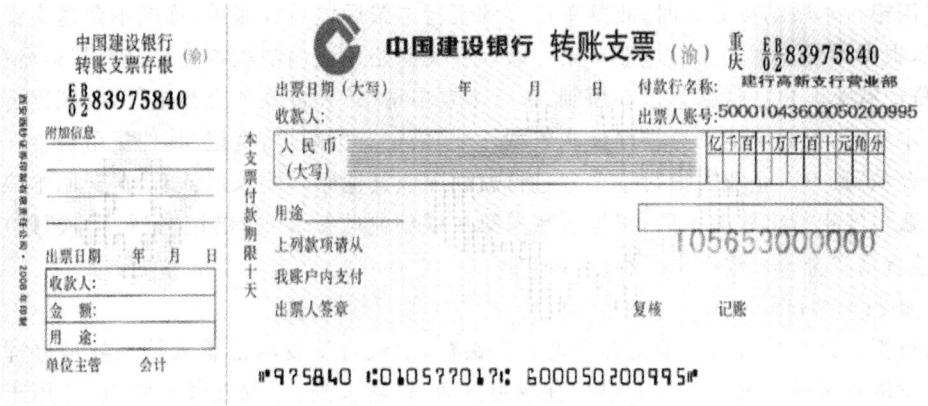

图 2-1　转账支票

签章不符的支票,支付密码错误的支票,银行应予以退票,并按票面金额处以 5% 但不低于 1 000 元的罚款,持票人有权要求出票人赔偿票面金额 2% 的赔偿金。对屡次签发不合格支票的出票人,银行应取消其签发支票的资格。

收款单位收到支票时,应连同进账单一并送交银行办理转账,根据银行盖章退回的进账单第一联和有关的原始凭证编制收款凭证,借记"银行存款"账户,贷记有关账户。付款单位开出支票时,应根据支票存根和有关的原始凭证编制付款凭证,借记有关账户,贷记"银行存款"账户。

2. 银行本票(图 2-2)

银行本票是银行签发的,承诺自己在见票时无条件支付确定金额给收款人或者持票人的票据。因委托人已将票款存入出票银行并指定用于银行本票,所以银行本票见票即付,支付能力超过支票。单位和个人在同一票据交换区域支付各种款项,均可以使用银行本票。银行本票可以用于转账,注明"现金"字样的银行本票可以支取现金。银行本票分为不定额银行本票和定额银行本票两种。定额银行本票的面额为 1 千元、5 千元、1 万元和 5 万元。银行本票的付款期限不得超过 2 个月。银行本票在同一票据交换区域内可以背书转让。银行本票丧失,可以凭人民法院出具的其享有票据权利的证明,向出票银行请求付款或退款。

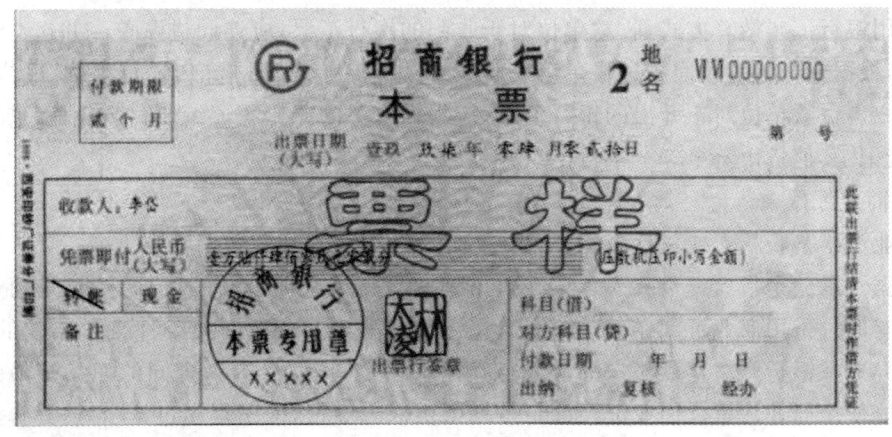

图 2-2　银行本票

采用银行本票结算方式时,收款单位收到银行本票后填写进账单,连同本票送交银行办理转账,根据银行盖章退回的进账单第一联和有关原始凭证编制收款凭证,借记"银行存款"账户,贷记有关账户。付款单位在填制"银行本票申请书"并将款项交存银行,收到银行签发的银行本票后,根据申请书存根联编制付款凭证,借记有关账户,贷记"其他货币资金——银行本票存款"账户。企业因银行本票超过付款期限或其他原因要求退款时,在交回本票和填制的进账单经银行审核盖章后,根据进账单第一联编制收款凭证,借记"银行存款"账户,贷记"其他货币资金——银行本票存款"账户。

3. 银行汇票(图 2-3)

银行汇票是汇款人将款项交存当地开户银行,由银行签发给汇款人持往异地办理转账结算或支取现金的票据。银行汇票具有使用灵活、票随人到、兑现性强等特点,适用于先收款、后发货或款货两清的商品交易。单位和个人向异地支付的各种款项均可使用银行汇票。银行汇票可以用于转账,填明"现金"字样的银行汇票也可以用于支取现金。银行汇票一律记名,付款期为 1 个月,逾期银行汇票,兑付银行不予办理,汇款人可持汇票到签发银行办理退款。银行汇票在票据交换区域内可以背书转让。遗失了可以支取现金的银行汇票,应立即办理挂失;而不能提取现金的银行汇票,银行不予挂失。

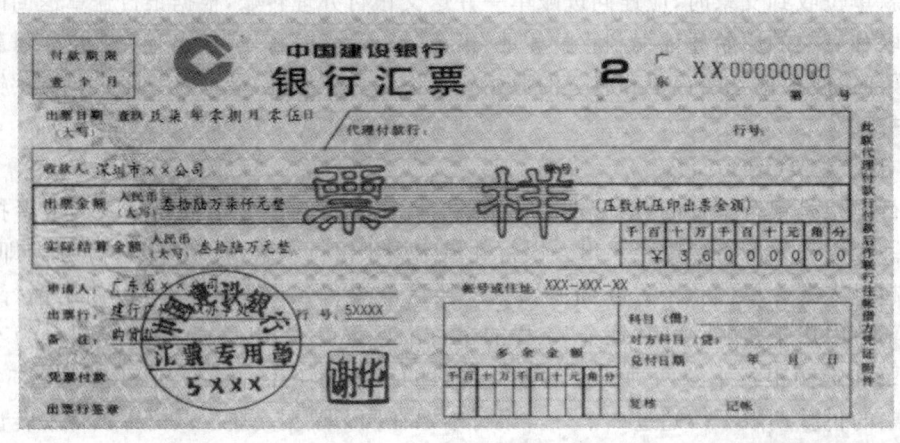

图 2-3　银行汇票

采用银行汇票结算方式,收款单位对于收到的银行汇票,应连同进账单一并送交银行办理转账,根据银行盖章退回的进账单第一联和有关的原始凭证,借记"银行存款"账户,贷记有关账户。付款单位对于开出的银行汇票,应根据有关的原始凭证编制付款凭证,借记有关账户,贷记"其他货币资金——银行汇票存款"账户。

4. 商业汇票

商业汇票是收款人或付款人签发,由承兑人承兑,并于到期日向收款人或持票人支付款项的票据。承兑是指票据付款人承诺在票据到期日支付票据金额的票据行为,是商业汇票中所特有的。采用商业汇票结算方式时,承兑人即付款人有到期无条件支付票款的责任。同城或异地在银行开立存款账户的法人与其他组织之间,订有购销合同的商品交易的款项结算才能使用商业汇票。商业汇票的付款期限由双方商定,但不得超过 6 个月,其提示付款期为汇票到期前 10 日内,付款人应当自收到提示承兑的汇票之日起 3 日内承兑或拒绝承兑,付款人拒绝承兑时必须出具拒绝承兑的证明。商业汇票一律记名,允许背书转让,但背书应连续。符合条件的商业汇票可向银行申请贴现。

按承兑人的不同,商业汇票分为商业承兑汇票(图 2-4)和银行承兑汇票(图 2-5)。商业承兑汇票由付款人承兑,承兑时,付款人应在汇票正面记载"承兑"字样、承兑日期并签字,承兑不得附有条件,否则视为拒绝承兑。商业承兑汇票到期时,持票人通过开户银行委托收款或直接向付款单位收款;对于异地委托收款的,持票人可以匡算邮程,提示通过开户银行委托收款。付款人开户银行收到商业承兑汇票和有关单据后将票款支付给持票人,如果付款人的存款不足以支付票款,开户银行应将汇票退还持票人,银行不负责付款,由双方自行处理。银行承兑汇票的承兑人为银行,承兑银行按票面金额向承兑申请人收取万分之五的手续费。承兑申请人应于汇票到期前将票款足额交存开户银行,以备由承兑银行在汇票到期日支付票款。持票人应在到期时将汇票连同进账单送交开户银行以便转账收款。承兑银行凭汇票将承兑款项无条件转给持票人,如果承兑申请人于汇票到期日未能足额交存票款,承兑银行除凭汇票向持票人无条件付款外,对承兑申请人尚未支付的汇票金额按照每天万分之五计收罚息。商业承兑汇票是一种商业信用,银行只作为清算的中介;而银行承兑汇票是银行的一种信用业务,银行既是商业汇票的债务人,同时又是承兑申请人的债权人。银行承兑汇票由于有银行保证无条件付款,因而有较高的信誉。

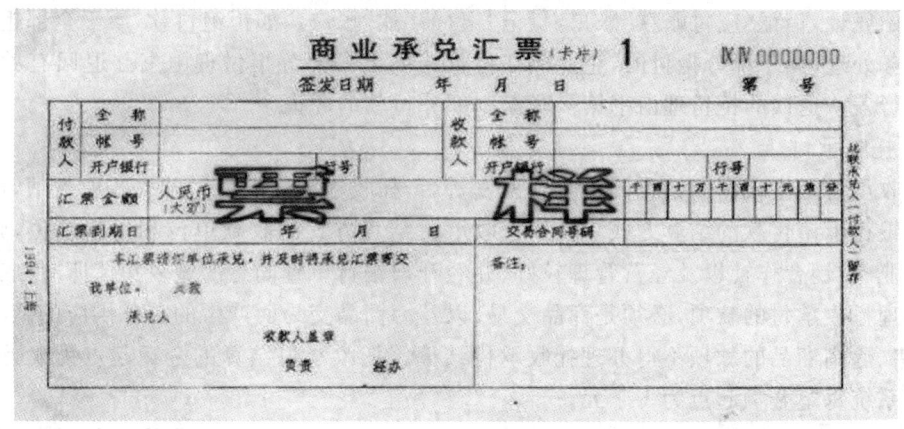

图 2-4 商业承兑汇票

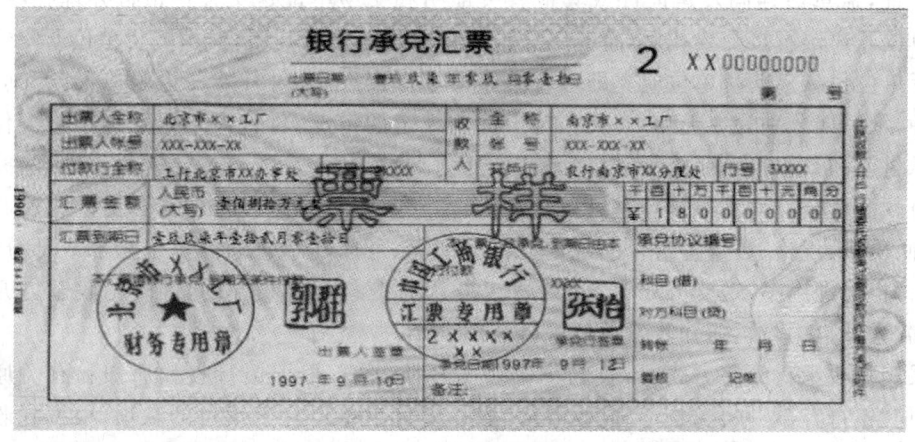

图 2-5 银行承兑汇票

采用商业汇票结算方式时,收款单位对于要到期的商业汇票连同填制的邮划或电划委托收款凭证,一并送交银行办理转账,根据银行的收账通知和有关原始凭证,借记"银行存款"账户,贷记"应收票据"账户。付款单位根据银行的付款通知和有关原始凭证,借记"应付票据"账户,贷记"银行存款"账户。

5. 委托收款

委托收款是收款人委托银行向付款人收取款项的结算方式。单位或个人凭已承兑商业汇票、债务、存单等付款人债务证明办理款项的结算,均可以使用委托收款结算方式。同城、异地均可以办理委托收款,不受金额起点的限制。委托收款分为邮寄和电报划回两种方式,由收款人选择。在同城范围内,电话费、电费等付款人众多、分散的公用事业费等,可以使用同城特约委托收款。

企业委托银行收款时,应填写银行印制的委托收款凭证和有关债务证明。

采用委托收款结算方式的账务处理方法:收款单位对于托收款项,应填写银行印制的委托收款凭证和有关债务证明,在收到银行的收款通知时,借记"银行存款"账户,贷记"应收账款"账户。付款单位在收到银行转来的委托收款凭证后,在 3 天内审核,然后通知银行付款或出具拒付理由书通知开户银行拒付。通知银行付款的,根据委托收款凭证的付款通知和有关原始凭证,借记"应付账款"账户,贷记"银行存款"账户。如拒绝付款,属于全部拒付的,不作账务处理;属于部分拒付的,企业应在付款期内出具部分拒付理由书并退回有关单位,根据银行盖章退回的拒付理由书第一联编制部分付款的凭证。

6. 托收承付

托收承付是指根据购销合同由收款人发货后,托收银行向异地付款人收取款项,由付款单位向银行承诺付款的结算方式。使用托收承付结算方式的收款单位和付款单位,必须是国有企业、供销合作社以及经营管理较好、并经开户银行审查同意的城乡集体所有制工业企业。办理托收承付的款项,必须是商品交易,以及因商品交易而产生的劳务供应的款项。代销、零售、赊销商品的款项不得办理托收承付结算。托收承付结算的金额起点为 1 万元,新华书店系统每笔金额起点为 1 千元。

托收承付款项的划汇方式为邮寄和电报两种。销货单位按购销合同发货后,填写托收承付凭证,盖章后连同发运证件或其他有关证明和交易单证送交开户银行办理托收手续。销货单位开户银行接受委托后,将有关凭证寄往购货单位开户银行,由购货单位开户银行通知购货单位付款。购货单位应立即对有关凭证进行审查,承付货款分为验单付款和验货付款两种,承付期分别为 3 天和 10 天。对于符合规定的情况,付款人不得无理拒付。付款单位在承付期满日银行营业终了时,如无足够资金支付,其不足部分按逾期付款处理,并处以逾期付款赔偿金。付款单位经过验单或验货,发现收款单位托收款项计算错误或所收货物的品种、质量、规格、数量等与合同规定不符等情况,可以在承付期内提出全部或部分拒付,并填写"拒付理由书"送交开户银行,开户银行认为符合拒付条件的,即转给收款方开户银行,收款方开户银行再通知收款单位进行处理。

采用托收承付结算方式时,收款单位对于托收款项,根据银行收款通知和有关原始凭证,借记"银行存款"账户,贷记"应收账款"账户。付款单位对于承付的款项,根据托收承付结算凭证的承付支款通知和有关原始凭证,借记"材料采购"等账户,贷记"银行存款"账户。如全部拒绝付款,不作账务处理;属于部分拒绝付款的,付款部分按上述规定处理,拒付部分不作账务处理。

7. 汇兑

汇兑是汇款人委托银行将其款项支付给收款人的结算方式。单位或个人的各种款项的结算均可使用汇兑结算方式。汇兑分为信汇和电汇两种，由汇款人根据需要选择使用。汇兑结算方式适用于异地之间的各种款项结算，划拨款项简单、灵活，是单位间款项结算的主要方式之一。

采用汇兑结算方式时，汇款单位应先填写汇兑委托书，汇款单位开户银行受理后将回单联退回汇款单位，汇款单位根据回单联编制付款凭证，借记有关账户，贷记"银行存款"账户。汇款单位开户银行将款项划转收汇银行，收汇银行将汇款收进收款单位或个人存款账户后，将收款通知联转交收款单位或个人，收款单位根据收款通知编制收款凭证，借记"银行存款"账户，贷记有关账户。

8. 信用卡

信用卡是商业银行向个人和单位发行的，凭其向特约单位购物、消费和银行存取现金，具有消费信用的特制载体卡片。信用卡内有存款时，可以消费；无存款时在授权额度内可以透支消费。信用卡结算方式方便、灵活、快捷，同城、异地均可使用。信用卡按使用对象不同分为单位卡和个人卡，按信誉等级不同分为金卡和普通卡。单位卡账户的资金一律从其基本存款账户转存，不得交存现金，不得将销货收入的款项存入其账户。单位卡不得用于 10 万元以上的商品交易、劳务供应款项的结算。信用卡只限于合法持卡人本人使用，不得出租或转借。信用卡若丢失或被窃，持卡人应立即持本人身份证或其他有效证明，向发卡银行或代办银行申请挂失，在挂失生效前被非法使用的款项仍由本人负责。信用卡允许小额善意透支，金卡透支额度不超过 10 000 元，普通卡最高透支额度为 5 000 元，透支期限最长为 60 天，持卡人不得恶意透支。透支利息自签单日或银行记账日起 15 日内按日息 0.05% 计算；超过 15 日按日息 0.10% 计算；超过 30 日或透支超过规定限额的，按日息 0.20% 计算。透支计息不分段，按最后期限或最高透支额的最高利率档次计息。

采用信用卡结算方式时，收款单位根据当日受理的信用卡签购单填写进账单，连同签购单一并送交收单银行办理进账，在收到银行进账通知时，借记"银行存款"账户，贷记有关账户。付款单位对于付出的信用卡资金，应根据银行转来的付款通知和有关的原始凭证编制付款凭证，借记有关账户，贷记"其他货币资金——信用卡保证金存款"账户。

9. 信用证

信用证结算方式是国际结算的一种主要方式。信用证是进口方银行向出口方开立的，以出口方按规定提供单据为前提支付一定金额的书面承诺，是一种有条件的付款凭证。经中国人民银行批准经营结算业务的商业银行总行以及经商业银行总行批准开办信用证结算业务的分支机构，也可以办理国内企业之间商品交易的信用证结算业务。企业使用信用证办理国际结算和国内结算，应当填写开证申请书、信用证申请人承诺书，连同有关购销合同一并提交开证行，开证行受理开证业务后，企业需向开证行交存一定金额的保证金；开证行开立信用证并以邮寄或电传方式将其发送通知行，通知行将信用证转交受益人；受益人收到信用证并审核无误后，即备货装运，持跟单汇票，连同信用证一同送交当地议付行；议付行审核后扣除利息，垫付货款之后将跟单汇票寄交开证行索回垫款；开证行收到跟单汇票后，通知申请人验单付款，赎单提货。

受益人根据议付单据及议付行退还的信用证等编制收款凭证,借记"银行存款"账户,贷记有关账户。申请人在收到开证行的备款赎单通知时,根据付款赎回的有关单据编制付款凭证,借记有关账户,贷记"其他货币资金——信用证存款"账户。

三、银行存款的核算

在严格遵守银行存款管理规范的基础上,要设置相应的账户对银行存款进行日常核算,与开户行进行清查核对,从而准确把握可以用于支付的银行存款的额度。

(一)银行存款的总分类核算与序时核算

银行存款收支的核算包括总分类核算和序时核算。银行存款的总分类核算可以总括地反映银行存款的收入、支出和结存情况,一般设置"银行存款"总分类账户,有外币收支业务的企业,应按人民币、各种外币分别设置明细账进行明细核算。企业将款项存入银行或其他金融机构时,借记"银行存款",贷记"库存现金"或有关账户;提取或支付存款时,借记"库存现金"或有关账户,贷记"银行存款"账户。企业在银行的其他存款,如外埠存款、银行汇票存款、银行本票存款、信用证存款等,在"其他货币资金"账户核算,不通过"银行存款"账户核算。银行存款总账应由不从事出纳工作的会计人员负责登记。

银行存款的序时核算可以逐笔序时反映银行存款的收入、支出和结存情况。企业必须设置"银行存款日记账"。银行存款日记账是由出纳人员按照银行存款业务发生的先后顺序逐日、逐笔登记的,按期与银行对账单进行核对,做到账款相符。月份终了,银行存款日记账的余额必须与银行存款总账科目的余额核对相符,做到账账相符,即"日清月结"。

【案例2-4】2×15年6月,滨华有限责任公司发生以下银行存款业务:

(1)6月1日,销售A商品,开具的增值税专用发票上载明价款20 000元、增值税3 400元,款项已收存银行。

借:银行存款	23 400
贷:主营业务收入	20 000
应交税费——应交增值税(销项税额)	3 400

(2)6月8日,购买甲材料,取得增值税专用发票,注明材料款10 000元、增值税1 700元,材料已验收入库并按实际成本核算,款项已用银行存款支付。

借:原材料——甲材料	10 000
应交税费——应交增值税(进项税额)	1 700
贷:银行存款	11 700

(3)6月14日,收回上月B公司所欠货款100 000元,款项已收存银行。

借:银行存款	100 000
贷:应收账款——B公司	100 000

(4)6月22日,以银行存款支付广告费9 800元。

借:销售费用	9 800
贷:银行存款	9 800

(5)6月26日,将现金5 000元交存银行。

借:银行存款	5 000
贷:库存现金	5 000

(二)银行存款的清查

为了防止银行存款账面发生差错,准确地掌握银行存款实际金额,企业应按期对账。银行存款日记账的核对主要包括三个环节:一是银行存款日记账与银行存款收款、付款凭证要互相核对,做到账证相符;二是银行存款日记账与银行存款总账要互相核对,做到账账相符;三是银行存款日记账与银行开出的银行存款对账单要相互核对,以便准确地掌握企业可动用的银行存款实有数,做到账实相符。

企业在将银行存款日记账的记录同银行对账单进行逐笔核对时,如发现双方余额不一致,除记账错误外,还可能是由于未达账项引起的。未达账项是指企业与银行之间,由于收付款凭证传递上的时间差,一方已登记入账,而另一方尚未入账的账项。由于银行存款收支凭证在企业、银行间传递需要一定时间,因而在同一日期的同一笔业务会出现一方已入账,另一方未入账的情况,使得银行存款日记账的余额同银行对账单的余额往往并不相符。这种未达账项有如下四种情况:

(1)银行已记作企业存款增加,而企业尚未接到收款通知,因而尚未记账的款项。

(2)银行已记作企业存款减少,而企业尚未收到付款通知,因而尚未记账的款项。

(3)企业已记作银行存款增加,而银行尚未办妥入账手续的款项。

(4)企业已记作银行存款减少,而银行尚未支付的款项。

对于核对账目过程中发现的未达账项,由出纳人员编制"银行存款余额调节表"进行调节。调节后,双方余额如果相符,一般说明双方记账没有错误;双方余额如果不等,要么是未达账项未全部查出,要么是一方或双方记账有差错,无论是哪种情况,都要进一步查清楚,对错账加以更正,然后再调节,直到调节表中双方余额相等为止。需要注意的是,"银行存款余额调节表"是用来核对企业与银行双方的记账有无差错的,并不是用来记账的原始凭证,对于未达账项,必须待结算凭证到达、变成已达账项后方可进行相应账务处理。对于长期搁置的未达账项,应及时查阅凭证和有关资料,及时和银行联系,查明原因、及时解决。

【案例 2-5】2×15 年 6 月 5 日,滨华有限责任公司与银行对账的情况如下:

(1)6 月 1 日到 6 月 5 日,企业银行存款日记账的账面记录与银行出具的 6 月 5 日对账单资料如表 2-2、表 2-3 所示。

表 2-2　银行存款日记账

| 2×15 年 | | 凭证号数 | 摘要 | 结算凭证 | | 对方科目 | 借方 | 贷方 | 余额 |
月	日			种类	号数				
			期初余额						23 344
6	1	00001	销售产品	转账支票	1245	主营业务收入 应交税费	23 400√		46 744
6	2	00012	买办公用品	转账支票	5301	管理费用		7 000√	39 744
6	2	00019	现金存银行	存款单	5679	库存现金	50 000√		89 744
6	2	00024	购买材料	转账支票	5302	原材料 应交税费		58 500√	31 244
6	3	00038	支付广告费	转账支票	5303	销售费用		4 000√	27 244

续表 2-2

2×15 年		凭证号数	摘要	结算凭证		对方科目	借方	贷方	余额
月	日			种类	号数				
6	3	00057	付前欠货款	电汇	7684	应付账款		20 000√	7 244
6	3	00064	预收订金	收账通知	4537	预收账款	30 000√		37 244
6	4	00089	收货款	托收承付	3457	应收账款	10 000√		47 244
6	4	00090	提现	现金支票	2330	库存现金		5 000√	42 244
6	5	00120	销售产品	转账支票	3451	主营业务收入 应交税费	35 100		77 344
6	5	00136	收回欠款	转账支票	7806	应收账款	5 678√		83 022
6	5	00145	收出口退税	收账通知	2446	其他应收款	3 500√		86 522
6	5	00169	付运费	转账支票	5304	管理费用		3 455	83 067
6	5	00170	付修理费	转账支票	5305	制造费用		8 000	75 067
合计							157 678	105 955	75 067

表 2-3 中国工商银行对账单

2×15 年 6 月 5 日

日期	结算方式	结算号	借方	贷方	余额
	期初余额				23 344
2×15.06.01	转账支票	1245		23 400√	46 744
2×15.06.02	转账支票	5301	7 000√		39 744
2×15.06.02	现存	5679		50 000√	89 744
2×15.06.02	转账支票	5302	58 500√		31 244
2×15.06.03	转账支票	5303	4 000√		27 244
2×15.06.03	电汇	7684	20 000√		7 244
2×15.06.03	委托收款	4537		30 000√	37 244
2×15.06.04	托收承付	3457		10 000√	47 244
2×15.06.04	现金支票	2330	5 000√		42 244
2×15.06.05	转账支票	7806		5 678√	47 922
2×15.06.05	电汇	2446		3 500√	51 422
2×15.06.05	委托收款	7489		6 500	57 922
2×15.06.05	委托收款	4790	3 000		54 922
2×15.06.05	委托收款	4790	4 000		50 922
合计			101 500	129 078	50 922

(2)编制银行存款余额调节表,如表 2-4 所示。

表 2-4　银行存款余额调节表

2×15 年 6 月 5 日　　　　　　　　　　　　　　　　　　单位:元

项目	金额	项目	金额
银行存款日记账余额	75 067	银行对账单余额	50 922
加:银行已收、企业未收款 委托收款	6 500	加:企业已收、银行未收款 货款	35 100
减:银行已付、企业未付款 代付电费 代付电话费	3 000 4 000	减:企业已付、银行未付款 转支运费 转支修理费	3 455 8 000
调节后存款余额	74 567	调节后存款余额	74 567

调节后的余额既不是企业银行存款日记账的余额,也不是银行对账单的余额,它是企业银行存款的真实数字,是企业当日可以动用的银行存款额。

任务三　其他货币资金的核算

一、什么是其他货币资金

其他货币资金是指企业除库存现金和银行存款以外的其他各种货币资金。其他货币资金主要包括外埠存款、银行汇票存款、银行本票存款、信用卡存款、在途货币资金、信用证保证金存款、存出投资款等。

二、其他货币资金的核算方法

其他货币资金就性质而言,同库存现金和银行存款一样均属于货币资金,但是存放地点和用途不同于库存现金和银行存款,因此,在会计上是通过设置"其他货币资金"账户进行核算的。

(一)外埠存款

外埠存款是指企业到外地进行临时或零星采购时,汇往采购地采购专户的款项。企业将采购款项汇往采购地银行时,填写"汇款委托书"并加盖"采购资金"字样;汇入银行对汇入的采购款项,以汇款单位名义开立采购专户。采购专户存款不计利息,除采购员差旅费可以支取少量现金外,一律办理转账。采购专户只付不收,采购结束后,存款余额汇还汇出单位,结清采购专户。

采购款项汇往采购地银行,借记"其他货币资金——外埠存款"账户,贷记"银行存款"账户;外出采购人员报销用外埠存款支付材料采购货款等款项时,借记"原材料"或"在途物资"、"应交税费——应交增值税(进项税额)"账户,贷记"其他货币资金——外埠存款"账户;用外埠存款采购结束后,如果还有剩余的外埠存款,应转回当地银行,借记"银行存款"账户,贷记"其他货币资金——外埠存款"账户。

【案例 2-6】2×15 年 6 月,滨华有限责任公司发生以下外埠存款业务:

(1)6 月 1 日,到外地采购材料,委托当地开户银行将采购款 80 000 元汇往采购地银行开立采购专户。

　　借:其他货币资金——外埠存款　　　　　　　　　　　　　　　80 000

　　　　贷:银行存款　　　　　　　　　　　　　　　　　　　　　　　80 000

　　(2)6月10日,采购人员完成采购,材料发票列明甲材料货款50 000元、增值税税款8 500元,采购人员车票、住宿费单据1 000元,材料尚未运达企业。会计处理如下:

　　借:在途物资——甲材料　　　　　　　　　　　　　　　　　　　50 000

　　　　应交税费——应交增值税(进项税额)　　　　　　　　　　　　8 500

　　　　管理费用　　　　　　　　　　　　　　　　　　　　　　　　1 000

　　　　贷:其他货币资金——外埠存款　　　　　　　　　　　　　　　59 500

　　(3)6月13日,接当地开户银行通知,采购专户存款余额20 500元汇回,已存入公司的银行存款账户。会计处理如下:

　　借:银行存款　　　　　　　　　　　　　　　　　　　　　　　　20 500

　　　　贷:其他货币资金——外埠存款　　　　　　　　　　　　　　　20 500

(二)银行汇票存款

　　汇款人使用银行汇票必须先向开户银行提交"汇票委托书",并将票款送交银行。银行受理后,签发银行汇票并连同"解讫通知"一并交汇款人持往异地办理结算。对超过付款期而不能在兑付地办理结算的银行汇票,汇款人可向签发银行申请退汇。收款人收到银行汇票后,应在汇票金额内根据实际结算金额办理结算,并将实际结算金额和多余金额填入银行汇票,填写进账单送交银行,银行将实际结算金额转入收款人的存款账户,多余金额退回汇款人。

　　企业向银行申请办理银行汇票时,借记"其他货币资金——银行汇票存款"账户,贷记"银行存款"账户;企业用银行汇票支付款项时,借记"原材料"或"在途物资"、"应交税费——应交增值税(进项税额)"等账户,贷记"其他货币资金——银行汇票存款"账户。采购支付后银行汇票多余款或因汇票超过付款期等原因而退回的款项,应根据开户行转来的银行汇票的第四联(多余款收账通知),借记"银行存款"账户,贷记"其他货币资金——银行汇票存款"账户。如果企业在销货过程中收到银行汇票,借记"银行存款"账户,贷记"主营业务收入"和"应交税费——应交增值税(销项税额)"等账户。

　　【案例2-7】2×15年6月,滨华有限责任公司发生以下银行汇票业务:

　　(1)6月3日,向开户银行申请办理银行汇票,填制汇票委托书,款项10 000元从账户中支付,取得银行汇票。

　　借:其他货币资金——银行汇票存款　　　　　　　　　　　　　　10 000

　　　　贷:银行存款　　　　　　　　　　　　　　　　　　　　　　10 000

　　(2)6月15日,将银行汇票交付材料供应商,材料价款为8 000元,增值税为1 360元,材料已验收入库。做会计分录如下:

　　借:原材料　　　　　　　　　　　　　　　　　　　　　　　　　8 000

　　　　应交税费——应交增值税(进项税额)　　　　　　　　　　　　1 360

　　　　贷:其他货币资金——银行汇票存款　　　　　　　　　　　　　9 360

　　(3)6月20日,收到开户银行的收账通知,汇票余款640元已经汇还入账。

　　借:银行存款　　　　　　　　　　　　　　　　　　　　　　　　640

　　贷：其他货币资金——银行汇票存款　　　　　　　　　　　　　　640

　　若该汇票因超出付款期限未曾使用,向开户银行申请并退回款项。

　　借：银行存款　　　　　　　　　　　　　　　　　　　　　10 000

　　　　贷：其他货币资金——银行汇票存款　　　　　　　　　　　10 000

　　(4)6 月 26 日,销售产品一批,开具的增值税专用发票上注明价格 100 000 元、增值税 17 000 元,收到银行汇票(价税合计 117 000 元);填写进账单交存银行。

　　借：银行存款　　　　　　　　　　　　　　　　　　　　　117 000

　　　　贷：主营业务收入　　　　　　　　　　　　　　　　　　100 000

　　　　　应交税费——应交增值税(销项税额)　　　　　　　　　17 000

(三)银行本票存款

　　企业使用银行本票结算,也必须按规定先向银行提交本票申请书并将款项交存银行,方可取得银行本票。

　　企业取得银行本票,借记“其他货币资金——银行本票存款”账户,贷记“银行存款”账户。企业用银行本票支付购货等款项时,借记“材料采购”、“应交税费——应交增值税(进项税额)”等账户,贷记“其他货币资金——银行本票存款”账户。如企业因银行本票超过付款期等原因而要求银行退款时,应填写进账单一式两联,连同本票一并送交银行,根据银行收回本票时盖章退回的进账单第一联,借记“银行存款”账户,贷记“其他货币资金——银行本票存款”账户。如果企业在销货过程中收到银行本票,应将银行本票连同进账单交银行办理转账收款手续,借记“银行存款”账户,贷记“主营业务收入”和“应交税费——应交增值税(销项税额)”等账户。银行本票的账务处理与银行汇票的账务处理基本一致,在此不另举例。

(四)信用卡存款

　　企业单位需要办理信用卡结算的,应先向银行提出申请,填写“信用卡申请书”,经银行审查符合条件后,企业交存信用卡备用金,银行为申请人开立信用卡存款专户,发给信用卡。企业在持卡消费时,应根据信用卡余额的变化适时地向其账户续存资金,以保证其支付能力。

　　企业将款项及有关资料交存银行后,根据银行盖章退回的进账单,借记“其他货币资金——信用卡存款”账户,贷记“银行存款”账户。企业用信用卡购物或支付有关费用时,根据银行转来的信用卡存款凭证及所附发票账单,借记有关账户,贷记“其他货币资金——信用卡存款”账户。持卡人如不需要继续使用信用卡时,可向发卡银行办理销户,银行应把信用卡专户存款余额转入其基本存款账户,借记“银行存款”账户,贷记“其他货币资金——信用卡存款”账户。

　　【案例 2-8】2×15 年 6 月,滨华有限责任公司发生以下信用卡存款业务:

　　(1)6 月 15 日,向建设银行申请信用卡,填写申请表,备用金 10 000 元从银行账户直接转存,公司取得信用卡。

　　借：其他货币资金——信用卡存款　　　　　　　　　　　　10 000

　　　　贷：银行存款　　　　　　　　　　　　　　　　　　　10 000

　　(2)6 月 30 日,收到银行转来的信用卡存款凭证及所附发票账单:招待费发票 680 元、办公用品发票 5 000 元。

　　借：管理费用——业务招待费　　　　　　　　　　　　　　　680

　　　——办公用品　　　　　　　　　　　　　　　　　　　　　　　　5 000

　　　贷:其他货币资金——信用卡存款　　　　　　　　　　　　　　　　　5 680

　　(3)6 月 30 日,决定不再使用信用卡结算,办理销户手续,信用卡存款余额 4 320 元转回基本存款账户。

　　　借:银行存款　　　　　　　　　　　　　　　　　　　　　　　　　4 320

　　　贷:其他银行存款——信用卡存款　　　　　　　　　　　　　　　　　4 320

(五)在途货币资金

　　在途货币资金的核算一般只在月末结账时进行。企业收到上级单位或所属单位汇出款项的通知,但未收到开户银行收账通知的款项属于在途货币资金。

　　在月末结账时,收到上级单位或所属单位汇出款项的通知,企业应借记"其他货币资金——在途货币资金"账户,贷记有关账户;待下月初收到汇入款项时,再借记"银行存款"账户,贷记"其他货币资金——在途货币资金"账户。因为在途货币资金属于银行之间划拨款项时间差所引起,在途时间不会很长,所以月中发生的在途款项可以不进行账务处理。

　　【案例 2-9】2×15 年,滨华有限责任公司发生以下关于在途货币资金的业务:

　　(1)6 月 30 日,收到主管部门通知已汇出企业出口退税金额 90 000 元,当日款项没有到达企业的开户行。

　　　借:其他货币资金——在途货币资金　　　　　　　　　　　　　　90 000

　　　贷:其他应收款——出口退税　　　　　　　　　　　　　　　　　90 000

　　(2)7 月 2 日,收到出口退税金额 90 000 元。

　　　借:银行存款　　　　　　　　　　　　　　　　　　　　　　　90 000

　　　贷:其他货币资金——在途货币资金　　　　　　　　　　　　　　90 000

(六)信用证保证金存款

　　目前,在我国只有存在进出口业务的企业使用信用证结算方式。企业向外商开出信用证时,必须向中国银行提出申请并填写"信用证委托书",还应将信用证保证金交存银行开立专户。

　　企业向外商开出信用证时,借记"其他货币资金——信用证保证金存款"账户,贷记"银行存款"账户;收到境外供应单位信用证结算凭证及所附发票账单,经核对无误后,借记"材料采购"等账户,贷记"其他货币资金——信用证保证金存款"账户;接到银行收账通知,将未用完的信用证保证金存款余额转回开户银行时,借记"银行存款"账户,贷记"其他货币资金——信用证保证金存款"账户。

　　【案例 2-10】2×15 年 6 月,滨华有限责任公司发生以下信用证保证金存款业务:

　　(1)6 月 19 日,委托银行对境外供货单位开出信用证,从开户行转出信用证保证金110 000 元。

　　　借:其他货币资金——信用证保证金存款　　　　　　　　　　　110 000

　　　贷:银行存款　　　　　　　　　　　　　　　　　　　　　　110 000

　　(2)6 月 23 日,收到境外供货单位信用证结算凭证及发票账单,材料价款为 90 000 元,海上运杂费为 10 000 元。该批材料尚未收到,按实际成本核算。

　　　借:在途物资　　　　　　　　　　　　　　　　　　　　　　100 000

　　　贷:其他货币资金——信用证保证金存款　　　　　　　　　　　100 000

(3)6月30日,有未用完的信用证保证金余额10 000元转回银行结算户。

借:银行存款   10 000

 贷:其他货币资金——信用证保证金存款   10 000

(七)存出投资款

存出投资款是指企业已存入证券公司但尚未进行短期投资的货币。企业向证券公司划出资金时,应按实际划出的金额,借记"其他货币资金——存出投资款"账户,贷记"银行存款"账户;购买股票、债券等有价证券时,按实际发生的金额,借记"交易性金融资产"账户,贷记"其他货币资金——存出投资款"账户。

【案例2-11】2×15年6月,滨华有限责任公司发生以下存出投资款业务:

(1)6月5日,向某证券公司划款800 000元以备进行证券投资。

借:其他货币资金——存出投资款   800 000

 贷:银行存款   800 000

(2)6月23日,购买某种股票103 000股,股票市值为643 560元。

借:交易性金融资产   643 560

 贷:其他货币资金——存出投资款   643 560

任务四 货币资金的内部控制

为了规范企业的内部会计控制,加强货币资金的管理,中华人民共和国财政部于2001年6月22日发布了《内部会计控制规范——货币资金》。

一、岗位分工及授权批准

1. 单位应当建立货币资金业务的岗位责任制,明确相关部门和岗位的职责权限,确保办理货币资金业务的不相容岗位相互分离、制约和监督。出纳人员不得兼任稽核、会计档案保管和收入、支出、费用、债权债务账目的登记工作。单位不得由一人办理货币资金业务的全过程。

2. 单位办理货币资金业务,应当配备合格的人员,并根据单位具体情况进行岗位轮换。办理货币资金业务的人员应当具备良好的职业道德,忠于职守,廉洁奉公,遵纪守法,客观公正,不断提高会计业务素质和职业道德水平。

3. 单位应当对货币资金业务建立严格的授权批准制度,明确审批人对货币资金业务的授权批准方式、权限、程序、责任和相关控制措施,规定经办人办理货币资金业务的职责范围和工作要求。

4. 审批人应当根据货币资金授权批准制度的规定,在授权范围内进行审批,不得超越审批权限。经办人应当在职责范围内,按照审批人的批准意见办理货币资金业务。对于审批人超越授权范围审批的货币资金业务,经办人有权拒绝办理,并及时向审批人的上级授权部门报告。

5. 单位应当按照规定的程序办理货币资金支付业务。

(1)支付申请。单位有关部门或个人用款时,应当提前向审批人提交货币资金支付申请,注明款项的用途、金额、预算、支付方式等内容,并附有效经济合同或相关证明。

(2)支付审批。审批人根据其职责、权限和相应程序对支付申请进行审批。对不符合规定的货币资金支付申请,审批人应当拒绝批准。

(3)支付复核。复核人应当对批准后的货币资金支付申请进行复核,复核货币资金支付申请的批准范围、权限、程序是否正确,手续及相关单证是否齐备,金额计算是否准确。支付方式、支付单位是否妥当等。复核无误后,交由出纳人员办理支付手续。

(4)办理支付。出纳人员应当根据复核无误的支付申请,按规定办理货币资金支付手续,及时登记现金和银行存款日记账。

6. 单位对于重要货币资金支付业务,应当实行集体决策和审批,并建立责任追究制度,防范贪污、侵占、挪用货币资金等行为。

7. 严禁未经授权的机构或人员办理货币资金业务或直接接触货币资金。

二、现金和银行存款的管理

1. 单位应当加强现金库存限额的管理,超过库存限额的现金应及时存入银行。

2. 单位必须根据《现金管理暂行条例》的规定,结合本单位的实际情况,确定本单位现金的开支范围。不属于现金开支范围的业务应当通过银行办理转账结算。

3. 单位现金收入应当及时存入银行,不得用于直接支付单位自身的支出。因特殊情况需坐支现金的,应事先报经开户银行审查批准。单位借出款项必须执行严格的授权批准程序,严禁擅自挪用、借出货币资金。

4. 单位取得的货币资金收入必须及时入账,不得私设"小金库",不得账外设账,严禁收款不入账。

5. 单位应当严格按照《支付结算办法》等国家有关规定,加强银行账户的管理,严格按照规定开立账户,办理存款、取款和结算。单位应当定期检查、清理银行账户的开立及使用情况,发现问题,及时处理。单位应当加强对银行结算凭证的填制、传递及保管等环节的管理与控制。

6. 单位应当严格遵守银行结算纪律,不准签发没有资金保证的票据或远期支票,套取银行信用;不准签发、取得和转让没有真实交易和债权、债务的票据,套取银行和他人资金;不准无理由拒绝付款,任意占用他人资金;不准违反规定开立和使用银行账户。

7. 单位应当指定专人定期核对银行账户,每月至少核对一次,编制银行存款余额调节表,使银行存款账面余额与银行对账单调节相符。如调节不符,应查明原因,及时处理。

8. 单位应当定期和不定期地进行现金盘点,确保现金账面余额与实际库存相符。发现不符,及时查明原因,作出处理。

三、票据及有关印章的管理

1. 单位应当加强与货币资金相关的票据的管理,明确各种票据的购买、保管、领用、背书转让、注销等环节的职责权限和程序,并专设登记簿进行记录,防止空白票据的遗失和被盗用。

2. 单位应当加强银行预留印鉴的管理。财务专用章应由专人保管,个人名章必须由本人或其授权人员保管。严禁一人保管支付款项所需的全部印章。按规定需要有关负责人签字或盖章的经济业务,必须严格履行签字或盖章手续。

四、监督检查

1. 单位应当建立对货币资金业务的监督检查制度,明确监督检查机构或人员的职责权限,定期和不定期地进行检查。

2. 货币资金监督检查的内容主要包括:

(1)货币资金业务相关岗位及人员的设置情况。重点检查是否存在货币资金业务不相容职务混岗的现象。

(2)货币资金授权批准制度的执行情况。重点检查货币资金支出的授权批准手续是否健全,是否存在越权审批行为。

(3)支付款项印章的保管情况。重点检查是否存在办理付款业务所需的全部印章交由一人保管的现象。

(4)票据的保管情况。重点检查票据的购买、领用、保管手续是否健全,票据保管是否存在漏洞。

3. 对监督检查过程中发现的货币资金内部控制中的薄弱环节,应当及时采取措施,加以纠正和完善。

▶▶▶ 项目小结

本项目包括库存现金的核算、银行存款的核算、其他货币资金的核算和货币资金的内部控制。

1. 货币资金,包括库存现金、银行存款和其他货币资金。

2. 企业应严格执行国务院颁布的《现金管理暂行条例》,管理和使用库存现金。库存现金的核算包括总分类核算与序时核算。库存现金应"日清月结",定期或不定期地进行清查。清查中发现的有待查明原因的库存现金短缺或溢余,应通过"待处理财产损溢——待处理流动资产损溢"科目核算。

3. 银行存款的管理必须严格遵守《支付结算办法》的有关规定。银行存款收支的核算包括总分类核算和序时核算。企业应按期对账。企业在将银行存款日记账的记录同银行对账单进行逐笔核对时,如发现双方余额不一致,除记账错误外,还可能是未达账项引起的。对于核对账目过程中发现的未达账项,由出纳人员编制"银行存款余额调节表"进行调节。

4. 其他货币资金主要包括外埠存款、银行汇票存款、银行本票存款、信用卡存款、在途货币资金、信用证保证金存款、存出投资款等。

5. 货币资金的内部控制主要包括:①岗位分工及授权批准;②现金和银行存款的管理;③票据及有关印章的管理;④监督检查。

项目三　应收及预付款项的核算

知识目标

1. 掌握应收及预付款项的内容。
2. 掌握应收票据的含义及种类。
3. 掌握应收账款的含义及计价方法；掌握应收账款核算的要求和应收账款计提坏账准备的方法。
4. 掌握其他应收款、预付账款的核算要求。

能力目标

1. 能够对不带息应收票据、带息应收票据进行核算。
2. 能够对不含折扣的应收账款、含折扣的应收账款进行核算。
3. 能够运用应收款项余额百分比法、账龄分析法、销货百分比法计提坏账准备，并能进行坏账准备的核算。
4. 能够对其他应收款及备用金进行核算，能够对预付账款进行核算。

应收及预付款项是指企业在日常生产经营活动中发生的各种债权，包括应收票据、应收账款、其他应收款、预付账款、应收股利和应收利息等，属于流动资产中的重要组成部分。企业及时地反映和监督各种应收及预付款项，对保证资产的安全和完整，促进企业流动资金的周转具有重要意义。

任务一　应收票据的核算

一、什么是应收票据

(一)应收票据的概念

应收票据是指企业因销售商品、提供劳务等而收到的商业汇票。

商业汇票是出票人签发的，委托付款人在指定日期无条件支付确定的金额给收款人或者持票人的票据。在银行开立存款账户的法人以及其他组织之间必须具有真实的交易关系或债权债务关系，才能使用商业汇票。商业汇票可以背书转让。根据我国现行法规制度的规定，商业汇票的付款期限由交易双方商定，但不得超过 6 个月。因此，企业持有的应收票据是一项短期债权，在资产负债表上列示为一项流动资产。

(二)应收票据的种类

1. 商业汇票按其承兑人的不同,可以分为商业承兑汇票和银行承兑汇票

商业承兑汇票是指由收款人签发,经付款人承兑,或者由付款人签发并承兑的汇票;银行承兑汇票是指由收款人或承兑申请人签发,并由承兑申请人向开户银行申请,经银行审查同意承兑的汇票。

2. 商业汇票按票面是否载明利率,可分为带息商业汇票和不带息商业汇票

带息商业汇票是指在商业汇票到期时,承兑人必须按票面金额加上应计利息向收款人或被背书人支付票款的票据;不带息商业汇票是指在商业汇票到期时,承兑人只按票面金额向收款人或被背书人支付票款的票据。

(三)应收票据的计价

我国《企业会计制度》规定,应收票据应当按票据的面值计价,即企业收到应收票据时,应按照票据的面值入账。对于带息的应收票据,应于期末(中期期末或年度终了)按照票据的票面价值和确定的利率计提利息,计提的利息应计入应收利息。到期不能收回的应收票据,应将其账面余额转入应收账款,并不再计提利息。

二、应收票据的核算方法

为了反映和监督应收票据取得、收回和转让等业务,企业应设置"应收票据"账户,该账户属于资产类账户。该账户借方登记取得的应收票据面值,贷方登记到期收回的票款。期末余额在借方,反映企业持有的商业汇票的票面金额。本科目应按照商业汇票的种类设置明细账,进行明细分类核算。

(一)不带息应收票据的核算

不带息应收票据的到期价值等于应收票据的面值。企业销售产品、商品或提供劳务等收到的开出并承兑的商业汇票时,按应收票据的面值,借记"应收票据"科目,贷记"主营业务收入"、"应交税费"等科目;应收票据到期收回时,按票面金额,借记"银行存款"科目,贷记"应收票据"科目;商业承兑汇票到期,承兑人违约拒付或无力偿还票款,收款企业应将到期票据的票面金额转入"应收账款"科目。

【案例 3-1】2×15 年 1 月 10 日,滨华有限责任公司向乙公司销售一批产品,货款为 60 000 元,增值税税额为 10 200 元,收到一张不带息 3 个月的商业承兑汇票,面值为 70 200 元。买方已提取货物。滨华有限责任公司应编制会计分录如下:

确认收入,收到票据:

借:应收票据	70 200
贷:主营业务收入	60 000
应交税费——应交增值税(销项税额)	10 200

应收票据到期,收回票款存入银行:

借:银行存款	70 200
贷:应收票据	70 200

如果乙公司无力偿付票款:

借:应收账款——乙公司	70 200
贷:应收票据	70 200

(二)带息应收票据的核算

带息应收票据利息的计算公式为:

应收票据利息＝应收票据面值×利率×期限

上式中,"利率"一般指年利率。如果按月计算利息,应将利率换算为月利率;如果按日计算利息,应将利率换算为日利率。为计算方便,通常一年按 360 天计算。

"期限"是指票据签发日至到期日的间隔时间。按月表示期限时,应以到期月份中与出票日相同的日子为到期日。如出票日为 3 月 20 日,期限 2 个月,则到期日为 5 月 20 日。月末签发的票据,不论月份大小,均以到期月份的月末为到期日。按日表示期限时,到期日应从出票日起,按实际经历天数计算,出票日和到期日只计算其中的一天,一般按算尾不算头的方式确定。例如 4 月 20 日开出的 60 天商业汇票的到期日为 6 月 19 日。

【案例 3-2】2×15 年 4 月 1 日,滨华有限责任公司销售一批商品,货款为 102 564 元,增值税税额为 17 436 元,当日收到商业承兑汇票,面值为 120 000 元,利率为 6％,期限为 5 个月。根据上述资料,作会计分录如下:

4 月 12 日收到票据时:

借:应收票据　　　　　　　　　　　　　　　　　　　　120 000
　贷:主营业务收入　　　　　　　　　　　　　　　　　　102 564
　　　应交税费——应交增值税(销项税额)　　　　　　　 17 436

6 月 30 日计算利息:120 000×6％÷12×3＝1 800(元)

借:应收票据　　　　　　　　　　　　　　　　　　　　　 1 800
　贷:财务费用　　　　　　　　　　　　　　　　　　　　　 1 800

9 月 1 日到期收到票款和利息时:

借:银行存款　　　　　　　　　　　　　　　　　　　　 123 000
　贷:应收票据　　　　　　　　　　　　　　　　　　　　121 800
　　　财务费用　　　　　　　　　　　　　　　　　　　　　 1 200

商业承兑汇票到期日,如果付款人无力支付票款,企业收到银行退回的商业承兑汇票、委托收款凭证、未付票款通知书等,按应收票据的账面价值,借记"应收账款"科目,贷记"应收票据"科目,以后不再计提利息。

(三)应收票据转让的核算

应收票据转让是指持票人因偿还前欠货款等原因,将未到期的商业汇票背书后转让给其他单位或个人的业务活动。

企业将持有的应收票据背书转让以取得所需物资时,按应计入物资成本的价值,借记"材料采购"、"原材料"、"库存商品"等科目;按专用发票上注明的增值税,借记"应交税费——应交增值税(进项税额)"科目;按应收票据的账面余额,贷记"应收票据"科目;如有差额,借记或贷记"银行存款"等科目。如为带息商业汇票,除上述核算外,还应按尚未计提的利息,贷记"财务费用"科目。

(四)应收票据贴现的核算

应收票据贴现是指持票人因急需资金,将未到期的商业汇票背书后转让给银行,银行受理后,从票面金额中扣除按银行的贴现率计算确定的贴现息后,将余额付给贴现企业的一项融资活动。

在贴现中,企业付给银行的利息称为贴现利息;银行计算贴现利息的利率称为贴现率;企业从银行获得的票据到期值扣除贴现利息后的货币收入,称为贴现所得,即贴现净额。

计算公式为:

$$贴现净额＝票据到期值－贴现利息$$

$$贴现利息＝票据到期值×贴现率×贴现期$$

其中,贴现期是指自贴现日起至到期日止的实际天数,也是用"算头不算尾"或"算尾不算头"的方法计算确定。带息应收票据的到期值是其面值加上按票据载明的利率计算的票据全部期间的利息;不带息应收票据的到期值就是其面值。

企业持未到期的应收票据向银行申请贴现时,应根据银行盖章退回的贴现凭证第四联收账通知,按贴现净额,借记"银行存款"账户。如果是银行承兑汇票,贷记"应收票据"账户。如果是商业承兑汇票,贴现时附追索权,按贴现净额,借记"银行存款"账户,按应收票据的到期值,贷记"短期借款"账户,按二者的差额,记入"财务费用"账户;贴现时不附追索权,按贴现净额,借记"银行存款"账户,按应收票据的账面余额,贷记"应收票据"账户,按二者的差额,记入"财务费用"账户。

【案例3-3】 滨华有限责任公司将一张180天到期,年利率为8%,面值为10 000元的商业承兑汇票,向银行申请贴现。该票据的出票日是2×15年6月1日,申请贴现日是2×15年8月30日,银行年贴现率为9%,假定该贴现不附追索权。其计算及账务处理如下:

票据到期值＝票面额×(1＋票面利率×票据期限)

　　　　　＝10 000×(1＋8%×180÷360)＝10 400(元)

贴现期:8月30日至11月28日共90天

贴现利息＝票据到期值×贴现率×贴现期

　　　　＝10 400×9%×90÷360＝234(元)

贴现净额＝票据到期值－贴现利息＝10 400－234＝10 166(元)

借:银行存款　　　　　　　　　　　　　　　　　　　　　　　　　10 166

　贷:应收票据　　　　　　　　　　　　　　　　　　　　　　　　　10 000

　　　财务费用　　　　　　　　　　　　　　　　　　　　　　　　　　166

如贴现时带追索权,则账务处理如下:

借:银行存款　　　　　　　　　　　　　　　　　　　　　　　　　10 166

　财务费用　　　　　　　　　　　　　　　　　　　　　　　　　　　234

　贷:短期借款　　　　　　　　　　　　　　　　　　　　　　　　　10 400

任务二　应收账款的核算

一、什么是应收账款

(一)应收账款的含义

应收账款是指企业在正常的生产经营过程中,由于销售商品、产品或提供劳务等应向客户收取的款项,是企业因销售商品、产品或提供劳务等经营活动所形成的债权。

应收账款的收回期一般不超过两个月,最多不超过一年。应收账款建立在商业信用的基础上,账款的偿付缺乏法律约束力。确认应收账款的依据是一些表明产品销售或劳务提供过程已经完成,债权债务已经成立的书面文件,如购销合同、发票,产品出库单和发运单据等。

(二)应收账款的计价

《企业会计制度》规定,应收账款按实际发生金额计价入账,其入账价值包括销售货物或提供劳务的价款、增值税,以及代购货方垫付的运杂费等。在确认应收账款的入账价值时,还要考虑商业折扣和现金折扣等因素。

1. 商业折扣

所谓商业折扣是因时间性因素或因销售数量或客户不同而给予客户的价格上的让渡。商业折扣通常用百分数来表示,如 5%、10%、15% 等。扣减商业折扣后的价格才是商品的实际销售价格。商业折扣通常作为促销的手段,目的是扩大销路,增加销量。一般情况下,商业折扣都直接从商品价目单价格中扣减,购买单位应付的货款和销售单位所应收的货款,都根据直接扣减商业折扣后的价格来计算。因此,商业折扣对企业的会计记录没有影响。

2. 现金折扣

现金折扣是指企业为了鼓励客户在一定期限内早日偿还货款而给予客户的折扣优惠。现金折扣对于销售企业来说,称为销货折扣;对于购货企业来说,称为购货折扣。现金折扣一般表示为"2/10,1/20,n/30"等。2/10 表示如果客户在 10 天内偿付货款,给予 2% 的折扣;1/20 表示如果客户在 20 天内偿付货款,给予 1% 的折扣;n/30 表示如果客户在 30 天内付款,则无折扣。现金折扣使得企业应收账款的实收数额,随着客户付款的时间不同而有所差异。这样,就产生了应收账款的现金折扣计价核算问题。

《企业会计制度》规定,在存在现金折扣的情况下,应收账款应以未减去现金折扣的金额入账,即总价法入账。实际发生的现金折扣作为一种理财费用,计入当期损益。

二、应收账款的核算方法

(一)无折扣

企业因销售商品、产品和提供劳务等经营活动发生的应收账款,在没有折扣的情况下,企业按应收取的全部金额,借记"应收账款"科目;按实现的营业收入,贷记"主营业务收入"、"其他业务收入"等科目;按专用发票上注明的增值税税额,贷记"应交税费——应交增值税(销项税额)"科目。

企业代购货单位垫付运杂费时,借记"应收账款"科目,贷记"银行存款"科目;收回代垫费用时,借记"银行存款"科目,贷记"应收账款"科目。

【案例 3-4】2×15 年 2 月 12 日,滨华有限责任公司销售产品一批,价值 50 000 元,适用的增值税税率为 17%,代购货单位垫付运杂费 1 000 元,已办妥委托银行收款手续。企业做如下会计分录:

借:应收账款	59 500
贷:主营业务收入	50 000
应交税费——应交增值税(销项税额)	8 500
银行存款	1 000

收到货款时做会计分录如下:

```
借:银行存款                                                    59 500
    贷:应收账款                                                 59 500
```

(二)存在商业折扣

存在商业折扣时,企业发生的应收账款应按扣除商业折扣后的金额入账。

【案例 3-5】 2×15 年 5 月 12 日,滨华有限责任公司销售一批产品,按价目表标明的价格计算,金额为 30 000 元,由于是成批销售,公司给购货方 10% 的商业折扣,金额为 3 000 元,公司实际销售额为 27 000 元,适用的增值税税率为 17%。公司做如下账务处理:

```
借:应收账款                                                    31 590
    贷:主营业务收入                                            27 000
        应交税费——应交增值税(销项税额)                        4 590
```

收到货款时做会计分录如下:

```
借:银行存款                                                    31 590
    贷:应收账款                                                 31 590
```

(三)存在现金折扣

企业发生的应收账款在有现金折扣的情况下,采用总价法入账,发生的现金折扣作为财务费用处理。

【案例 3-6】 2×15 年 5 月 16 日,滨华有限责任公司销售一批产品给 A 公司,价值20 000元,规定的现金折扣条件为:2/10,1/20,n/30,适用的增值税税率为 17%,产品交付并办妥托收手续,计算现金折扣时考虑增值税。公司做如下账务处理:

```
借:应收账款                                                    23 400
    贷:主营业务收入                                            20 000
        应交税费——应交增值税(销项税额)                        3 400
```

如果上述货款在 10 天内收到:

```
借:银行存款                                                    22 932
    财务费用                                                      468
    贷:应收账款                                                 23 400
```

如果上述货款在 20 天内收到:

```
借:银行存款                                                    23 166
    财务费用                                                      234
    贷:应收账款                                                 23 400
```

如果超过了现金折扣的最后期限,收到货款:

```
借:银行存款                                                    23 400
    贷:应收账款                                                 23 400
```

三、坏账损失的核算

(一)坏账损失的含义

所谓坏账,是指企业无法收回的应收账款;由此而产生的损失,称为坏账损失。在市场经济条件下,由于商业信用的存在,不可避免地会带来坏账损失。现行制度规定,确认坏账损失应符合下列条件:

(1)因债务人破产或者死亡,以其破产财产或者遗产清偿后,仍然不能收回的应收账款;

(2)因债务人逾期未履行偿债义务,并有足够证据表明无法收回或收回的可能性极小。

但是,按照会计程序确认为坏账的应收账款,并不意味着企业放弃其法律上的追索权,一旦重新收回,应及时入账。

(二)坏账损失的核算方法

坏账损失的核算方法有直接转销法和备抵法两种。我国《企业会计制度》规定,企业应采用备抵法核算坏账损失。

备抵法是指在坏账损失实际发生前,就依据权责发生制原则估计损失,并同时形成坏账准备,待坏账损失实际发生时再冲减坏账准备,同时转销相应的应收款项的一种方法。

采用备抵法核算坏账损失,应设置"坏账准备"科目。"坏账准备"科目是"应收账款"、"其他应收款"等科目的备抵科目,其贷方登记坏账准备的计提数;借方登记坏账准备的转销数或收回的以前年度已确认并转销的坏账;期末余额在贷方,表示已计提但尚未转销的坏账准备数额。

(三)坏账损失的具体核算

企业提取坏账准备时,借记"资产减值损失"科目,贷记"坏账准备"科目。如果应提取的坏账准备大于"坏账准备"账户的贷方余额,应按其差额提取坏账准备;如果应提取的坏账准备小于"坏账准备"的贷方余额,应按其差额冲减已计提的坏账准备,借记"坏账准备"科目,贷记"资产减值损失"科目。

实际发生坏账时,借记"坏账准备"科目,贷记"应收账款"、"其他应收款"科目。如果已确认并转销的坏账以后又收回,则应按收回的金额,借记"应收账款"、"其他应收款"科目,贷记"坏账准备"科目;同时借记"银行存款"科目,贷记"应收账款"、"其他应收款"科目。

企业采用备抵法核算坏账损失时,首先应按期估计坏账损失。估计坏账损失的方法有应收款项余额百分比法、账龄分析法和销货百分比法。

1. 应收款项余额百分比法

应收款项余额百分比法,是根据会计期末应收款项的余额乘以估计坏账率(即为当期应估计的坏账损失),据此提取坏账准备。估计坏账率可以按照以往的数据资料加以确定,也可以采用规定的百分率。企业发生的坏账多,百分率相应就高些,反之则低些。

$$
\begin{array}{l}
\text{当期应提取} \\
\text{的坏账准备}
\end{array}
=
\begin{array}{l}
\text{当期按应收款项计算} \\
\text{的应提坏账准备金额}
\end{array}
-
\begin{array}{l}
\text{坏账准备账} \\
\text{户贷方余额}
\end{array}
+
\begin{array}{l}
\text{坏账准备账} \\
\text{户借方余额}
\end{array}
$$

$$
\begin{array}{l}
\text{当期按应收款项计算} \\
\text{的应提坏账准备金额}
\end{array}
=
\begin{array}{l}
\text{期末应收} \\
\text{款项余额}
\end{array}
\times
\begin{array}{l}
\text{坏账准备的} \\
\text{计提比例}
\end{array}
$$

【案例 3-7】 2×13 年 1 月 1 日,滨华有限责任公司"坏账准备"期初余额为 10 000 元。2×13 年 12 月 31 日,"应收账款"余额为 1 000 000 元,提取坏账准备的比例为 3%。2×14 年 5 月 10 日,发生坏账损失 6 000 元,其中甲单位 1 000 元、乙单位 5 000 元,年末应收账款余额为 1 200 000 元。2×15 年 8 月 9 日,已冲销的上年乙单位应收账款 5 000 元又收回,期末应收账款余额为 1 300 000 元。各年度账务处理如下:

(1)2×13 年

年末计提坏账准备:1 000 000×3%-10 000=20 000(元)

借:资产减值损失　　　　　　　　　　　　　　　　　　　20 000

　　　　贷:坏账准备　　　　　　　　　　　　　　　　　　　　　　　　　　20 000

"坏账准备"期末余额为 30 000 元。

(2)2×14 年

发生坏账:

　　借:坏账准备　　　　　　　　　　　　　　　　　　　　　　　　　　　6 000

　　　　贷:应收账款——甲企业　　　　　　　　　　　　　　　　　　　　　1 000

　　　　　　　　　——乙企业　　　　　　　　　　　　　　　　　　　　　5 000

年末计提坏账准备:1 200 000×3%－30 000＋6 000＝12 000(元)

　　借:资产减值损失　　　　　　　　　　　　　　　　　　　　　　　　　12 000

　　　　贷:坏账准备　　　　　　　　　　　　　　　　　　　　　　　　　12 000

"坏账准备"期末余额为 36 000 元。

(3)2×15 年

收回坏账:

　　借:应收账款——乙企业　　　　　　　　　　　　　　　　　　　　　　5 000

　　　　贷:坏账准备　　　　　　　　　　　　　　　　　　　　　　　　　5 000

　　借:银行存款　　　　　　　　　　　　　　　　　　　　　　　　　　　5 000

　　　　贷:应收账款——乙企业　　　　　　　　　　　　　　　　　　　　5 000

年末计提坏账准备:1 300 000×3%－(36 000＋5 000)＝－2 000(元)

　　借:坏账准备　　　　　　　　　　　　　　　　　　　　　　　　　　　2 000

　　　　贷:资产减值损失　　　　　　　　　　　　　　　　　　　　　　　2 000

"坏账准备"期末余额为 39 000 元。

2. 账龄分析法

　　账龄分析法是指根据应收账款的时间长短来估计坏账损失的一种方法,又称"应收账款账龄分析法"。采用账龄分析法时,将不同账龄的应收账款进行分组,并根据前期坏账实际发生的有关资料,确定各账龄组的估计坏账损失百分比,再将各账龄组的应收账款金额乘以对应的估计坏账损失百分比数,计算出各组的估计坏账损失额之和,即为当期的坏账损失预计金额。账龄分析法下应计提的坏账准备的计算方法与应收账款余额百分比法类似。

　　【案例 3-8】2×15 年 12 月 31 日,滨华有限责任公司应收账款账龄及估计坏账损失的情况见表 3-1。

表 3-1　应收账款账龄及坏账损失估计表

应收账款账龄	应收账款金额(元)	估计损失百分比(%)	估计损失金额(元)
未到期	400 000	0.5	2 000
过期 1 个月	300 000	1	3 000
过期 2 个月	100 000	2	2 000
过期 3 个月	150 000	3	4 500
过期 3 个月以上	50 000	4	2 000
合计	1 000 000		13 500

　　假设在估计坏账损失前,"坏账准备"账户有贷方余额 10 000 元,则该企业本期应提取

的坏账准备为：13 500－10 000＝3 500(元)

账务处理如下：

借：资产减值损失　　　　　　　　　　　　　　　　　　　　　　　3 500

　　贷：坏账准备　　　　　　　　　　　　　　　　　　　　　　　　　3 500

假设在估计坏账损失前，"坏账准备"账户有借方余额3 000元，则该企业本期应提取的坏账准备为：13 500＋3 000＝16 500(元)

账务处理如下：

借：资产减值损失　　　　　　　　　　　　　　　　　　　　　　　16 500

　　贷：坏账准备　　　　　　　　　　　　　　　　　　　　　　　　　16 500

3. 销货百分比法

销货百分比法是以赊销金额的一定百分比来估计坏账损失的一种方法。

估计不能收回的应收账款占赊销总额的百分比，期末用此百分比乘以赊销总额，以估计出本会计期间的坏账损失。采用该方法计提坏账准备时，不用考虑上年坏账准备的余额。

【案例3-9】2×15年滨华有限责任公司全年赊销金额为2 000 000元，根据以往资料和经验，估计坏账损失率为2%。

年末估计坏账损失为：2 000 000×2%＝40 000(元)

借：资产减值损失　　　　　　　　　　　　　　　　　　　　　　　40 000

　　贷：坏账准备　　　　　　　　　　　　　　　　　　　　　　　　　40 000

任务三　其他应收款项的核算

一、其他应收款的核算

(一)其他应收款的含义

其他应收款是企业除应收票据、应收账款和预付账款等以外的其他各种应收、暂付款项。其内容包括：

(1)应收的各种赔款、罚款；

(2)应收出租包装物的租金；

(3)应向职工收取的各种垫付款项；

(4)备用金(向企业各职能科室、车间等拨付的备用金)；

(5)存出保证金，如租入包装物支付的押金；

(6)其他各种应收、暂付款项；

(7)预付账款转入。

企业应设置"其他应收款"科目核算企业应收票据、应收账款、预付账款等以外的其他各种应收、暂付款项。企业发生其他各种应收款时，借记"其他应收款"科目，贷记有关科目；收回款项时，借记"银行存款"等科目，贷记"其他应收款"科目。

(二)其他应收款的核算方法

1. 备用金的核算

备用金是指付给单位内部各部门或工作人员用作零星开支、零星采购或差旅费等的款项。对于借用的备用金,会计上可以通过"其他应收款——备用金"账户来核算,也可以单独设置"备用金"账户。

(1)定额备用金制

定额备用金制是指根据使用部门和人员工作的实际需要,先核定其备用金定额并依此拨付备用金,使用后再拨付现金,补足其定额的制度。

【案例3-10】2×15年1月1日,滨华有限责任公司核定的基本生产车间备用金定额为30 000元,以现金支票拨付。账务处理如下:

借:其他应收款——备用金(基本生产车间)   30 000

    贷:银行存款   30 000

基本生产车间报销日常管理支出1 000元,现金支票补足备用金。账务处理如下:

借:制造费用   1 000

    贷:银行存款   1 000

年终收回基本生产车间备用金。账务处理如下:

借:银行存款   30 000

    贷:其他应收款——备用金(基本生产车间)   30 000

(2)非定额备用金制

非定额备用金制是指为了满足临时性需要而暂付给有关部门或个人现金,使用后实报实销的制度。非定额备用金在"其他应收款"科目核算,不在"备用金"科目核算。

【案例3-11】2×15年3月6日,滨华有限责任公司行政管理部门程华外出预借差旅费4 000元,以现金付讫。公司账务处理如下:

借:其他应收款——程华   4 000

    贷:库存现金   4 000

【案例3-12】程华出差归来,报销3 600元,退回现金400元。公司账务处理如下:

借:管理费用   3 600

  库存现金   400

    贷:其他应收款——程华   4 000

(3)备用金以外的其他应收款的核算

【案例3-13】2×15年4月8日,滨华有限责任公司租入包装物一批,以银行存款向出租方支付押金10 000元。

借:其他应收款——存出保证金   10 000

    贷:银行存款   10 000

租入包装物按期如数退回,收到出租方退还的押金10 000元,已存入银行,则:

借:银行存款   10 000

    贷:其他应收款——存出保证金   10 000

二、预付账款的核算

预付账款是指按照购货或劳动合同,预先支付给供应方的账款。

为了加强对预付账款的管理,一般应单独设置"预付账款"科目进行核算。预付账款时,借记"预付账款"科目,贷记"银行存款"科目。收到所购物资时,按发票、账单所列物资成本的金额,借记"材料采购"或"原材料"、"库存商品"等科目;按专用发票注明的增值税,借记"应交税金——应交增值税(进项税额)"科目;按应付金额,贷记"预付账款"科目。补付款项时,借记"预付账款"科目,贷记"银行存款"科目。退回多付的款项时,做相反的会计分录。

预付账款业务较少的企业,也可以不设"预付账款"科目,将预付的货款记入"应付账款"科目的借方。企业的预付账款,如有确凿证据表明其不符合预付账款性质,或因供货单位破产、撤销等原因已无望再收到所购货物的,应将原计入预付账款的金额转入其他应收款。企业应按预计不能收到所购货物的预付账款账面余额,借记"其他应收款——预付账款转入"科目,贷记"预付账款"科目。

【案例3-14】2×15年7月6日,滨华有限责任公司根据购货合同的规定,通过银行转账预付给乙公司订购材料款9 000元。账务处理如下:

借:预付账款——乙公司　　　　　　　　　　　　　　　　　　　　9 000
　　贷:银行存款　　　　　　　　　　　　　　　　　　　　　　　　　9 000

【案例3-15】向乙公司订购的材料已经收到并验收入库,增值税专用发票列明材料价款是10 000元、增值税是1 700元,共计11 700元。账务处理如下:

借:原材料　　　　　　　　　　　　　　　　　　　　　　　　　　10 000
　　应交税费——应交增值税(进项税额)　　　　　　　　　　　　　1 700
　　贷:预付账款——乙公司　　　　　　　　　　　　　　　　　　　11 700

【案例3-16】通过银行转账补付给乙公司材料款2 700元。账务处理如下:

借:预付账款——乙公司　　　　　　　　　　　　　　　　　　　　2 700
　　贷:银行存款　　　　　　　　　　　　　　　　　　　　　　　　　2 700

【案例3-17】2×15年9月12日,滨华有限责任公司预付给丙公司的货款12 000元,因丙公司撤销,所购货物已经无法收到。经批准,应作如下账务处理:

借:其他应收款——预付账款转入　　　　　　　　　　　　　　　　12 000
　　贷:预付账款——丙公司　　　　　　　　　　　　　　　　　　　12 000

三、应收股利和应收利息的核算

应收股利是指企业因股权投资而应向被投资单位收取的现金股利和企业应收其他单位的利润等;应收利息是指企业因债权投资而应该收取的利息。

企业应设置"应收股利"、"应收利息"账户核算股利、利息,"应收股利"、"应收利息"账户都属于资产类账户,借方分别登记应收的股利、利息,贷方登记实际收到的股利、利息,期末余额在借方,表示尚未收到的股利、利息。

▶▶▶ 项目小结

本项目包括应收票据的核算、应收账款的核算和其他应收款项的核算三部分。

1. 应收及预付款项包括应收票据、应收账款、其他应收款、预付账款、应收股利和应收利息等。

2. 应收票据是指企业因销售商品、提供劳务等而收到的商业汇票。应收票据应区分带息票据和不带息票据进行核算。

3. 应收账款是指企业在正常的生产经营过程中,由于销售商品、产品或提供劳务等应向客户收取的款项。应收账款应采用总价法(即不含商业折扣,而含现金折扣)入账,发生的现金折旧计入财务费用。

4. 坏账是指企业无法收回的应收账款,由此而产生的损失称为坏账损失。我国《企业会计制度》规定,企业只能采用备抵法核算坏账损失,应设置"坏账准备"科目。企业采用备抵法核算坏账损失时,首先应按期估计坏账损失。估计坏账损失的方法有应收款项余额百分比法、账龄分析法和销货百分比法。

5. 其他应收款是企业除应收票据、应收账款和预付账款等以外的其他各种应收、暂付款项。备用金是指付给单位内部各部门或工作人员用作零星开支、零星采购或差旅费等的款项。对于借用的备用金可以通过"其他应收款——备用金"账户来核算,也可以单独设置"备用金"账户。

6. 预付账款是指按照购货或劳动合同,预先支付给供应方的账款。预付账款业务较少的企业,也可以不设"预付账款"科目,将预付的货款记入"应付账款"科目的借方。

7. 应收股利是指企业因股权投资而应向被投资单位收取的现金股利和企业应收其他单位的利润等;应收利息是指企业因债权投资而应该收取的利息。

项目四 存货的核算

知识目标

1. 掌握存货的概念及范围。
2. 掌握原材料按实际成本计价和按计划成本计价的方法。
3. 了解自制存货的核算要求。
4. 掌握周转材料的核算要求。
5. 掌握委托加工物资的成本构成及核算要求。
6. 掌握存货采用成本与可变现净值孰低法的期末计价方法。
7. 掌握存货的盘点方法及盘盈、盘亏的会计处理要求。

能力目标

1. 能够采用实际成本法对存货的收入、发出、结存进行核算。
2. 能够采用计划成本法对存货的收入、发出、结存进行核算。
3. 能够对低值易耗品、包装物等周转材料进行核算。
4. 能够对委托加工物资进行核算。
5. 能够确定存货的可变现净值,能采用成本与可变现净值孰低法对存货进行期末计量。
6. 能够对存货进行盘点,并对盘盈、盘亏进行会计处理。

任务一 原材料的核算

一、什么是存货

(一)存货的概念

存货是指企业在日常活动中持有以备出售的产成品或商品、处在生产过程中的在产品、在生产过程或提供劳务过程中耗用的材料和物料等,包括库存的、加工中的、在途的各类材料、商品、在产品、半成品、产成品、包装物、低值易耗品、委托加工物资等。存货是保证企业生产经营过程顺利进行的必要条件。存货是企业的一项重要的流动资产,其价值在企业流动资产中占有很大的比重。

存货必须在符合定义的前提下同时满足下列两个条件,才能予以确认。

(1)与该存货有关的经济利益很可能流入企业;

(2)该存货的成本能够可靠地计量。

(二)存货的范围

企业的存货通常包括以下内容:

(1)原材料,指企业在生产过程中经加工改变其形态或性质并构成产品主要实体的各种原料及主要材料、辅助材料、外购半成品(外购件)、修理用备件(备品备件)、包装材料、燃料等。为建造固定资产等各项工程而储备的各种材料,虽然同属于材料,但是,由于用于建造固定资产等各项工程不符合存货的定义,因此不能作为企业的存货进行核算。

(2)在产品,指企业正在制造的尚未完工的产品,包括正在各个生产工序加工的产品和已加工完毕但尚未检验或已检验但尚未办理入库手续的产品。

(3)产成品,指工业企业已经完成全部生产过程并验收入库,可以按照合同规定的条件送交订货单位,或者可以作为商品对外销售的产品。企业接受外来原材料加工制造的代制品和为外单位加工修理的代修品,制造和修理完成验收入库后,应视同企业的产成品。

(4)商品,指商品流通企业外购或委托加工完成验收入库用于销售的各种商品。

(5)周转材料,指企业能够多次使用、但不符合固定资产定义的材料,如为了包装本企业商品而储备的各种包装物,各种工具、管理用具、玻璃器皿、劳动保护用品以及在经营过程中周转使用的容器等低值易耗品和建造承包商的钢模板、木模板、脚手架等其他周转材料。但是,周转材料符合固定资产定义的,应当作为固定资产处理。

下列项目不应计入企业存货范围:①依照合同开出的发票、账单,但客户尚未提取的库存货物;②受其他单位委托代销、代加工的存货;③约定未来购入的存货。

二、原材料按实际成本计价的核算

(一)存货初始成本计量

企业取得存货应当按照成本进行计量。存货成本包括采购成本、加工成本和其他成本。

1. 外购存货

外购存货的实际成本包括下列各项:

(1)买价,指进货发票所注明的货款金额。

(2)运输费、装卸费、保险费、包装费、仓储费等费用。

(3)运输途中的合理损耗。有些物资在运输途中会发生一定的短缺和损耗。除合理的途耗应当计入物资的采购成本外,能确定由过失人负责的,应向责任单位或过失人索取赔偿,不计入进货成本。至于因自然灾害而发生的意外损失,减去保险赔偿款和可以收回的残值作价后的净损失,应作为营业外支出处理,不得计入进货成本。属于无法收回的其他损失,计入管理费用,也不得计入进货成本。

(4)入库前的挑选、整理费用,指购入的物资需要经过挑选、整理才能使用,因而在挑选、整理过程中发生的工资、费用支出,以及挑选、整理过程中所发生的数量损耗(扣除可回收的下脚废料等)的价值。

(5)按规定应计入成本的税金,如进口物资按规定支付的进口关税。

(6)其他费用,如大宗物资的市内运杂费。但市内零星运杂费、采购人员的差旅费和采购机构的经费,以及企业供应部门和仓库的经费等,一般都不包括在存货的实际成本中。

2. 加工取得的存货

加工取得的存货有自制原材料、包装物、低值易耗品、在产品、半成品、产成品等。它们的实际成本包括制造过程中所耗用的原材料、工资薪酬和有关费用等实际支出。

3. 其他方式取得的存货

(1)投资者投入的存货,应当按照投资合同或协议约定的价值确定,但合同或协议约定价值不公允的除外。

(2)接受捐赠的存货,按以下规定确定其实际成本:

捐赠方提供了有关凭据(如发票、报关单、有关协议)的,按凭据上标明的金额加上应支付的相关税费,作为实际成本。

捐赠方没有提供有关凭据的,按如下顺序确定其实际成本:

①同类或类似存货存在活跃市场的,按同类或类似存货的市场价格估计的金额,加上应支付的相关税费,作为实际成本。

②同类或类似存货不存在活跃市场的,按该接受捐赠的存货的预计未来现金流量现值,作为实际成本。

(3)非货币性资产交换、债务重组等方式取得的存货,参见"项目十四——特殊会计业务的处理"。

(4)盘盈的存货,按照同类或类似存货的市场价格作为实际成本。

(二)原材料初始取得核算

原材料是企业通过采购或其他方式获取的、直接或间接用于生产产品的各种物资。原材料或者形成产品实体的一部分,或者有助于生产的进行。原材料一般可以分为原料及主要材料、辅助材料、修理用备件、燃料等。

原材料按实际成本计价就是指每一种原材料的取得、入库、发出和结存,在总账和明细账中都按原材料的实际成本登记入账,在实际成本下取得原材料通过"原材料"和"在途物资"科目核算。

"原材料"账户属于资产类账户,用来核算和反映原材料的收入、发出和结存情况。借方登记收入原材料的实际成本;贷方登记发出原材料的实际成本。期末余额在借方,反映库存原材料的实际成本。该账户应按原材料的类别、品种和规格进行明细分类核算。

"在途物资"账户也属于资产类账户,用来核算企业购入的尚未到达或尚未验收入库的各种原材料的实际成本。借方登记已经付款或已经开出经过承兑的商业汇票,而原材料尚在运输途中或虽已运达企业但尚未点验入库的原材料的实际成本;贷方登记验收入库的各种原材料的实际成本。期末余额在借方,反映企业已付款或已开出经过承兑的商业汇票但尚未到达或尚未验收入库的各种原材料的实际成本。该账户可以按照材料类别或供货单位设置明细账,进行明细分类核算。

1. 外购原材料

外购原材料的实际成本包括买价,运杂费,运输途中的合理损耗,入库前挑选、整理费用,有关税金及其他可归属于原材料采购成本的费用。

从外部购入材料,由于结算方式、采购地点和交接货物的方式,支付款项和验收货物的时间不尽相同,其账务处理也有所不同。

(1)付款与收货同时办理(单货同到)。按材料的实际成本,借记"原材料"账户,贷记"银行存款"或"应付票据"账户。如果是一般纳税人,还应根据增值税专用发票,将购进材料所支付的增值税单独记账(购进用于非应税项目或免税项目货物支付的增值税不得单独记账),即借记"应交税费——应交增值税(进项税额)"(以下相同,不再赘述)账户。

【案例 4-1】2×15 年 1 月 20 日,滨华有限责任公司从本地某企业购进 A 材料 1 000 千克,单价为 100 元/千克,取得增值税专用发票,货款为 100 000 元,增值税为 17 000 元,价税均以转账支票付清,材料已验收入库。企业应编制会计分录如下:

借:原材料——A 材料　　　　　　　　　　　　　　　　　　　　　100 000
　　应交税费——应交增值税(进项税额)　　　　　　　　　　　　　　17 000
　　贷:银行存款　　　　　　　　　　　　　　　　　　　　　　　　117 000

(2)先支付货款或开出经承兑的商业汇票,材料尚未到达或尚未验收入库(单到货未到)。企业先收到结算凭证及发票等单据,经审核无误后即可承付货款或开出经承兑的商业汇票,并根据有关凭证,借记"在途物资"、"应交税费——应交增值税(进项税额)"账户,贷记"银行存款"或"应付票据"账户。收到材料时,借记"原材料"账户,贷记"在途物资"账户。

【案例 4-2】2×15 年 1 月 20 日,滨华有限责任公司从外地甲公司购进 B 材料 3 000 千克,收到银行转来该公司的结算凭证及所附的增值税专用发票和代垫费用单据,B 材料的单价为 20 元/千克,货款为 60 000 元,增值税为 10 200 元;支付运费 1 000 元,取得运输业增值税专用发票,增值税扣除率为 11%。经审核无误承付款项。材料尚未收到。应编制会计分录如下:

B 材料采购成本 = 60 000 + 1 000 = 61 000(元)

借:在途物资——甲公司　　　　　　　　　　　　　　　　　　　　　61 000
　　应交税费——应交增值税(进项税额)　　　　　　　　　　　　　　10 310
　　贷:银行存款　　　　　　　　　　　　　　　　　　　　　　　　71 310

1 月 25 日,B 材料到达并验收入库。编制会计分录如下:

借:原材料——B 材料　　　　　　　　　　　　　　　　　　　　　　61 000
　　贷:在途物资——甲公司　　　　　　　　　　　　　　　　　　　　61 000

(3)材料先到,发票、账单未到,货款尚未支付(货到单未到)。在这种情况下,由于材料的实际成本无法确定,月末可按材料的暂估价格(合同订价或计划价格)计价入账,借记"原材料"账户,贷记"应付账款——暂估应付款"账户。下个月初用红字作同样的记账凭证予以冲回,以便下个月付款或开出经承兑的商业汇票后,按正常程序入账,借记"原材料"、"应交税费——应交增值税(进项税额)"账户,贷记"银行存款"或"应付票据"等账户。为了简化核算手续,企业在先收到材料时,一般只登记材料明细账,暂不进行总分类核算。在收到结算凭证,支付货款时,再按实际成本进行总分类核算。

【案例 4-3】2×15 年 1 月 23 日,滨华有限责任公司从外地乙公司购进 B 材料 2 000 千克,材料已经运到企业,并验收入库,但发票等结算凭证尚未收到,货款尚未支付。月末,结算凭证仍未到达,按合同约定价格 20 元/千克暂估价入账。编制会计分录如下:

借:原材料——B 材料　　　　　　　　　　　　　　　　　　　　　　40 000
　　贷:应付账款——暂估应付款　　　　　　　　　　　　　　　　　　40 000

下个月初用红字将其冲回:

借:原材料——B 材料　　　　　　　　　　　　　　　　　　　　　　40 000

　　贷:应付账款——暂估应付款　　　　　　　　　　　　　　　　　　40 000

下个月收到有关结算凭证,价款为 40 000 元,增值税为 6 800 元,支付货款时:

借:原材料——B 材料   40 000

 应交税费——应交增值税(进项税额)   6 800

 贷:银行存款   46 800

(4)购入材料发生短缺和毁损。购入材料在验收入库时,如发生短缺或毁损,应及时查明原因,根据不同的情况进行处理。属于定额内的合理损耗,应计入材料的采购成本,不另作账务处理。属于运输部门、保险公司或个人负责的损失,应根据赔偿请求单所列的索赔金额记入"其他应收款"账户;属于供货单位少发货造成的短缺,应将短缺损失记入"应付账款"账户;属于自然灾害等非常原因造成的损失,应将扣除残料价值和过失人、保险公司赔款后的净损失,记入"营业外支出"账户;属于无法收回的其他损失,记入"管理费用"账户。材料入库的当时不能确定短缺毁损原因的,应按短缺材料的实际成本,先记入"待处理财产损溢"账户,待查明原因后再结转到有关账户。

【案例 4-4】 2×15 年 4 月 3 日,滨华有限责任公司从外地丙公司购进 A 材料 1 000 千克,单价为 100 元/千克,取得增值税专用发票,货款为 100 000 元,增值税为 17 000 元,运费为 2 000 元(取得运输业增值税专用发票,增值税扣除率为 11%)。款项已经用银行存款付清。4 月 25 日,A 材料运达企业,验收入库 950 千克,短缺 50 千克,其中 2 千克属于定额内合理损耗,其余 48 千克的短缺原因不明。企业应编制会计分录如下:

4 月 3 日付款:

借:在途物资——丙公司   102 000

 应交税费——应交增值税(进项税额)   17 220

  贷:银行存款   119 220

4 月 25 日,A 材料验收入库时:

在途材料的单位成本 = 102 000÷1 000 = 102(元/千克)

验收入库材料的实际成本 = (1 000−48)×102 = 97 104(元)

短缺材料的实际成本 = 48×102 = 4 896(元)

借:原材料——A 材料   97 104

 待处理财产损溢——待处理流动资产损溢   4 896

  贷:在途物资——丙公司   102 000

4 月 29 日,上述短缺的 48 千克材料的原因已查明,属于运输部门的责任,对方已经同意赔偿,款项尚未收到。编制会计分录如下:

进项税额转出 = 17 220÷1 000×48 = 826.56(元)

借:其他应收款   5 722.56

 贷:待处理财产损溢——待处理流动资产损溢 4 896

   应交税费——应交增值税(进项税额转出) 826.56

假定 4 月 29 日,上述短缺的 48 千克材料的原因已查明,属于供货部门的责任,对方已经补发材料并验收入库。编制会计分录如下:

借:原材料——A 材料   4 896

 贷:待处理财产损溢——待处理流动资产损溢 4 896

2. 投资者投入原材料

投资者投入的原材料,在材料验收入库时,按投资各方确认的材料价值(不公允的除外),借记"原材料"、"应交税费——应交增值税(进项税额)"等账户;按确定的出资额,贷记"实收资本"(或"股本")账户;按其差额借记或贷记"资本公积"账户。

【案例 4-5】2×15 年 7 月 1 日,滨华有限责任公司接受甲公司投入的 A 材料一批,取得增值税专用发票,货款为 100 000 元,增值税为 17 000 元。滨华有限责任公司的注册资本为 10 000 000 元,甲公司享有的比例为 1%。

借:原材料——A 材料　　　　　　　　　　　　　　　　　　　　　　100 000
　　应交税费——应交增值税(进项税额)　　　　　　　　　　　　　　 17 000
　　贷:实收资本　　　　　　　　　　　　　　　　　　　　　　　　　100 000
　　　　资本公积——资本溢价　　　　　　　　　　　　　　　　　　　 17 000

(三)原材料发出核算

1. 存货发出计量方法

企业应当根据各类存货的实物流转方式、企业管理的要求、存货的性质等实际情况,合理地选择发出存货成本的计算方法,以合理确定当期发出存货的实际成本。

对于性质和用途相似的存货,应当采用相同的成本计算方法确定发出存货的成本。企业在确定发出存货的成本时,可以采用先进先出法、移动加权平均法、月末一次加权平均法和个别计价法四种方法。企业不得采用后进先出法确定发出存货的成本。

(1)先进先出法,是以先购入的存货应先发出(销售或耗用)这样一种存货实物流动假设为前提,对发出存货进行计价。采用这种方法,先购入的存货成本在后购入存货成本之前转出,据此确定发出存货和期末存货的成本。

【案例 4-6】2×15 年 6 月,滨华有限责任公司 A 材料的期初结存和本期收发情况如表 4-1 所示。

表 4-1　材料收发存数量一览表

业务	收入		发出	结存	
	数量(件)	单价(元/件)	数量(件)	数量(件)	单价(元/件)
6 月 1 日				150	60
6 月 8 日发出			70	80	
6 月 15 日购进	100	62		180	
6 月 20 日发出			50	130	
6 月 24 日发出			90	40	
6 月 28 日购进	200	68		240	
6 月 30 日发出			60	180	

本案例采用先进先出法计价,A 材料的明细分类账的登记结果如表 4-2 所示。

(2)移动加权平均法,是指以每次进货的成本加上原有库存存货的成本,除以每次进货数量与原有库存数量之和,据以计算加权平均单位成本,作为在下次进货前计算各次发出存货成本的依据。其平均单价的计算公式为:

表4-2　原材料明细分类账

材料名称：A材料

2×15年		摘要	收入			发出			结存		
月	日		数量	单价	金额	数量	单价	金额	数量	单价	金额
6	1	期初结存							150	60	9 000
	8	发出				70	60	4 200	80	60	4 800
	15	购进	100	62	6 200				80 100	60 62	11 000
	20	发出				50	60	3 000	30 100	60 62	8 000
	24	发出				30 60	60 62	1 800 3 720	40	62	2 480
	28	购进	200	68	13 600				40 200	62 68	16 080
	30	发出				40 20	62 68	2 480 1 360	180	68	12 240
		本期发出成本				270		16 560			

$$移动加权平均单价＝（本次入库前结存金额＋本次购入金额）$$
$$÷（本次入库前结存数量＋本次购入数量）$$

沿案例4-6，购入第一批材料后的平均单价为：

移动加权平均单价＝（4 800＋6 200）÷（80＋100）＝61.11（元/件）

购入第二批材料后的平均单价为：

移动加权平均单价＝（2 444＋13 600）÷（40＋200）＝66.85（元）

采用移动加权平均法的A材料明细分类账如表4-3所示。

表4-3　原材料明细分类账

材料名称：A材料

2×15年		摘要	收入			发出			结存		
月	日		数量	单价	金额	数量	单价	金额	数量	单价	金额
6	1	期初结存							150	60	9 000
	8	发出				70	60	4 200	80	60	4 800
	15	购进	100	62	6 200				180	61.11	11 000
	20	发出				50	61.11	3 056	130	61.11	7 944
	24	发出				90	61.11	5 500	40	61.11	2 444
	28	购进	200	68	13 600				240	66.85	16 044
	30	发出				60	66.85	4 011	180	66.85	12 033
		本期发出成本				270		16 767			

采用移动加权平均法，可以随时结转销售成本，随时提供存货明细账上的结存数量和金额，有利于对存货进行数量、金额的日常控制。但这种方法，由于每次进货后都要计算一次平均单价，势必会增加会计核算工作量。

(3)月末一次加权平均法,是指以当月全部进货数量加上月初存货数量作为权数,去除当月全部进货成本加上月初存货成本,计算出存货的加权平均单位成本,以此为基础计算当月发出存货的成本和期末存货的成本的一种方法。

采用一次加权平均法,本月发出或耗用的存货,平时只登记数量,不登记单价和金额,月末按一次计算的加权平均单价,计算期末存货成本和本期销售或耗用成本。存货的加权平均单价的计算公式为:

$$加权平均单价=\frac{月初库存存货的总成本+本月购入存货的总成本}{月初库存存货的总数量+本月购入存货的总数量}$$

沿案例4-6,按一次加权平均法计算期末 A 材料成本和本期发出成本,以及 A 材料明细账的登记结果(表4-4)。

加权平均单价=(9 000+6 200+13 600)÷(150+100+200)=64(元/件)

表4-4　原材料明细分类账

材料名称:A 材料

2×15 年		摘要	收入			发出			结存		
月	日		数量	单价	金额	数量	单价	金额	数量	单价	金额
6	1	期初结存							150	60	9 000
	8	发出				70			80		
	15	购进	100	62	6 200				180		
	20	发出				50			130		
	24	发出				90			40		
	28	购进	200	68	13 600				240		
	30	发出				60			180	64	11 520
		本期发出成本				270	64	17 280			

(4)个别计价法,亦称个别认定法、具体辨认法、分批实际法,是指认定每一件或每一批存货的实际单价,计算发出该件或该批存货成本的方法。其计算公式为:

发出存货成本=发出存货数量×该件(或批)存货单价

个别计价法的特征是注重所发出存货具体项目的实物流转与成本流转之间的联系,逐一辨认各批发出存货和期末存货所属的购进批别或生产批别,分别按其购入或生产时所确定的单位成本计算各批发出存货和期末存货的成本。对于不能替代使用的存货、为特定项目专门购入或制造的存货以及提供的劳务,通常采用个别计价法确定发出存货的成本。在实际工作中,越来越多的企业采用计算机信息系统进行会计处理,个别计价法可以广泛应用于发出存货的计价,并且个别计价法确定的存货成本最为准确。

2. 原材料发出会计核算

在会计实务中,材料的收发业务是比较频繁的,为了简化材料的日常核算工作,平时一般只进行材料明细核算,即只登记材料明细账,反映材料的收入、发出、结存情况。月末根据按实际成本计价的发料凭证,按领用部门和用途编制"发料凭证汇总表",进行总分类核算。企业发出的材料,根据不同的用途,借记"生产成本"、"制造费用"、"管理费用"、"销售费用"、"其他业务成本"等账户,贷记"原材料"账户。

【案例4-7】2×15年6月,滨华有限责任公司的发料凭证汇总表如表4-5所示。

表4-5　发料凭证汇总表

日期	领料单张数	用途	原材料				
			原料及主要材料	辅助材料	修理用备件	其他材料	合计
		生产甲产品	90 000				90 000
		车间一般耗用		10 000	3 000		13 000
		行政管理部门耗用		500			500
		销售部门耗用		200			200
		销售剩余材料				1 000	1 000
		合计	90 000	10 700	3 000	1 000	104 700

根据表4-5,该公司应做如下账务处理:

借:生产成本——甲产品　　　　　　　　　　　　　　　　90 000

　　制造费用　　　　　　　　　　　　　　　　　　　　13 000

　　管理费用　　　　　　　　　　　　　　　　　　　　　500

　　销售费用　　　　　　　　　　　　　　　　　　　　　200

　　其他业务成本　　　　　　　　　　　　　　　　　　1 000

　　贷:原材料　　　　　　　　　　　　　　　　　　　104 700

三、原材料按计划成本计价的核算

原材料按实际成本计价进行核算时,原材料成本的计算相对比较准确。但对于材料收发业务频繁的企业,材料计价的工作量较大;账簿中不能提供材料采购业务情况,不利于加强对材料采购业务的管理;此外,在这种计价方式下,不能反映材料价格变动对产品成本的影响,不利于考核各生产部门的经营成果。因此,这种方法只适用于材料收发业务较少的企业。对于材料收发业务频繁,且具备材料计划成本资料的企业,原材料应按计划成本计价核算。

计划成本法是指企业存货的收入、发出和结存的总分类核算和明细分类核算均按预先制定的计划成本计价,同时另设"材料成本差异"科目,登记实际成本与计划成本的差额。计划成本法一般适用于存货品种繁多、收发频繁的企业。

(一)原材料初始取得核算

在计划成本法下,原材料的核算是指企业原材料的收入、发出和结存均按事先制定的计划成本计价,将实际成本与计划成本的差额通过"材料成本差异"账户反映,期末时,将发出材料的计划成本调整为实际成本。原材料按计划成本核算时,应设置"材料采购"、"原材料"和"材料成本差异"等账户。

"材料采购"账户用以核算企业购入各种材料的采购成本,此账户为采用计划成本进行材料核算的企业所使用。月末借方余额表示尚未验收入库的在途材料。"材料采购"账户应按材料类别设置明细账,进行明细核算。

"原材料"账户属于资产类账户,在计划成本法下,该账户用来核算企业库存的各种原材料的计划成本。该账户借方登记验收入库原材料的计划成本;贷方登记发出原材料的计划成本;期末余额在借方,表示库存原材料的计划成本。

"材料成本差异"账户用以核算各种材料的计划成本与实际成本之间的差异。其借方登记材料的实际成本大于计划成本的超支差异以及发出材料应负担的超支或节约差异;贷方登记材料的实际成本小于计划成本的节约差异。期末余额如果在借方,表示材料实际成本大于计划成本的超支差异;如果在贷方,表示实际成本小于计划成本的节约差异。此账户应按材料类别设置明细账进行明细核算。

【案例4-8】2×15年9月5日,滨华有限责任公司从本市购入甲材料1 000千克,计45 000元,增值税额7 650元,以银行存款支付,材料验收入库。甲材料的计划成本为30元/千克。

收到发票、账单并付款时:

借:材料采购——甲材料 45 000
　　应交税费——应交增值税(进项税额) 7 650
　　贷:银行存款 52 650

甲材料验收入库:

借:原材料——甲材料 30 000
　　材料成本差异 15 000
　　贷:材料采购——甲材料 45 000

【案例4-9】2×15年9月8日,滨华有限责任公司从外地购入甲材料2 000千克,计58 000元,增值税额9 860元,材料尚未验收入库。

(1)收到发票、账单并支付货款时:

借:材料采购——甲材料 58 000
　　应交税费——应交增值税(进项税额) 9 860
　　贷:银行存款 67 860

(2)等到材料验收入库时再做入库并转料差的账务处理。

【案例4-10】2×15年9月8日,滨华有限责任公司从外地购入甲材料1 000千克,材料已到并验收入库,发票、账单未到。甲材料的计划成本为30元/千克。

由于发票、账单未到,先按计划成本记入"材料明细账"。

(1)如果月末发票、账单还未到达,应按计划成本暂估入账。编制会计分录如下:

借:原材料——甲材料 30 000
　　贷:应付账款——暂估应付款 30 000

(2)下月初以红字冲销上笔会计分录:

借:原材料——甲材料 30 000
　　贷:应付账款——暂估应付款 30 000

(3)待收到发票、账单后,再根据发票、账单等结算凭证作材料购进和入库的处理。

注:在会计实务中,购入材料的材料成本差异在月末一次结转。

(二)原材料发出核算

按计划成本计价核算,企业发出原材料时,一律采用计划成本计价,根据发出材料的不同用途,借记"生产成本"、"制造费用"、"管理费用"等账户,贷记"原材料"账户。同时将成本差异在发出材料和结存材料之间进行分配,将发出材料的计划成本调整为实际成本。计算公式为:

$$\frac{材料成本}{差异率}=\left(\begin{array}{c}月初结存材料\\成本差异\end{array}+\begin{array}{c}本月收入材料\\成本差异\end{array}\right)\div\left(\begin{array}{c}月初材料\\计划成本\end{array}+\begin{array}{c}本月收入材料\\计划成本\end{array}\right)$$

注:上述公式中材料成本差异中超支差异为正,节约差异为负。

本月收入材料计划成本中不包括暂估入账材料成本。

企业也可按上月材料成本差异率将发出材料的计划成本调整为实际成本。

上月材料成本差异率=月初结存材料成本差异÷月初材料计划成本

发出材料应负担的成本差异=发出材料的计划成本×材料成本差异率

发出材料的实际成本=发出材料的计划成本±发出材料应负担的成本差异

【案例4-11】滨华有限责任公司采用计划成本法核算原材料价格,2×15年9月A材料收、发、存情况如下:

(1)原材料期初余额为5 800元,"材料成本差异"账户期初贷方余额为212元,原材料计划单位成本为5.2元/千克。

(2)9月5日和9月19日购入材料的数量分别为1 500千克和2 000千克,实际购货成本分别为7 600元和10 332元。

(3)本月发出材料1 600千克用于生产产品。

根据以上资料,账务处理如下:

9月5日购入材料的成本差异:7 600−1 500×5.2=−200(元)

9月19日购入材料的成本差异:10 332−2 000×5.2=−68(元)

材料成本差异率=[−212+(−200)+(−68)]÷(5 800+1 500×5.2+2 000×5.2)

　　　　　　　=−480÷24 000

　　　　　　　=−2%

本月发出材料的会计分录:

借:生产成本　　　　　　　　　　　　　　　　　　　　　　　　8 320

　　贷:原材料　　　　　　　　　　　　　　　　　　　　　　　　　8 320

本月发出材料应负担的材料成本差异:8 320×(−2%)=−166.4(元)

借:生产成本　　　　　　　　　　　　　　　　　　　　　　　　166.4

　　贷:材料成本差异　　　　　　　　　　　　　　　　　　　　　　166.4

任务二　其他存货的核算

一、自制存货的核算

自制存货包括自制材料、自制半成品和自制商品等,是企业通过生产活动自行加工制造完成并验收入库的存货。为了核算企业自制的各种存货,应设置"自制半成品"、"生产成本"、"制造费用"、"库存商品"等账户。

"自制半成品"账户属于资产类账户,用来核算企业各种自制半成品的增减变动以及结存情况。该账户的借方登记验收入库自制半成品的实际成本或计划成本;贷方登记发出自制半成品的实际成本或计划成本;期末余额在借方,表示库存自制半成品的实际成本或计划成本。按计划成本核算的企业,还应当同时结转成本差异。该账户应按照自制半成品的品种、规格设置"自制半成品明细账"进行明细分类核算。

"库存商品"账户属于资产类账户,用来核算库存的各种商品的增减变动及结存情况。该账户的借方登记验收入库商品的成本;贷方登记发出商品的成本;期末余额在借方,表示库存商品成本。采用计划成本(或售价)核算的企业,应当同时结转成本差异。该账户应按产品品种、规格设置"库存商品明细账"进行明细分类核算。

【案例 4-12】滨华有限责任公司生产完成并验收入库一批自制半成品,其实际成本为42 000元。

编制会计分录如下:

借:自制半成品　　　　　　　　　　　　　　　　　　　　　　　42 000
　贷:生产成本　　　　　　　　　　　　　　　　　　　　　　　　　42 000

二、委托加工物资的核算

委托加工物资是指企业委托外单位加工成新的材料或包装物、低值易耗品等物资。委托加工物资的成本应当包括加工中实际耗用物资的成本、支付的加工费用及应负担的运杂费、支付的税金等。公式为:

实际成本=拨付加工物资实际成本+加工费+往返运杂费+保险费+相关税金

企业应设置"委托加工物资"账户核算企业委托外单位加工的各种物资。该账户属于资产类账户,借方登记拨付加工物资的实际成本、支付的加工费、往返运杂费、保险费和相关税金;贷方登记完工验收入库物资的实际成本和退回剩余物资的实际成本;期末余额在借方,表示尚未完工的委托加工物资的实际成本。该账户按受托加工单位设置明细账进行明细分类核算。

委托加工物资实际成本中的相关税金是指委托加工物资应负担的增值税、消费税。

一般纳税人委托外单位加工物资,凡属加工物资用于应交增值税项目并取得了增值税专用发票的,委托加工物资应负担的增值税可作为进项税额进行抵扣,不计入委托加工物资成本;凡属加工物资用于非应交增值税项目或免征增值税项目,以及小规模纳税人和未取得增值税专用发票的一般纳税人,委托加工物资应负担的增值税应当计入委托加工物资成本。

委托加工物资应负担的消费税,加工后直接用于销售的,应计入委托加工物资成本(由受托方代扣代缴);加工后用于连续生产应税消费品的,应借记"应交税费——应交消费税"用以抵扣加工的消费品销售后所负担的消费税。

【案例 4-13】A 企业委托 B 企业加工材料一批(属于应税消费品),原材料成本为240 000元,支付的加工费为 60 000 元(不含增值税),已经转账支付。消费税为 20 000 元,材料加工完毕并验收入库。双方适用的增值税税率均为 17%。企业根据业务作如下账务处理:

第一种情况,A 企业委托加工后的材料,收回后用于继续生产应税消费品:

(1)根据本企业供应部门签发的"委托加工领料单"发出材料：

借：委托加工物资　　　　　　　　　　　　　　　　　240 000

　　贷：原材料　　　　　　　　　　　　　　　　　　　　　240 000

(2)根据有关结算凭证以银行存款支付加工费及相关税费：

应交增值税＝60 000×17％＝10 200(元)

借：委托加工物资　　　　　　　　　　　　　　　　　60 000

　　应交税费——应交增值税(进项税额)　　　　　　　10 200

　　　　　　　——应交消费税　　　　　　　　　　　　20 000

　　贷：银行存款　　　　　　　　　　　　　　　　　　　　90 200

(3)将完工的委托加工物资根据"委托加工收料单"验收入库：

借：原材料　　　　　　　　　　　　　　　　　　　　300 000

　　贷：委托加工物资　　　　　　　　　　　　　　　　　　300 000

第二种情况,A企业委托加工后的材料,直接用于对外销售：

(1)根据本企业供应部门签发的"委托加工领料单"发出材料：

借：委托加工物资　　　　　　　　　　　　　　　　　240 000

　　贷：原材料　　　　　　　　　　　　　　　　　　　　　240 000

(2)根据有关结算凭证以银行存款支付加工费：

应交增值税＝60 000×17％＝10 200(元)

借：委托加工物资　　　　　　　　　　　　　　　　　80 000

　　应交税费——应交增值税(进项税额)　　　　　　　10 200

　　贷：银行存款　　　　　　　　　　　　　　　　　　　　90 200

(3)将完工的委托加工物资根据"委托加工收料单"验收入库：

借：原材料　　　　　　　　　　　　　　　　　　　　320 000

　　贷：委托加工物资　　　　　　　　　　　　　　　　　　320 000

如果企业的原材料按计划成本核算,还应当同时结转材料成本差异。

三、周转材料的核算

周转材料是指企业能够多次使用、逐渐转移其价值但仍保持原有形态不确认为固定资产的材料,如包装物和低值易耗品等。

《企业会计准则》附录规定,"周转材料"科目用来核算企业周转材料的计划成本或实际成本,包括包装物、低值易耗品及钢(木)模板、脚手架等。企业购入、自制、委托外单位加工完成并已验收入库的周转材料等,应比照"原材料"科目的相关规定进行处理,涉及增值税进项税的要进行相应的处理。

(一)包装物

包装物是指为包装本企业产品而储备的各种包装容器,如桶、箱、瓶、坛、袋等。

包装物按其用途可分为：

(1)生产过程中用于包装产品,作为产品组成部分的包装物；

(2)随同产品出售、不单独计价的包装物；

(3)随同产品出售并单独计价的包装物；

（4）出租或出借给购买单位使用的包装物。

下列材料虽然也是用于包装，但不在包装物的核算范围内：①如纸、绳、铁丝、铁皮等，在"原材料"账户中核算。②若用于储存和保管产品、材料，而不对外销售的包装物，假如价值大并且使用年限长，记入"固定资产"账户；价值小且使用年限短，则记入"低值易耗品"账户。③计划上单独列作企业商品产品的自制包装物品，则记入"库存商品"账户。

企业为了核算包装物，设置"周转材料——包装物"（也可直接设"包装物"）账户。该账户属于资产类账户，核算包装物的取得、发出以及结存情况，借方登记取得包装物的实际成本或计划成本；贷方登记发出包装物的实际成本或计划成本；期末余额在借方，表示库存包装物的实际成本或计划成本。该账户应按包装物的种类进行明细核算。

1. 取得包装物的核算

企业购入、自制、委托外单位加工完工后验收入库的包装物，通过"周转材料——包装物"科目核算，核算方法比照"原材料"的核算。

2. 发出包装物的核算

发出包装物的核算，按其使用情况分别处理。

（1）生产领用包装物

对于生产领用的用于包装本企业产品并构成产品组成部分的包装物，应根据领用包装物的成本，借记"生产成本"等账户，贷记"周转材料——包装物"账户。如果企业的包装物采用计划成本核算，应同时结转分摊的成本差异。

（2）随同产品出售的包装物

随同产品出售、不单独计价的包装物，当发出包装物时，按实际成本记入"销售费用"账户。

【案例 4-14】某企业销售洗衣粉，领用编织袋 200 条，计划单位成本为 1.5 元/条，成本差异率为 1%，编织袋随洗衣粉出售、不单独计价。

账务处理如下：

借：销售费用		303
贷：周转材料——包装物	300	
材料成本差异——包装物	3	

随同产品出售并单独计价的包装物，作为销售包装物处理，要单独反映其销售收入，记入"其他业务收入"账户，同时结转销售包装物的成本，记入"其他业务成本"账户。

【案例 4-15】甲企业本月领用包装物随产品出售，实际成本为 40 000 元，该包装物单独计价，出售收入为 48 000 元，增值税为 8 160 元，收到转账支票并存入银行。

账务处理如下：

借：银行存款		56 160
贷：其他业务收入	48 000	
应交税费——应交增值税（销项税额）	8 160	

同时结转领用的包装物成本：

借：其他业务成本		40 000
贷：周转材料——包装物	40 000	

（3）出租、出借的包装物

出租的包装物是企业向顾客提供的一种有偿服务,其租金收入应记入"其他业务收入"账户,出租的包装物的实际成本应记入"其他业务成本"账户。出借的包装物是企业为了促进销售而免费提供给顾客使用的包装物,其实际成本应视为企业在销售过程中的耗费,计入"销售费用"账户。出租、出借的包装物,不能使用而报废时,其残料价值应冲减"其他业务成本"、"销售费用"账户。

【案例 4-16】甲企业出租包装物一批,成本为 30 000 元,收取押金 40 000 元,每月租金收入为 5 000 元,经过一段时间后,退还对方押金,同时包装物报废,其残料价值为 2 800 元。假设不考虑相关税费,出租包装物成本采用一次摊销法核算。账务处理如下:

领用时结转成本:

借:其他业务成本 30 000

　贷:周转材料——包装物 30 000

收到押金时:

借:银行存款 40 000

　贷:其他应付款 40 000

收到租金时:

借:银行存款 5 000

　贷:其他业务收入 5 000

退还押金时:

借:其他应付款 40 000

　贷:银行存款 40 000

报废包装物时:

借:原材料 2 800

　贷:其他业务成本 2 800

出租、出借的包装物频繁且数量多、金额大的企业,出租、出借的包装物成本也可以采用五五摊销法核算。在这种核算方法下,"周转材料——包装物"账户应设置"在库包装物"、"在用包装物"、"包装物摊销"等账户。具体核算参照低值易耗品的五五摊销法。

(二)低值易耗品

低值易耗品是指劳动资料中单位价值在规定限额以下或使用年限比较短(一般在一年以内)的物品。它和固定资产有相似的地方,在生产过程中可以多次使用不改变其实物形态,在使用时也需维修,报废时可能也有残值。由于它价值低、使用期限短,所以采用简便的方法将其价值摊入产品成本。

低值易耗品按其用途一般可以分为:

(1)一般工具:直接用于生产过程的各种工具,如刀具、夹具、模具及其他各种辅助工具。

(2)专用工具:指专门用于生产各种产品或仅在某道工序中使用的各种工具,如专门模具、专用夹具等。

(3)替换设备:指容易磨损、更换频繁或为生产不同产品需要替换使用的各种设备,如轧制钢材用的轧辊、浇铸钢锭的锭模。

(4)包装容器:指用于企业内部周转使用,既不出租,也不出借的各种包装物品,如盛放材料、储存商品的木桶、瓷缸等。

（5）劳动保护用品：指发给工人用于劳动保护的安全帽、工作服和各种防护用品。

（6）管理用具：指管理部门和管理人员用的各种家具和办公用品，如文件柜、打字机等。

（7）其他低值易耗品：指不属于以上各类的低值易耗品。

企业为了加强低值易耗品的管理与核算，应设置"周转材料——低值易耗品"账户。该账户属于资产类账户，核算低值易耗品的取得、发出以及结存情况，借方登记取得低值易耗品的实际成本或计划成本；贷方登记发出低值易耗品的实际成本或计划成本；期末余额在借方，表示库存低值易耗品的实际成本或计划成本。该账户应按低值易耗品的种类进行明细核算。

1. 取得低值易耗品的核算

企业购入、自制、委托外单位加工完工后验收入库的低值易耗品，通过"周转材料——低值易耗品"科目核算，核算方法比照"原材料"的核算。

2. 低值易耗品摊销的核算

根据《企业会计制度》的规定，低值易耗品的摊销方法可以使用"一次摊销法"、"五五摊销法"中的一种，摊销方法一经确定，不得随意变动。

采用一次摊销法，在领用低值易耗品时一次性计入成本或费用。报废时将残值作为当月低值易耗品的减少，冲减有关成本、费用，借记"原材料"等科目，贷记"管理费用"、"制造费用"等科目。一次摊销法适用于单位价值较低、使用期限较短、一次性领用数量不多以及容易破损的低值易耗品。

【案例4-17】假设企业基本生产车间3月份领用生产工具20件，每件成本为30元，总成本为600元。三个月后该批生产工具收回、入库12件，损坏报废8件，出售取得现金40元。企业采用一次摊销法。则会计分录如下：

领用时：

借：制造费用   600

    贷：周转材料——低值易耗品   600

报废时：

借：库存现金   40

    贷：制造费用   40

五五摊销法是指在领用低值易耗品时，先摊销其账面价值的一半；在报废时再摊销其账面价值的另一半。在这种情况下，应设置"周转材料——低值易耗品（在用低值易耗品）"、"周转材料——低值易耗品（在库低值易耗品）"、"周转材料——低值易耗品（低值易耗品摊销）"三个明细科目进行核算。

【案例4-18】承案例4-17，企业采用五五摊销法分摊低值易耗品价值。会计分录如下：

（1）领用：

借：周转材料——低值易耗品（在用低值易耗品）   600

    贷：周转材料——低值易耗品（在库低值易耗品）   600

同时摊销50%：

借：制造费用   300

    贷：周转材料——低值易耗品（低值易耗品摊销）   300

（2）收回12件入库：

借:周转材料——低值易耗品(在库低值易耗品)　　　　　　　　　　360

　　贷:周转材料——低值易耗品(在用低值易耗品)　　　　　　　　　　360

(3)损坏报废8件:

按报废低值易耗品的成本再摊销50%:

借:制造费用　　　　　　　　　　　　　　　　　　　　　　　120

　　贷:周转材料——低值易耗品(低值易耗品摊销)　　　　　　　　　120

同时冲销已报废低值易耗品明细账上的在用数和摊销数:

借:周转材料——低值易耗品(低值易耗品摊销)　　　　　　　　　240

　　贷:周转材料——低值易耗品(在用低值易耗品)　　　　　　　　　240

报废残料出售:

借:库存现金　　　　　　　　　　　　　　　　　　　　　　　40

　　贷:制造费用　　　　　　　　　　　　　　　　　　　　　　　40

对于在用低值易耗品以及使用部门退回仓库的低值易耗品,应加强管理,并在备查簿上进行登记。五五摊销法适合对在用低值易耗品按使用车间、部门进行数量和金额明细核算的企业。

任务三　存货期末计量的核算

一、什么是成本与可变现净值孰低法

资产负债表日,存货应当按照成本与可变现净值孰低计量。

成本与可变现净值孰低法是指对期末存货按照成本与可变现净值两者之中较低者计价的方法。即当存货成本低于可变现净值时,期末存货按成本计价;当存货成本高于可变现净值时,期末存货按可变现净值计价。存货成本是指存货的实际成本,即历史成本。可变现净值是指在日常活动中,以存货的估计售价减去至完工时估计将要发生的成本、估计的销售费用以及相关税费后的金额。

二、存货可变现净值的确定

企业确定存货的可变现净值,应当以取得的确凿证据为基础,并且考虑持有存货的目的、资产负债表日后事项的影响等因素。

(1)为生产而持有的材料等,用其生产的产成品的可变现净值高于成本的,该材料仍然应当按成本计量;材料价格的下降表明产成品的可变现净值低于成本的,该材料应当按照可变现净值计量。

(2)为执行销售合同或者劳务合同而持有的存货,其可变现净值应当以合同价格为基础计算。

(3)企业持有存货的数量多于销售合同订购数量的,超出部分的存货的可变现净值应当以一般销售价格为基础计算。

三、存货期末计量的会计核算

(一)存货成本低于可变现净值

如果期末存货的成本低于可变现净值,不需要作任何账务处理。资产负债表中的存货项目仍按其账面价值列示。

(二)存货成本高于可变现净值

如果期末存货的成本高于可变现净值,应当计提存货跌价准备,计入当期损益。为了核算计提的存货跌价准备,企业应设置"存货跌价准备"和"资产减值损失"账户。

"存货跌价准备"账户用于核算企业提取的存货跌价准备。该账户属于资产类账户,是有关存货账户的备抵账户,贷方登记存货跌价准备的提取数;借方登记存货跌价准备的冲减数以及发出存货应结转的存货跌价准备;期末余额在贷方,表示存货可变现净值低于成本的差额。该账户按存货项目或类别进行明细分类核算。

"资产减值损失"账户是损益类账户,用来核算企业各种资产发生的减值,借方登记各种资产发生的减值金额,贷方登记冲减和结转的各种资产减值金额,期末无余额。

【案例 4-19】期末甲公司 A 产品的成本为 50 000 元,数量为 80 件,单位成本为 625 元/件。甲公司与乙公司签订了一份不可撤销合同,规定未来 3 个月内甲公司向乙公司提供 A产品 100 件,合同订购单价为 500 元/件。A 产品的一般市场销售价格为 510 元/件。估计销售每件 A 产品尚需发生相关税费 2 元。

A 产品可变现净值＝80×(500－2)＝39 840(元)

应提存货跌价准备＝50 000－39 840＝10 160(元)

借:资产减值损失——计提的存货跌价准备　　　　　　　　　　　　　　　10 160

　　贷:存货跌价准备　　　　　　　　　　　　　　　　　　　　　　　　　10 160

【案例 4-20】期末甲公司原材料的账面余额为 100 000 元,数量为 10 吨,单位成本为10 000 元/吨。该原材料专门用于生产与丙公司所签合同约定的 20 台 B 产品。该合同约定:甲公司为丙公司提供 B 产品 20 台,每台售价 10 000 元(不含增值税)。将该原材料加工成 20 台 B 产品尚需加工成本总额为 95 000 元。本期期末市场上该原材料的每吨售价为9 000 元。估计销售每吨原材料或每台 B 产品尚需发生相关税费 1 000 元。

原材料可变现净值＝20×(10 000－1 000)－95 000＝85 000(元)

应提存货跌价准备＝100 000－85 000＝15 000(元)

借:资产减值损失——计提的存货跌价准备　　　　　　　　　　　　　　　15 000

　　贷:存货跌价准备　　　　　　　　　　　　　　　　　　　　　　　　　15 000

【案例 4-21】期末甲公司 C 产品的成本为 85 000 元,数量为 1 000 件,单位成本为 85元/件。甲公司与丁公司签订了一份不可撤销合同,规定未来 3 个月内甲公司向丁公司提供C 产品 800 件,合同订购单价为 100 元/件。A 产品的一般市场销售价格为 90 元/件。估计销售每件 A 产品尚需发生相关税费 10 元。

资产负债表日,同一项存货中一部分有合同价格约定、其他部分不存在合同价格的,应当分别确定其可变现净值,并与其相对应的成本进行比较,分别确定存货跌价准备的计提或转回的金额,由此计提的存货跌价准备不得相互抵消。

(1)C 产品有合同部分

可变现净值＝800×(100－10)＝72 000(元)

存货成本＝800×85＝68 000(元)

C产品有合同部分没有发生减值。

(2)C产品无合同部分

可变现净值＝200×(90－10)＝16 000(元)

存货成本＝200×85＝17 000(元)

应提存货跌价准备＝17 000－16 000＝1 000(元)

借:资产减值损失——计提的存货跌价准备　　　　　　　　　　　　　　　1 000

　　贷:存货跌价准备　　　　　　　　　　　　　　　　　　　　　　　　　　1 000

企业通常应当按照单个存货项目计提存货跌价准备。企业应当将每个存货项目的成本与其可变现净值逐一进行比较,按较低者计量存货,并且按成本高于可变现净值的总额计提存货跌价准备。

如果某一类存货的数量繁多并且单价较低,企业可以按存货类别计量成本与可变现净值,即按存货类别的成本的总额与可变现净值的总额进行比较,每个存货类别均取较低者确定存货期末价值。

与在同一地区生产和销售的产品系列相关、具有相同或类似最终用途或目的,且难以与其他项目分开计量的存货,可以合并计提存货跌价准备。

【案例4-22】甲公司的有关资料及存货期末计量见表4-6,假设甲公司在此之前没有对存货计提跌价准备。假定不考虑相关税费和销售费用。

表4-6　按存货类别计提存货跌价准备

2×15年12月31日　　　　　　　　　　　　　　　　　金额单位:元

商品	数量(台)	成本		可变现净值		按存货单项计提存货跌价准备	按存货类别计提存货跌价准备	按存货总体计提存货跌价准备
		单价	总额	单价	总额			
第一组								
A商品	1 000	20	20 000	21	21 000			
B商品	5 000	10	50 000	9	45 000	5 000		
合计			70 000		66 000		4 000	
第二组								
C商品	2 000	30	60 000	29	58 000	2 000		
D商品	1 000	15	15 000	18	18 000			
合计			75 000		76 000			
总计			145 000		142 000	7 000	4 000	3 000

存货存在下列情形之一的,通常表明存货的可变现净值低于成本。

(1)该存货的市场价格持续下跌,并且在可预见的未来无回升的希望。

(2)企业使用该项原材料生产的产品的成本大于产品的销售价格。

(3)企业因产品更新换代,原有库存原材料已不适应新产品的需要,而该原材料的市场价格又低于其账面成本。

(4)因企业所提供的商品或劳务过时或消费者偏好改变而使市场的需求发生变化,导致市场价格逐渐下跌。

(5)其他足以证明该项存货实质上已经发生减值的情形。

存货存在下列情形之一的,通常表明存货的可变现净值为零。

(1)已霉烂变质的存货。

(2)已过期且无转让价值的存货。

(3)生产中已不再需要,并且已无使用价值和转让价值的存货。

(4)其他足以证明已无使用价值和转让价值的存货。

企业的存货在符合条件的情况下,可以转回计提的存货跌价准备。存货跌价准备转回的条件是以前减记存货价值的影响因素已经消失,而不是在当期造成存货可变现净值高于成本的其他影响因素。当符合存货跌价准备转回的条件时,应在原已计提的存货跌价准备的金额内转回,即在对该项存货、该类存货或该合并存货已计提的存货跌价准备的金额内转回。转回的存货跌价准备与计提该准备的存货项目或类别应当存在直接对应关系,但转回的金额以将存货跌价准备余额冲减至零为限。

【案例4-23】某企业采用"成本与可变现净值孰低法"对期末存货计价。该企业2×14年年末甲类存货的账面成本为800 000元,可变现净值为750 000元。企业作如下会计处理:

应提存货跌价准备＝800 000－750 000＝50 000(元)

借:资产减值损失——计提的存货跌价准备   50 000

 贷:存货跌价准备   50 000

2×15年该批甲类存货销售80%,剩余存货的可变现净值为155 000元。企业的会计处理如下:

结转销售部分应承担的存货跌价准备:

借:存货跌价准备   40 000

 贷:主营业务成本   40 000

剩余存货跌价准备应转回:50 000×(1－80%)－[800 000×(1－80%)－155 000]＝5 000(元)

借:存货跌价准备   5 000

 贷:资产减值损失——计提的存货跌价准备   5 000

采用成本与可变现净值孰低法,可以避免虚夸企业资产和所有者权益的现象,体现了稳健性原则。但在确认存货的可变现净值时,在一定程度上存在着某些主观因素。

四、存货清查的核算

会计核算要求企业必须定期或不定期地组织存货的清查,以确定存货的实存数,使账实相符,保证会计资料的可靠性。

存货清查是对在库、在用、出借、出租和加工中的商品、在产品、自制半成品、产成品、材料、包装物和低值易耗品的数量和质量所进行的盘点和核对。

《企业会计制度》规定,经股东大会或董事会,或经理(厂长)会议或类似机构批准后,对盘盈、盘亏和毁损的存货,在期末结账前处理完毕。如在期末结账前未经批准的,应在对外提供财务报告时先进行处理,并在会计报表附注中作出说明。如果其后批准处理的金额与已处理的金额不一致,应按其差额调整会计报表相关项目的年初数。

(一)存货盘盈的核算

对存货盘盈的金额一般作冲减管理费用处理。

【案例 4-24】甲企业在财产清查中盘盈原材料 1 300 元,期末冲减管理费用。

批准前,根据盘存结果:

借:原材料	1 300
贷:待处理财产损溢——待处理流动资产损溢	1 300

报批后将溢余结果作出处理:

借:待处理财产损溢——待处理流动资产损溢	1 300
贷:管理费用	1 300

上述处理如果按计划成本计价,还需对成本差异作出调整。

(二)存货盘亏的核算

对盘亏、毁损的损失要分别按不同性质的原因进行处理:由于自然损耗造成的定额以内的短缺,应在相关成本费用中核销;由于各种原因造成的超定额损耗,应该在明确责任后,由有关单位或个人赔偿,实在无法确定责任人的,在管理费用中核销;由于自然灾害等不可抗拒原因造成的严重损失,应在扣除保险公司的赔偿后,列入企业的营业外支出。

【案例 4-25】甲公司盘亏原材料一批,价格为 20 000 元,后经查明属于保管不善造成的原材料损失为 10 000 元,另外 10 000 元属于自然损耗。原材料增值税税率为 17%。相关处理如下:

存货盘亏时,会计分录如下:

借:待处理财产损溢——待处理流动资产损溢	20 000
贷:原材料	20 000

查明原因后,自然损耗部分的进项税额允许抵扣,对因保管不善造成的原材料损失,其进项税额不得抵扣,应作进项税额转出。

借:待处理财产损溢——待处理流动资产损溢	1 700
贷:应交税费——应交增值税(进项税额转出)	1 700

根据企业内部的管理权限,报经股东大会或董事会,或经理(厂长)会议或类似机构批准,对于保管不善造成的损失、保管员张明应承担 50%,其余作为营业外支出处理,在期末结账前处理完毕。

借:其他应收款——张明	5 850
营业外支出	5 850
管理费用	10 000
贷:待处理财产损溢——待处理流动资产损溢	21 700

【案例 4-26】甲公司盘亏原材料一批,价格为 50 000 元,原因为洪灾造成的材料毁损,原抵扣的进项税额为 8 500 元,某保险公司已确认赔偿损失 30 000 元。相关处理如下:

存货盘亏时,会计分录如下:

借:待处理财产损溢——待处理流动资产损溢	50 000

贷：原材料   50 000

查明原因后，因洪灾属于自然灾害，原抵扣的进项税额仍然允许抵扣，无需转出。报经批准后会计处理为：

借：营业外支出   20 000

   其他应收款——某保险公司   30 000

贷：待处理财产损溢——待处理流动资产损溢   50 000

▶▶▶ 项 目 小 结

本项目包括原材料的核算、其他存货的核算和存货期末计量的核算三部分。

1. 存货是指企业在日常生产经营过程中持有以备出售，或者仍然处在生产过程，或者在生产或提供劳务过程中将消耗的材料或物料等，包括库存的、加工中的、在途的各类材料、商品、在产品、半成品、产成品、包装物、低值易耗品、委托加工物资等。

2. 存货在取得时，按照实际成本入账。存货成本包括采购成本、加工成本和使存货达到目前场所和状态所发生的其他成本。采购成本，其实际成本包括下列各项：买价、运杂费、运输途中的合理损耗等。

3. 原材料按实际成本计价就是每一种原材料的取得、入库、发出和结存，在总账和明细账中都按原材料的实际成本登记入账，在实际成本下，取得原材料通过"原材料"和"在途物资"科目核算。

4. 计划成本法是指企业存货的收入、发出和结存的总分类核算和明细分类核算均按预先制定的计划成本计价，应设"材料采购"、"原材料"、"材料成本差异"科目。

5. 自制存货包括自制材料、自制半成品和自制商品等，是企业通过生产活动自行加工制造完成并验收入库的存货。为了核算企业自制的各种存货，应设置"自制半成品"、"生产成本"、"制造费用"、"库存商品"等账户。

6. 委托加工物资的成本应当包括加工中实际耗用物资的成本、支付的加工费用及应负担的运杂费、支付的税金等，应设"委托加工物资"科目。

7. 周转材料，如包装物和低值易耗品等，应设"周转材料——包装物"和"周转材料——低值易耗品"科目。

8. 资产负债表日，存货应当按照成本与可变现净值孰低法计量。成本与可变现净值孰低法是指对期末存货按照成本与可变现净值两者之中较低者计价的方法。企业确定存货的可变现净值，应当以取得的确凿证据为基础，并且考虑持有存货的目的、资产负债表日后事项的影响等因素。

9. 企业必须定期或不定期地组织存货的清查，以确定存货的实存数，使账实相符，保证会计资料的可靠性。

项目五　金融资产的核算

知识目标

1. 掌握金融资产的含义及分类。
2. 掌握交易性金融资产的含义、初始确认、后续计量及其处置的规定。
3. 掌握持有至到期投资的含义、初始确认、后续计量及其处置的规定。
4. 掌握可供出售金融资产的含义、初始确认、后续计量、减值、重分类及其处置的规定。

能力目标

1. 能够区分各类金融资产，会对实际交易的金融资产进行分类。
2. 能够熟练依据交易性金融资产的会计准则进行交易性金融资产的初始确认的处理，持有期间应收股利、应收利息的处理，公允价值变动的处理及其交易性金融资产处置的会计处理。
3. 能够运用实际利率法确定持有至到期投资的摊余成本的方法，能够进行持有至到期投资的初始确认、持有期间应收利息的处理、持有至到期投资的减值处理，及持有至到期投资处置的会计处理。
4. 能够正确进行可供出售金融资产的初始确认的处理，持有期间应收股利、应收利息的处理，公允价值变动的处理、减值处理及可供出售金融资产处置的会计处理。

任务一　交易性金融资产的核算

一、什么是交易性金融资产

金融资产是企业取得的货币资金、应收款项、股权投资、债权投资和衍生金融工具形成的资产等。

企业结合自身业务的特点、投资策略和风险管理要求，将取得的金融资产在初始确认时划分为以下几类：①以公允价值计量且其变动计入当期损益的金融资产；②持有至到期投资；③贷款和应收款项；④可供出售的金融资产。

以公允价值计量且其变动计入当期损益的金融资产，包括交易性金融资产和直接指定为以公允价值计量且其变动计入当期损益的金融资产。某项金融资产被划分为以公允价值计量且其变动计入当期损益的金融资产后，不能再重分类为其他类别的金融资产；其他类别的金融资产也不能再重分类为以公允价值计量且其变动计入当期损益的金融资产。

金融资产满足下列条件之一的，应当被划分为交易性金融资产：

（1）取得该金融资产的目的，主要是为了近期内出售或回购，比如企业以赚取差价为目的从二级市场购入的股票、债券、基金等。

（2）属于进行集中管理的可辨认金融工具组合的一部分，且有客观证据表明企业近期采用短期获利方式对该组合进行管理，应该直接指定为以公允价值计量且其变动计入当期损益的金融资产。其后续计量采用公允价值计量，并将其相关公允价值变动计入当期损益。

（3）属于金融衍生工具，比如国债期货、远期合同、股指期货等，其公允价值变动大于零时，应将其相关变动金额确认为交易性金融资产，同时计入当期损益。

二、交易性金融资产的核算方法

企业对交易性金融资产的会计处理，应着重于该金融资产与金融市场的紧密结合性，反映该类金融资产相关市场变量变化对其价值的影响，进而对企业财务状况和经营成果的影响。

（一）账户设置

为了核算交易性金融资产的取得、现金股利或利息的收取及相关处置等业务，企业应当设置"交易性金融资产"、"公允价值变动损益"、"投资收益"等科目。

1."交易性金融资产"科目

该科目属于资产类，核算企业为交易目的所持有的债券投资、股票投资、基金投资等交易性金融资产的公允价值。该科目应当按照交易性金融资产的类别和品种分别设置"成本"、"公允价值变动"等科目进行明细核算。期末借方余额，反映企业持有的交易性金融资产的公允价值。

2."公允价值变动损益"科目

该科目属于损益类，核算企业交易性金融资产的公允价值变动而形成的应计入当期损益的利得或损失。期末，应将该科目余额转入"本年利润"科目，结转后该科目无余额。

3."投资收益"科目

该科目属于损益类，核算企业在持有交易性金融资产等的期间取得的投资收益以及处置交易性金融资产等实现的投资收益或投资损失。期末，应将该科目余额转入"本年利润"科目，结转后该科目应无余额。

（二）会计处理

1. 交易性金融资产的初始确认

初始确认交易性金融资产时，应按公允价值计量，相关交易费用应当直接计入当期损益。其中，交易费用是指可直接归属于购买、发行或处置金融工具而新增的外部费用。企业取得交易性金融资产所支付的价款中，包含已宣告但尚未发放的现金股利或已到付息期但尚未领取的债券利息的，应当单独确认为应收项目。

当企业购入交易性金融资产时，应按其公允价值（不含已宣告但尚未发放的现金股利或已到付息期但尚未领取的债券利息），借记"交易性金融资产——成本"科目；按已宣告但尚未发放的现金股利或已到付息期但尚未领取的债券利息的金额，借记"应收股利"或"应收利息"科目；按支付的相关交易费用的金额，借记"投资收益"科目；按企业所支付的价款总额，贷记"银行存款"等科目。

【案例5-1】2×15年4月17日，滨华有限责任公司从二级市场购入乙公司股票100 000

股。每股价格为 10.1 元,其中包含已宣告但尚未发放的现金股利 0.1 元/股,滨华有限责任公司另支付相关交易费用 1 200 元。滨华有限责任公司将持有的乙公司股票划分为交易性金融资产。

(1)购入乙公司股票时:

借:交易性金融资产——成本   1 000 000

    应收股利   10 000

    投资收益   1 200

    贷:银行存款   1 011 200

(2)4 月 25 日,收到现金股利:

借:银行存款   10 000

    贷:应收股利   10 000

【案例 5-2】2×15 年 7 月 3 日,滨华有限责任公司从二级市场购入丁公司发行的债券 10 000 张,每张面值为 100 元,每张价格为 102 元(含已到付息期但尚未领取的利息 2 元),另发生交易费用 6 000 元。该债券于 2×14 年 7 月 1 日发行,期限为 5 年,票面年利率为 4%,每半年付息一次,到期归还本金。滨华有限责任公司将该债券划分为交易性金融资产。

(1)购入债券时:

借:交易性金融资产——成本   1 000 000

    应收利息   20 000

    投资收益   6 000

    贷:银行存款   1 026 000

(2)7 月 15 日,收到利息:

借:银行存款   20 000

    贷:应收利息   20 000

2. 交易性金融资产的后续计量

交易性金融资产的后续计量包括持有期间现金股利或利息的处理和持有期间公允价值变动的处理。

在持有期间取得的利息或现金股利,应当确认为投资收益,按相应金额,借记"应收股利"或"应收利息"科目,贷记"投资收益"科目。

在资产负债表日,交易性金融资产应当按照公允价值计量,企业应将交易性金融资产或金融负债的公允价值变动计入当期损益。在资产负债表日,如果交易性金融资产的公允价值大于账面余额,差额计入当期损益,借记"交易性金融资产——公允价值变动"科目,贷记"公允价值变动损益"科目;如果交易性金融资产的公允价值小于账面余额,差额作相反的会计分录。

【案例 5-3】沿用案例 5-1 的资料,滨华有限责任公司和乙公司的其他相关资料如下:

2×15 年 8 月 13 日,乙公司宣告上半年度股利分配方案为每股支付现金股利 0.10 元,将于 8 月 20 日支付。2×15 年 12 月 31 日,乙公司的股票价格上涨到 12.20 元。

(1)乙公司宣告分配股利时:

借:应收股利   10 000

    贷:投资收益   10 000

(2)收到现金股利时:

借:银行存款   10 000

　贷:应收股利   10 000

(3)2×15 年 12 月 31 日,确认该股票的公允价值变动损益时:

借:交易性金融资产——公允价值变动   220 000

　贷:公允价值变动损益   220 000

【案例 5-4】沿用案例 5-2 的资料,滨华有限责任公司和丁公司的其他相关资料如下:

2×15 年 12 月 31 日,丁公司的债券市价为 100.50 元(含 2×15 年下半年利息 2 元)。

(1)2×15 年 12 月 31 日,计算下半年利息收入:

借:应收利息   20 000

　贷:投资收益   20 000

(2)收到 2×15 年下半年利息收入:

借:银行存款   20 000

　贷:应收利息   20 000

(3)2×15 年 12 月 31 日,确认公允价值变动损益:

借:公允价值变动损益   15 000

　贷:交易性金融资产——公允价值变动   15 000

3. 交易性金融资产的处置

处置交易性金融资产时,其公允价值与初始入账金额之间的差额应确认为投资收益,同时调整公允价值变动损益。企业应按出售交易性金融资产实际收到的金额,借记"银行存款"等科目;按该金额资产的账面余额,贷记"交易性金融资产——成本(或公允价值变动)"科目;按其差额,贷记或借记"投资收益"科目。同时,将原计入该金融资产的公允价值变动转出,借记或贷记"公允价值变动损益"科目,贷记或借记"投资收益"科目。

【案例 5-5】沿用案例 5-1、案例 5-3 的资料,滨华有限责任公司和乙公司其他相关资料如下:

2×16 年 1 月 30 日,将该股票全部出售,共取得价款 1 320 000 元。

借:银行存款   1 320 000

　公允价值变动损益   220 000

　贷:交易性金融资产——成本   1 000 000

　　　　　　　　　——公允价值变动   220 000

　　投资收益   320 000

【案例 5-6】沿用案例 5-2、案例 5-4 的资料,滨华有限责任公司和丁公司的其他相关资料如下:

2×16 年 3 月 31 日,滨华有限责任公司将丁公司债券全部售出,取得价款 1 180 000 元(含 1 季度利息 10 000 元)。

借:应收利息   10 000

　贷:投资收益   10 000

借:银行存款   1 170 000

　交易性金融资产——公允价值变动   15 000

贷：交易性金融资产——成本	1 000 000
公允价值变动损益	15 000
投资收益	170 000
借：银行存款	10 000
贷：应收利息	10 000

任务二　持有至到期投资的核算

一、什么是持有至到期投资

持有至到期投资是指到期日固定、回收金额固定或可确定，且企业有明确意图和能力持有至到期的非衍生金融资产，如企业购入的国债、金融债券、企业债券等。

持有至到期投资的主要特征有：

(1)该金融资产到期日固定、回收金额固定或可确定；

(2)企业有明确意图将该金融资产持有至到期；

(3)企业有能力将该金融资产持有至到期。

二、持有至到期投资的核算方法

(一)账户设置

为了核算持有至到期投资的取得、利息的收取及相关处置等业务，企业应设置"持有至到期投资"、"投资收益"等科目。

"持有至到期投资"科目核算企业持有至到期投资的摊余成本。该科目可按持有至到期投资的类别和品种分别设置"成本"、"利息调整"、"应计利息"等科目进行明细核算。其中，成本指投资成本，是企业购入债券时的票面价值；利息调整指企业购入债券的成本与实际支付的购买价款的差额；应计利息是企业购买的到期一次还本付息债券在每个会计期末按权责发生制计算的本期应计债券利息。该科目的期末借方余额反映企业持有至到期投资的摊余成本。

(二)会计处理

1. 持有至到期投资的初始计量

初始确认持有至到期投资时，应当以公允价值和相关交易费用之和作为初始入账金额。实际支付的价款中包括的已到付息期但尚未领取的债券利息，应单独确认为应收项目。企业取得持有至到期投资时，应按该投资的面值，借记"持有至到期投资——成本"科目；按支付的价款中包括的已到付息期但尚未领取的债券利息，借记"应收利息"科目；按实际支付的金额，贷记"银行存款"等科目；按其差额借记或贷记"持有至到期投资——利息调整"科目。

初始确认持有至到期投资时，应当计算、确定其实际利率，并在该持有至到期投资预期存续期间或适用的更短期间内保持不变。实际利率是指将金融资产或金融负债在预期存续期间或适用的更短期间内的未来现金流量，折现为该金融资产或金融负债当前账面价值所使用的利率。

【案例5-7】2×15年1月1日，滨华有限责任公司以银行存款购入同日发行的公司债券

10 000 张,每张面值为 100 元,期限为 5 年,票面利率为 5%,每年年末计息,次年 1 月 5 日支付,最后一期利息与本金到期时一起收回。实际利率为 4%,实际支付价款 1 044 490 元。滨华有限责任公司购入的该公司债券被划分为持有至到期投资,且不考虑所得税、减值损失等因素。

滨华有限责任公司 2×15 年 1 月 1 日购入债券的账务处理如下:

借:持有至到期投资——成本　　　　　　　　　　　　　　　　　1 000 000

　　　　　　——利息调整　　　　　　　　　　　　　　　　　44 490

　贷:银行存款　　　　　　　　　　　　　　　　　　　　　　1 044 490

2. 持有至到期投资的利息

企业应在持有期间,采用实际利率法,按照摊余成本和实际利率计算、确认利息收入,计入投资收益。

$$利息收入(投资收益)=期初摊余成本×实际利率$$

实际利率是指将金融资产或金融负债在预期存续期间或适用的更短期间内的未来现金流量,折现为该金融资产或金融负债当前账面价值所使用的利率。实际利率应当在取得持有至到期投资时确定,实际利率与票面利率差别较小的,也可按票面利率计算利息收入,计入投资收益。

摊余成本是指该金融资产的初始确认金额经下列调整后的结果:①扣除已偿还的本金;②加上或减去采用实际利率法将该初始确认金额与到期日金额之间的差额进行摊销形成的累计摊销额;③扣除已发生的减值损失。

在资产负债表日,持有至到期投资若为分期付息、一次还本债券投资的,应按票面利率计算、确定的应收而未收利息,借记“应收利息”科目;按持有至到期投资摊余成本和实际利率计算、确定的利息收入,贷记“投资收益”科目;按其差额,借记或贷记“持有至到期投资——利息调整”科目。持有至到期投资若为一次还本付息债券投资的;企业应于资产负债表日按票面利率计算、确定的应收而未收利息,借记“持有至到期投资——应计利息”科目;按持有至到期投资摊余成本和实际利率计算、确定的利息收入,贷记“投资收益”科目;按其差额,借记或贷记“持有至到期投资——利息调整”科目。

【案例 5-8】沿用案例 5-7 的资料,编制滨华有限责任公司持有债券期间的账务处理。

根据案例 5-7 可编制表 5-1。

表 5-1　持有至到期投资利息计算表(分期付息、一次还本)　　　　金额单位:元

年份	期初摊余成本 (a)	应收利息	实际利息(b) (按 4% 计算)	现金流入(c)	期末摊余成本 (d=a+b-c)
2×15 年	1 044 490	50 000	41 780*	50 000	1 036 270
2×16 年	1 036 270	50 000	41 451*	50 000	1 027 721
2×17 年	1 027 721	50 000	41 109*	50 000	1 018 830
2×18 年	1 018 830	50 000	40 753*	50 000	1 009 583
2×19 年	1 009 583	50 000	40 417**	1 050 000	0

注:* 四舍五入取整;** 考虑了计算过程中出现的尾差。

根据上述数据,滨华有限责任公司的有关账务处理如下:

(1)2×15 年 12 月 31 日,确认实际利息收入:

借:应收利息	50 000
贷:投资收益	41 780
持有至到期投资——利息调整	8 220

(2)2×16 年 1 月 5 日,收到票面利息:

| 借:银行存款 | 50 000 |
| 贷:应收利息 | 50 000 |

(3)2×16 年 12 月 31 日,确认实际利息收入:

借:应收利息	50 000
贷:投资收益	41 451
持有至到期投资——利息调整	8 549

(4)2×17 年 1 月 5 日,收到票面利息:

| 借:银行存款 | 50 000 |
| 贷:应收利息 | 50 000 |

(5)2×17 年 12 月 31 日,确认实际利息收入:

借:应收利息	50 000
贷:投资收益	41 109
持有至到期投资——利息调整	8 891

(6)2×18 年 1 月 5 日,收到票面利息:

| 借:银行存款 | 50 000 |
| 贷:应收利息 | 50 000 |

(7)2×18 年 12 月 31 日,确认实际利息:

借:应收利息	50 000
贷:投资收益	40 753
持有至到期投资——利息调整	9 247

(8)2×19 年 1 月 5 日,收到票面利息:

| 借:银行存款 | 50 000 |
| 贷:应收利息 | 50 000 |

(9)2×19 年 12 月 31 日,确认实际利息:

借:应收利息	50 000
贷:投资收益	40 417
持有至到期投资——利息调整	9 583

(10)2×20 年 1 月 1 日,收到票面利息、本金:

借:银行存款等	1 050 000
贷:持有至到期投资——成本	1 000 000
应收利息	50 000

假定滨华有限责任公司购买的是到期一次还本付息债券,票面利率为 5%,实际利率为 4%,支付价款 1 027 375 元,其他条件同案例 5-7。

持有至到期投资利息计算如表 5-2 所示。

表 5-2　持有至到期投资利息计算表(到期一次还本付息)　　　　　金额单位:元

年份	期初摊余成本 (a)	实际利息(b) (按 4%计算)	现金流入(c)	期末摊余成本 (d=a+b-c)
2×15 年	1 027 375	41 095*	0	1 068 470
2×16 年	1 068 470	42 739*	0	1 111 209
2×17 年	1 111 209	44 448*	0	1 155 657
2×18 年	1 155 657	46 226*	0	1 201 883
2×19 年	1 201 883	48 117**	1 250 000	0

注:* 四舍五入取整;** 考虑了计算过程中出现的尾差。

根据上述数据,滨华有限责任公司的有关账务处理如下:

(1)2×15 年 1 月 1 日,购入债券的账务处理如下:

借:持有至到期投资——成本　　　　　　　　　　　　　　　　　1 000 000

　　　　　　　　　　——利息调整　　　　　　　　　　　　　　　　27 375

　贷:银行存款　　　　　　　　　　　　　　　　　　　　　　　　1 027 375

(2)2×15 年 12 月 31 日,确认实际利息收入:

借:持有至到期投资——应计利息　　　　　　　　　　　　　　　　50 000

　贷:投资收益　　　　　　　　　　　　　　　　　　　　　　　　　41 095

　　持有至到期投资——利息调整　　　　　　　　　　　　　　　　 8 905

(3)2×16 年 12 月 31 日,确认实际利息收入:

借:持有至到期投资——应计利息　　　　　　　　　　　　　　　　50 000

　贷:投资收益　　　　　　　　　　　　　　　　　　　　　　　　　42 739

　　持有至到期投资——利息调整　　　　　　　　　　　　　　　　 7 261

(4)2×17 年 12 月 31 日,确认实际利息收入:

借:持有至到期投资——应计利息　　　　　　　　　　　　　　　　50 000

　贷:投资收益　　　　　　　　　　　　　　　　　　　　　　　　　44 448

　　持有至到期投资——利息调整　　　　　　　　　　　　　　　　 5 552

(5)2×18 年 12 月 31 日,确认实际利息收入:

借:持有至到期投资——应计利息　　　　　　　　　　　　　　　　50 000

　贷:投资收益　　　　　　　　　　　　　　　　　　　　　　　　　46 226

　　持有至到期投资——利息调整　　　　　　　　　　　　　　　　 3 774

(6)2×19 年 12 月 31 日,确认实际利息收入,收到本金和利息等:

借:持有至到期投资——应计利息　　　　　　　　　　　　　　　　50 000

　贷:投资收益　　　　　　　　　　　　　　　　　　　　　　　　　48 117

　　持有至到期投资——利息调整　　　　　　　　　　　　　　　　 1 883

借:银行存款　　　　　　　　　　　　　　　　　　　　　　　　　1 250 000

　贷:持有至到期投资——成本　　　　　　　　　　　　　　　　　 1 000 000

　　　　　　　　　　——应计利息　　　　　　　　　　　　　　　　250 000

3. 持有至到期投资的减值

企业应于资产负债表日对持有至到期投资进行减值测试,有客观证据表明该金融资产发生减值的,应当确认减值损失,计入当期损益。

持有至到期投资确认减值损失后,如有客观证据表明该金融资产价值已恢复且客观上与确认该损失后发生的事项有关(如债务人的信用评级已提高等),原确认的减值损失应当予以转回,计入当期损益。但是该转回后的账面价值不应当超过假定不计提减值准备情况下该金额资产在转回日的摊余成本。

为了核算持有至到期投资的减值情况,企业应设置"持有至到期投资减值准备"科目。在资产负债表日,持有至到期投资发生减值的,按应减记的金额,借记"资产减值损失——计提的持有至到期投资减值准备"科目,贷记"持有至到期投资减值准备"科目;已计提减值准备的持有至到期投资价值又得以恢复,应在原计提的减值准备金额内,按恢复增加的金额借记"持有至到期投资减值准备"科目,贷记"资产减值损失"科目。该科目的期末贷方余额反映企业已计提但尚未转销的持有至到期投资减值准备。该科目可按持有至到期投资类别和品种进行明细核算。

4. 持有至到期投资的处置

处置持有至到期投资时,应将所取得价款与持有至到期投资账面价值之间的差额,计入当期损益。

出售持有至到期投资时,应按实际收到的金额,借记"银行存款"等科目;按已计提的减值准备,借记"持有至到期投资减值准备"科目;按其账面余额,贷记"持有至到期投资——成本(利息调整、应计利息)"科目;按借贷双方的差额,贷记或借记"投资收益"科目。

【案例 5-9】沿用案例 5-7、案例 5-8 的资料,假如 2×17 年 1 月 1 日,滨华有限责任公司将其持有至到期投资(公司债券)全部出售,取得价款 1 080 000 元。

滨华有限责任公司应作会计分录如下:

借:银行存款　　　　　　　　　　　　　　　　　　　　　　　　1 080 000
　　贷:持有至到期投资——成本　　　　　　　　　　　　　　　　　　1 000 000
　　　　　　　　　——利息调整　　　　　　　　　　　　　　　　　　　　27 721
　　　　应收利息　　　　　　　　　　　　　　　　　　　　　　　　　　　50 000
　　　　投资收益　　　　　　　　　　　　　　　　　　　　　　　　　　　2 279

值得注意的是,如果企业部分出售持有至到期投资的金额较大,且不属于企业会计准则所允许的例外情况,企业应当将该投资的剩余部分重分类为可供出售金融资产。

5. 持有至到期投资的到期兑现

持有至到期投资到期时,若为到期一次还本付息的持有至到期投资,应按实际收到的款项借记"银行存款"科目,按持有至到期投资的账面价值贷记"持有至到期投资(成本、应计利息)"科目;若为分期付息到期还本的持有至到期投资,应按实际收到的款项借记"银行存款"科目,按持有至到期投资的账面价值贷记"持有至到期投资(成本)"科目,按收到的最后一期利息贷记"应收利息"科目。

任务三 可供出售金融资产的核算

一、什么是可供出售金融资产

可供出售金融资产是指企业没有划分为以公允价值计量且其变动计入当期损益的金融资产和持有至到期投资的非衍生金融资产。例如,企业购入的在活跃市场上有报价的股票、债券和基金等,没有被划分为以公允价值计量且其变动计入当期损益的金融资产或持有至到期投资等金融资产的,可归为此类。

对于在活跃市场上有报价的金融资产,既可被划分为以公允价值计量且其变动计入当期损益的金融资产,也可被划分为可供出售金融资产;如果该金融资产属于有固定到期日、回收金额固定或可确定的金融资产,则该金融资产还可被划分为持有至到期投资。某项金融资产具体应被划分为哪一类,主要取决于企业管理层的风险管理、投资决策等因素。金融资产的分类应是管理层意图的如实表达。

二、可供出售金融资产的核算方法

(一)账户设置

为了核算可供出售金融资产的取得、现金股利或利息的收取及其相关处置等业务,企业应设置"可供出售金融资产"、"其他综合收益"、"投资收益"、"应收股利"、"应收利息"等科目。

"可供出售金融资产"科目属于资产类科目,核算企业持有的可供出售金融资产的公允价值,包括划分为可供出售的股票投资、债券投资等金融资产。该科目按可供出售金融资产的类别和品种,分别设置"成本"、"利息调整"、"应计利息"、"公允价值变动"等科目进行明细核算。该科目的期末借方余额反映企业可供出售金融资产的公允价值。

可供出售金融资产发生减值的,可以在"可供出售金融资产"科目下设置"公允价值变动"明细账户进行核算,也可以单独设置"可供出售金融资产减值准备"科目进行核算。

"其他综合收益"科目核算企业可供出售金融资产应计入所有者权益的公允价值变动。

(二)会计处理

1. 可供出售金融资产的初始确认

企业取得可供出售金融资产时,以公允价值及相关交易费用之和作为初始入账金额。企业取得可供出售金融资产支付的价款中包含的已宣告但尚未发放的现金股利或已到付息期但尚未领取的债券利息,应单独确认为应收项目。

(1)可供出售金融资产为股票投资的,企业按购入可供出售金融资产的公允价值(不含已宣告但尚未发放的现金股利)和支付的相关交易费用的金额之和借记"可供出售金融资产——成本"科目;按已宣告但尚未发放的现金股利的金额借记"应收股利"科目;按企业所支付的价款总额贷记"银行存款"等科目。

(2)可供出售金融资产为债券投资的,企业取得可供出售金融资产时,应按该投资的面值借记"可供出售金融资产——成本"科目;按支付的价款中包括的已到付息期但尚未领取的利息借记"应收利息"科目;按实际支付的金额贷记"银行存款"等科目;按其差额借记或贷记"可供出售金融资产——利息调整"科目。

【**案例 5-10**】2×15 年 5 月 6 日,滨华有限责任公司支付价款 10 160 000 元(含交易费用 10 000 元和已宣告但尚未发放的现金股利 150 000 元)购入乙公司发行的股票 2 000 000 股,占乙公司有表决权股份的 0.5%。滨华有限责任公司将其划分为可供出售金融资产。 2×15 年 5 月 10 日,滨华有限责任公司收到乙公司发放的现金股利 150 000 元。

(1)2×15 年 5 月 6 日,购入股票:

借:可供出售金融资产——成本   10 010 000

  应收股利   150 000

   贷:银行存款   10 160 000

(2)2×15 年 5 月 10 日,收到现金股利:

借:银行存款   150 000

   贷:应收股利   150 000

【**案例 5-11**】2×15 年 1 月 1 日,滨华有限责任公司支付价款 1 028 240 元购入某公司发行的 3 年期公司债券,该公司债券的票面总金额为 1 000 000 元,票面利率为 4%,实际利率为 3%,利息于每年年末支付,本金到期支付。滨华有限责任公司将该公司债券划分为可供出售金融资产。

假定无交易费用和其他因素的影响,滨华有限责任公司的账务处理如下:

2×15 年 1 月 1 日,购入债券:

借:可供出售金融资产——成本   1 000 000

          ——利息调整   28 240

   贷:银行存款   1 028 240

2. 可供出售金融资产的现金股利和利息

可供出售金融资产持有期间取得的利息或现金股利,应当计入投资收益。

可供出售金融资产为股票投资的,被投资单位宣告发放现金股利时,按相应金额,借记"应收股利"科目,贷记"投资收益"科目。

可供出售金融资产为债券投资的,企业应当在可供出售金融资产持有期间,采用实际利率法,按照摊余成本和实际利率计算、确认利息收入,计入投资收益。实际利率应当在取得可供出售金融资产时确定,实际利率与票面利率差别较小的,也可以按票面利率计算利息收入。

企业在资产负债表日,可供出售金融资产若为分期付息、一次还本债券投资的,应按票面利率计算、确定的应收而未收利息,借记"应收利息"科目;按可供出售金融资产摊余成本和实际利率计算、确定的利息收入,贷记"投资收益"科目;按其差额借记或贷记"可供出售金融资产——利息调整"科目。可供出售金融资产若为一次还本付息债券投资的,企业应于资产负债表日按票面利率计算、确定的应收而未收利息,借记"可供出售金融资产——应计利息"科目;按可供出售金融资产摊余成本和实际利率计算、确定的利息收入,贷记"投资收益"科目;按其差额借记或贷记"可供出售金融资产——利息调整"科目。

【**案例 5-12**】沿用案例 5-10 的资料,2×16 年 5 月 9 日,乙公司宣告发放现金股利 0.2 元/股。2×16 年 5 月 13 日,滨华有限责任公司收到乙公司发放的现金股利。

(1)2×16 年 5 月 9 日,确认应收现金股利:

借:应收股利   400 000

　　贷:投资收益　　　　　　　　　　　　　　　　　　　　　　　　　400 000

(2)2×16 年 5 月 13 日,收到现金股利:

借:银行存款　　　　　　　　　　　　　　　　　　　　　　　　　400 000

　　贷:应收股利　　　　　　　　　　　　　　　　　　　　　　　　400 000

【案例 5-13】沿用案例 5-11 的资料,2×15 年 12 月 31 日收到债券利息。

实际利息＝1 028 240×3％＝30 847.2(元)

利息调整摊销＝40 000－30 847.2＝9 152.8(元)

年末摊余成本＝1 028 240－9 152.8＝1 019 087.2(元)

借:应收利息　　　　　　　　　　　　　　　　　　　　　　　　　40 000

　　贷:投资收益　　　　　　　　　　　　　　　　　　　　　　　30 847.2

　　　　可供出售金融资产——利息调整　　　　　　　　　　　　　9 152.8

借:银行存款　　　　　　　　　　　　　　　　　　　　　　　　　40 000

　　贷:应收利息　　　　　　　　　　　　　　　　　　　　　　　　40 000

　　3. 可供出售金融资产的公允价值变动

　　在资产负债表日,可供出售金融资产应当以公允价值计量,且公允价值变动计入其他综合收益。可供出售金融资产的公允价值高于账面余额,应按其差额,借记“可供出售金融资产——公允价值变动”科目,贷记“其他综合收益”科目;可供出售金融资产的公允价值低于账面余额,应按其差额作相反的会计分录。

【案例 5-14】沿用案例 5-10 的资料,2×15 年 6 月 30 日,该股票的市价为 5.2 元/股。2×15 年 12 月 31 日,滨华有限责任公司仍持有该股票;当日,该股票的市价为 5 元/股。

(1)2×15 年 6 月 30 日,确认股票的价格变动:

借:可供出售金融资产——公允价值变动　　　　　　　　　　　　　390 000

　　贷:其他综合收益　　　　　　　　　　　　　　　　　　　　　390 000

(2)2×15 年 12 月 31 日,确认股票价格变动:

借:其他综合收益　　　　　　　　　　　　　　　　　　　　　　　400 000

　　贷:可供出售金融资产——公允价值变动　　　　　　　　　　　400 000

【案例 5-15】沿用案例 5-11 的资料,2×15 年 12 月 31 日,该债券的市价为 1 025 000 元。

2×15 年 12 月 31 日,年末摊余成本为 1 019 087.2 元,公允价值变动为 5 912.8 元(1 025 000－1 019 087.2)。

借:可供出售金融资产——公允价值变动　　　　　　　　　　　　　5 912.8

　　贷:其他综合收益　　　　　　　　　　　　　　　　　　　　　5 912.8

　　4. 可供出售金融资产的减值

　　当可供出售金融资产的公允价值出现非暂时性下跌或重大下跌时,意味着该金融资产出现了减值迹象。在资产负债表日,企业应当对可供出售金融资产的账面价值进行检查,有客观证据表明该金融资产发生减值的,应当确认减值损失。具体按以下原则进行处理:

　　(1)可供出售金融资产发生减值时,即使该金融资产没有终止确认,原直接计入所有者权益中的因公允价值下降而形成的累计损失,应当予以转出,计入当期损益。该转出的累计损失,等于可供出售金融资产的初始取得成本扣除已收回本金和已摊余金额、当前公允价值和原已计入损益的减值损失后的余额。

在活跃市场中没有报价且其公允价值不能可靠计量的权益工具投资,发生减值时,应当将该权益工具投资或衍生金融资产的账面价值,与按照类似金融资产当时市场收益率对未来现金流量折现确定的现值之间的差额,确认为减值损失,计入当期损益。与该权益工具挂钩并须通过交付该权益工具结算的衍生金融资产发生减值的,也应当采用类似的方法确认减值损失。

(2)对于已确认减值损失的可供出售债务工具,在随后的会计期间公允价值已上升且客观上与确认原减值损失后发生的事项有关的,原确认的减值损失应当予以转回,计入当期损益。

(3)可供出售权益工具投资发生的减值损失,不得通过损益转回。另外,在活跃市场中没有报价且其公允价值不能可靠计量的权益工具投资,或与该权益工具挂钩并须通过交付该权益工具结算的衍生金融资产发生的减值损失,不得转回。

在资产负债表日,企业确定可供出售金融资产发生减值的,按应减记的金额,借记"资产减值损失"科目;按应从所有者权益中转出原计入其他综合收益的累计损失金额,贷记"其他综合收益"科目;按其差额,贷记"可供出售金融资产——公允价值变动"科目。

对于已确认减值损失的可供出售金融资产,在随后的会计期间公允价值已上升且客观上与确认原减值损失事项有关的,应按原确认的减值损失,借记"可供出售金融资产——公允价值变动"科目,贷记"资产减值损失"科目;但可供出售金融资产为股票等权益工具投资的(不含在活跃市场上没有报价、公允价值不能可靠计量的权益工具投资),借记"可供出售金融资产——公允价值变动"科目,贷记"其他综合收益"科目。

【案例 5-16】2×13 年 8 月 10 日,滨华有限责任公司支付价款 2 030 000 元在二级市场购入乙公司股票 100 000 股。滨华有限责任公司将该股票划分为可供出售金融资产。2×13 年 12 月 31 日,该股票的价格为 19 元/股,这期间乙公司的股票价格属于正常的市场波动。2×14 年 12 月 31 日,由于乙公司财务状况的恶化影响了公司的正常经营,乙公司的股票价格下跌到 12 元/股。2×15 年,通过整顿,乙公司的财务状况得到了明显好转,公司经营逐渐恢复正常,2×15 年 12 月 31 日股票的价格又上涨到 15 元/股。

滨华有限责任公司应作会计分录如下:

(1)2×13 年 8 月 10 日,购入股票时:

借:可供出售金融资产——成本	2 030 000
贷:银行存款	2 030 000

(2)2×13 年 12 月 31 日,确认公允价值变动:

借:其他综合收益	130 000
贷:可供出售金融资产——公允价值变动	130 000

(3)2×14 年 12 月 31 日,由于乙公司财务状况的恶化影响了公司的正常经营,乙公司的股票价格下跌到 12 元/股,属于发生减值:

借:资产减值损失	830 000
贷:可供出售金融资产——公允价值变动	700 000
其他综合收益	130 000

(4)2×15 年 12 月 31 日,股票的价格又上涨到 15 元/股:

借:可供出售金融资产——公允价值变动	300 000

贷:其他综合收益	300 000

【案例 5-17】2×14 年 1 月 1 日,滨华有限责任公司支付价款 500 000 元从二级市场购入丁公司按年付息、一次还本的债券 5 000 张,每张面值为 100 元,票面利率为 4%,5 年期。实际利率为 4%。滨华有限责任公司将其划分为可供出售金融资产。但此后丁公司财务状况出现了恶化,2×14 年 12 月 31 日,丁公司债券的市场价格大幅下跌到每张 80 元,滨华有限责任公司收到当年债券利息。2×15 年丁公司经过整顿治理,财务状况得到好转,2×15 年 12 月 31 日该债券的公允价值上升到每张 90 元。

滨华有限责任公司应作会计分录如下:

(1)2×14 年 1 月 1 日,购入债券时:

借:可供出售金融资产——成本	500 000
贷:银行存款	500 000

(2)2×14 年 12 月 31 日,确认利息收入及减值损失:

借:应收利息	20 000
贷:投资收益	20 000
借:银行存款	20 000
贷:应收利息	20 000
借:资产减值损失	100 000
贷:可供出售金融资产——公允价值变动	100 000

(3)2×15 年 12 月 31 日,确认利息收入及债券升值:

应确认的利息收入=(500 000-100 000)×4%=16 000(元)

借:应收利息	20 000
贷:投资收益	16 000
可供出售金融资产——利息调整	4 000
借:银行存款	20 000
贷:应收利息	20 000

减值损失转回前,债券摊余成本=500 000-100 000-4 000=396 000(元)

应转回的减值损失=90×5 000-396 000=54 000(元)

借:可供出售金融资产——公允价值变动	54 000
贷:资产减值损失	54 000

5. 持有至到期投资转换为可供出售金融资产

企业因持有至到期投资部分出售或重分类的金额较大,且不属于企业会计准则所允许的例外情况,使该投资的剩余部分不再适合被划分为持有至到期投资的,企业应当将该投资的剩余部分重分类为可供出售金融资产,并以公允价值进行后续计量。重分类日,该投资剩余部分的账面价值与其公允价值之间的差额计入所有者权益,在该可供出售金融资产发生减值或终止确认时转出,计入当期损益。

【案例 5-18】2×15 年 1 月 1 日,滨华有限责任公司持有至到期债券投资的账面价值为 1 100 000 元,其中"成本"1 000 000 元、"利息调整"100 000 元。现对外出售 20%,取得价款 250 000 元,剩余 80% 不再准备持有至到期。

滨华有限责任公司相关的账务处理如下:

借:银行存款	250 000
贷:持有至到期投资——成本	200 000
——利息调整	20 000
投资收益	30 000
借:可供出售金融资产——成本	1 000 000
贷:持有至到期投资——成本	800 000
——利息调整	80 000
其他综合收益	120 000

6. 可供出售金融资产的处置

处置可供出售金融资产时,应将取得的价款与该金融资产账面价值之间的差额,计入投资损益;同时,将原直接计入所有者权益的公允价值变动累计额对应处置部分的金额转出,计入投资损益。

【案例 5-19】沿用案例 5-10、案例 5-14 的资料,2×16 年 5 月 20 日,滨华有限责任公司以每股 4.9 元的价格将该股票全部转让。

借:银行存款	9 800 000
投资收益	210 000
可供出售金融资产——公允价值变动	10 000
贷:可供出售金融资产——成本	10 010 000
其他综合收益	10 000

▶▶▶ *项目小结*

本项目包括交易性金融资产的核算、持有至到期投资的核算和可供出售金融资产的核算三部分。

1. 企业应当结合自身业务特点、投资策略和风险管理要求,将取得的金融资产在初始确认时划分为以下几类:①以公允价值计量且其变动计入当期损益的金融资产;②持有至到期投资;③贷款和应收款项;④可供出售金融资产。

2. 以公允价值计量且其变动计入当期损益的金融资产,包括交易性金融资产和直接指定为以公允价值计量且其变动计入当期损益的金融资产。交易性金融资产主要是指企业为了近期内出售而持有的金融资产。初始确认交易性金融资产时,应按公允价值计量,相关交易费用应当直接计入当期损益;在持有期间取得的利息或现金股利,应当确认为投资收益;在资产负债表日,交易性金融资产应当按照公允价值计量,企业应将交易性金融资产的公允价值变动计入当期损益;处置交易性金融资产时,其公允价值与初始入账金额之间的差额应被确认为投资收益,同时调整公允价值变动损益。企业应当设置"交易性金融资产"、"公允价值变动损益"、"投资收益"等科目。

3. 持有至到期投资是指到期日固定、回收金额固定或可确定,且企业有明确意图和能力持有至到期的非衍生金融资产。初始确认持有至到期投资时,应当以公允价值计量和相关交易费用之和作为初始入账金额;企业应在持有期间,采用实际利率法,按照摊余成本和实际利率计算、确认利息收入,计入投资收益;企业应于资产负债表日,对持有至到期投资进行减值测试,有客观证据表明该金融资产发生减值的,应当确认减值损失,计入当期损益;处置持有至到期投资时,应将所取得价款与持有至到期投资账面价值之间的差额,计入当期损益。企业应设置"持有至到期投资"、"投资收益"、"应收利息"等科目。

4. 可供出售金融资产是指企业没有划分为以公允价值计量且其变动计入当期损益的金融资产和持有至到期投资的非衍生金融资产。初始确认可供出售金融资产时,应当以公允价值计量和相关交易费用之和作为初始入账金额;持有期间取得的利息或现金股利,应当计入投资收益;在资产负债表日,应当以公允价值计量,且公允价值变动计入其他综合收益;在资产负债表日,企业应当对其账面价值进行检查,有客观证据表明该金融资产发生减值的,应当确认减值损失;持有至到期投资重分类为可供出售金融资产时,应以公允价值进行后续计量;处置可供出售金融资产时,应将取得的价款与该金融资产账面价值之间的差额,计入投资损益;同时,将原直接计入所有者权益的公允价值变动累计额对应处置部分的金额转出,计入投资损益。企业应设置"可供出售金融资产"、"其他综合收益"、"投资收益"、"应收股利"、"应收利息"等科目。

项目六　长期股权投资的核算

知识目标

1. 掌握同一控制下企业合并、非同一控制下企业合并初始投资成本确定的有关规定。
2. 掌握非企业合并中初始投资成本确定的有关规定。
3. 掌握长期股权投资采用成本法、权益法核算的有关规定。
4. 掌握长期股权投资处置的有关规定。

能力目标

1. 能够进行同一控制下企业合并、非同一控制下企业合并初始投资成本的确定。
2. 能够进行非企业合并中支付现金、发行权益性证券等投资方式初始投资成本的确定。
3. 能够熟练采用成本法进行长期股权投资的后续计量。
4. 能够采用权益法进行长期股权投资的后续计量。
5. 能够对长期股权投资的处置进行账务处理。

任务一　长期股权投资的初始核算

一、什么是长期股权投资

长期股权投资是指企业管理当局主要通过购买股权获取另一企业所有权,并准备长期持有的股权投资。长期股权投资包括以下内容:

(1)投资企业能够对被投资单位实施控制的权益性投资,即对子公司投资;

(2)投资企业与其他合营方一同对被投资单位实施共同控制的权益性投资,即对合营企业投资;

(3)投资企业对被投资单位具有重大影响的权益性投资,即对联营企业投资;

(4)投资企业持有的对被投资单位不具有共同控制或重大影响,并且在活跃市场中没有报价、公允价值不能可靠计量的权益性投资。

二、企业合并形成的长期股权投资的初始核算

从合并方式划分,企业合并包括控股合并、吸收合并和新设合并。

控股合并:合并方(或购买方,下同)通过企业合并交易或事项取得对被合并方(或被购买方,下同)的控制权,企业合并后能够通过所取得的股权等主导被合并方的生产经营决策

并自被合并方的生产经营活动中获益,被合并方在企业合并后仍维持其独立法人资格继续经营的。

吸收合并:合并方在企业合并中取得被合并方的全部净资产,并将有关资产、负债并入合并方自身的账簿和报表进行核算。企业合并后,注销被合并方的法人资格,由合并方持有合并中取得的被合并方的资产、负债,在新的基础上继续经营。

新设合并:参与合并的各方在企业合并后法人资格均被注销,重新注册成立一家新的企业,由新注册成立的企业持有参与合并企业的资产、负债,在新的基础上经营。

长期股权投资核算中所指的企业合并为控股合并。

企业合并形成的长期股权投资,其初始投资成本的确定应区分企业合并的类型,分别同一控制下企业合并与非同一控制下企业合并进行核算。

(一)同一控制下企业合并形成的长期股权投资

(1)合并方以支付现金、转让非现金资产或承担债务方式作为合并对价的,应当在合并日以取得被合并方所有者权益账面价值的份额作为长期股权投资的初始投资成本。长期股权投资的初始投资成本与支付的现金、转让的非现金资产及所承担债务账面价值之间的差额,应当调整资本公积(资本溢价或股本溢价);资本公积(资本溢价或股本溢价)的余额不足冲减的,调整留存收益。

具体进行会计处理时,合并方在合并日按取得被合并方所有者权益账面价值的份额,借记"长期股权投资"科目;按应享有被投资单位已宣告但尚未发放的现金股利或利润,借记"应收股利"科目;按支付的合并对价的账面价值,贷记有关资产科目或借记有关负债科目;按其差额,贷记"资本公积——资本溢价(或股本溢价)"科目;如为借方差额,应借记"资本公积——资本溢价(或股本溢价)"科目;资本公积(资本溢价或股本溢价)不足冲减的,借记"盈余公积"、"利润分配——未分配利润"科目。

【案例6-1】甲公司于2×15年1月10日购入乙公司80%的股份。购入时,乙公司所有者权益的账面价值为1 000万元。两公司同为丙公司的子公司,且为一般公司。

若甲公司支付700万元:

借:长期股权投资——乙公司	8 000 000	
贷:银行存款		7 000 000
资本公积——资本溢价		1 000 000

若甲公司支付900万元:

借:长期股权投资——乙公司	8 000 000	
资本公积——资本溢价	1 000 000	
贷:银行存款		9 000 000

若甲公司以一处闲置厂房进行投资,该厂房原入账价值为1 000万元,已提折旧100万元,不考虑相关税费:

借:固定资产清理	9 000 000	
累计折旧	1 000 000	
贷:固定资产——厂房		10 000 000
借:长期股权投资——乙公司	8 000 000	
资本公积——资本溢价	1 000 000	

  贷:固定资产清理   9 000 000

  (2)合并方以发行权益性证券作为合并对价的,应以发行股份的面值总额作为股本,长期股权投资初始投资成本与所发行股份面值总额之间的差额,应当调整资本公积(资本溢价或股本溢价);资本公积(资本溢价或股本溢价)不足冲减的,调整留存收益。

  具体进行会计处理时,在合并日应以取得被合并方所有者权益账面价值的份额,借记"长期股权投资"科目;按应享有被投资单位已宣告但尚未发放的现金股利或利润,借记"应收股利"科目;按发行权益性证券的面值贷记"股本"科目;按其差额,贷记"资本公积——资本溢价(或股本溢价)"科目;如为借方差额,应借记"资本公积——资本溢价(或股本溢价)"科目;资本公积(资本溢价或股本溢价)不足冲减的,借记"盈余公积"、"利润分配——未分配利润"科目。

  【案例6-2】2×15年1月12日,甲公司发行1 000万股普通股(每股面值为1元),作为对价取得同一集团内乙公司60%的股权,实现了控制。同日乙公司账面所有者权益的总额为2 000万元。

   借:长期股权投资——乙公司   12 000 000

    贷:股本   10 000 000

     资本公积——股本溢价   2 000 000

(二)非同一控制下企业合并形成的长期股权投资

  在非同一控制下的控股合并中,购买方应当以确定的企业合并成本作为长期股权投资的初始投资成本。企业合并成本包括购买方付出的资产、发生或承担的负债、发行的权益性证券的公允价值。

  具体进行会计处理时,对于非同一控制下企业合并形成的长期股权投资,应在购买日按企业合并成本(不含应自被投资单位收取的现金股利或利润),借记"长期股权投资"科目;按享有被投资单位已宣告但尚未发放的现金股利或利润,借记"应收股利"科目;按支付合并对价的账面价值,贷记有关资产科目或借记有关负债科目;按发生的直接相关费用,贷记"银行存款"等科目;按其差额,贷记"营业外收入"等科目或借记"营业外支出"等科目。

  非同一控制下企业合并涉及以库存商品等作为合并对价的,应按库存商品的公允价值,贷记"主营业务收入"科目,并同时结转相关的成本。

  【案例6-3】2×15年1月18日,甲公司以银行存款900万元购入乙公司80%的股权,取得控制权,同日乙公司账面所有者权益的总额为1 000万元。两公司不属于同一企业集团。

   借:长期股权投资——乙公司   9 000 000

    贷:银行存款   9 000 000

  假定乙公司投入的是一幢厂房,该厂房的原入账价值为2 000万元,已提折旧800万元,公允价值为900万元。相关税费不予考虑。

   借:固定资产清理   12 000 000

    累计折旧   8 000 000

    贷:固定资产——厂房   20 000 000

   借:长期股权投资——乙公司   9 000 000

    营业外支出   3 000 000

```
贷：固定资产清理                                             12 000 000
```

假定甲公司投入的是一批库存商品，该批库存商品的公允价值（不含税计税价格）为800万元，成本为600万元，适用的增值税税率为17％。

```
借：长期股权投资——乙公司                                     9 360 000
    贷：主营业务收入                                          8 000 000
        应交税费——应交增值税（销项税额）                       1 360 000
借：主营业务成本                                             6 000 000
    贷：库存商品                                             6 000 000
```

假定甲公司发行普通股500万股，每股面值为1元，每股发行价格为5元。

```
借：长期股权投资——乙公司                                    25 000 000
    贷：股本                                                5 000 000
        资本公积——股本溢价                                  20 000 000
```

三、企业合并以外其他方式取得长期股权投资的核算

（一）以支付现金取得的长期股权投资

以支付现金取得的长期股权投资，应当以实际支付的购买价款作为长期股权投资的初始投资成本，包括购买过程中支付的手续费等必要支出。但所支付价款中包含的被投资单位已宣告但尚未发放的现金股利或利润，应作为应收项目核算，不构成取得长期股权投资的成本。

【案例6-4】2×15年3月10日，甲公司以银行存款500万元购入乙公司30％的股份。另外，在购买过程中支付手续费等相关费用10万元，乙公司已宣告现金股利200万元。甲公司取得该部分股权后，能够对乙公司的生产经营决策施加重大影响。

甲公司应当以实际支付的购买价款及相关手续费等必要支出作为取得长期股权投资的成本，其账务处理为：

```
借：长期股权投资——乙公司                                     4 500 000
    应收股利                                                600 000
    贷：银行存款                                             5 100 000
```

（二）以发行权益性证券方式取得的长期股权投资

以发行权益性证券方式取得的长期股权投资，其成本为所发行权益性证券的公允价值，但不包括应自被投资单位收取的已宣告但尚未发放的现金股利或利润。

为发行权益性证券支付给有关证券承销机构等的手续费、佣金等与权益性证券发行直接相关的费用，不构成取得长期股权投资的成本。该部分费用按照《企业会计准则第37号——金融工具列报》的规定，应自权益性证券的溢价发行收入中扣除，权益性证券的溢价收入不足冲减的，应冲减盈余公积和未分配利润。

【案例6-5】2×15年1月5日，甲公司通过增发200万股本公司普通股（每股面值为1元，发行价格为5元）取得乙公司40％的股权。另外，甲公司向证券承销机构等支付了40万元的佣金和手续费。假定甲公司取得该部分股权后，能够对乙公司的生产经营决策施加重大影响。

甲公司应当以所发行股份的公允价值作为取得长期股权投资的成本，账务处理为：

借：长期股权投资——乙公司   10 000 000

 贷：股本   2 000 000

  资本公积——股本溢价   8 000 000

发行权益性证券过程中支付的佣金和手续费，应冲减权益性证券的溢价发行收入，账务处理为：

借：资本公积——股本溢价   400 000

 贷：银行存款   400 000

（三）投资者投入的长期股权投资

投资者投入的长期股权投资，应当以投资合同或协议约定的价值作为初始投资成本，但合同或协议约定的价值不公允的除外。

【案例 6-6】 2×15 年 1 月 16 日，甲公司接受 A 公司以其持有的对乙公司 40% 的股份换取本公司 20% 的股份。双方商定该批股份作价 1 000 万元，甲公司注册资本为 4 000 万元。甲公司根据其持股比例，能够派人参与乙公司的财务和生产经营决策。

甲公司应进行的账务处理为：

借：长期股权投资——乙公司   10 000 000

 贷：股本   8 000 000

  资本公积——股本溢价   2 000 000

（四）以债务重组、非货币性资产交换等方式取得的长期股权投资

以债务重组、非货币性资产交换等方式取得的长期股权投资，其初始投资成本应按照《企业会计准则第 12 号——债务重组》和《企业会计准则第 7 号——非货币性资产交换》的规定确定。

任务二 长期股权投资的后续核算

长期股权投资在持有期间，根据投资企业对被投资单位的影响程度及是否存在活跃市场、公允价值能否可靠取得等进行划分，应当分别采用成本法及权益法进行核算。

一、长期股权投资的成本法核算

（一）成本法的适用范围

成本法是指投资按成本计价的方法。长期股权投资的成本法适用于以下情况：

1. 企业持有的能够对被投资单位实施控制的长期股权投资

控制是指有权决定一个企业的财务和经营政策，并能据以从该企业的经营活动中获取利益。控制一般存在于以下情况，如：投资企业直接拥有被投资单位 50% 以上的表决权资本；投资企业直接拥有被投资单位 50% 或以下的表决权资本，但具有实质控制权的情况。

2. 投资企业对被投资单位不具有共同控制或重大影响，且在活跃市场中没有报价、公允价值不能可靠计量的长期股权投资

共同控制是指按照合同约定对某项经济活动共有的控制，仅在与该项经济活动相关的重要财务和经营政策需要分享控制权的投资方一致同意时存在。投资企业与其他方对被投资单位实施共同控制的，被投资单位为其合营企业。

　　重大影响是指对一个企业的财务和经营政策有参与决策的权力,但并不能够控制或者与其他方一起共同控制这些政策的制定。投资企业直接或通过子公司间接拥有被投资单位20％以上但低于50％的表决权股份时,一般认为对被投资单位具有重大影响。投资企业拥有被投资单位有表决权股份的比例低于20％的,一般认为对被投资单位不具有重大影响,但符合下列情况之一的,应认为对被投资单位具有重大影响:

　　(1)在被投资单位的董事会或类似权力机构中派有代表,并享有相应的实质性的参与决策权,投资企业可以通过该代表参与被投资单位经营政策的制定,能够对被投资单位施加重大影响。

　　(2)参与被投资单位的政策制定过程,包括股利分配政策等的制定。在这种情况下,因可以参与被投资单位的政策制定过程,在制定政策过程中可以为其自身利益提出建议或意见,从而对被投资单位施加重大影响。

　　(3)与被投资单位之间发生重要交易。有关的交易因对被投资单位的日常经营具有重要性,进而一定程度上可以影响到被投资单位的生产经营决策。

　　(4)向被投资单位派出管理人员。在这种情况下,通过投资企业对被投资单位派出管理人员,管理人员有权力并负责被投资单位的财务和经营活动,从而能够对被投资单位施加重大影响。

　　(5)向被投资单位提供关键技术资料。因被投资单位的生产经营需要依赖投资企业的技术或技术资料,表明投资企业对被投资单位具有重大影响。

(二)成本法的核算

　　采用成本法核算的长期股权投资,核算方法如下:

　　(1)初始投资或追加投资时,按照初始投资或追加投资时的成本增加长期股权投资的账面价值。

　　(2)除取得投资时实际支付的价款或对价中包含的已宣告但尚未发放的现金股利或利润外,投资企业应当按照享有被投资单位宣告发放的现金股利或利润确认投资收益,不管有关利润分配是属于对取得投资前还是取得投资后被投资单位实现净利润的分配。

　　【案例6-7】2×15年1月18日,甲公司以银行存款购入乙公司80％的股权,取得控制权。2×15年3月6日,乙公司宣告现金股利100万元,2×15年实现净利润150万元。

　　甲公司的会计处理为:

借:应收股利　　　　　　　　　　　　　　　　　　　　　　　　800 000
　　贷:投资收益　　　　　　　　　　　　　　　　　　　　　　　800 000

二、长期股权投资的权益法核算

(一)权益法的适用范围

　　权益法是指投资以初始投资成本计量后,在投资持有期间根据投资企业享有被投资单位所有者权益的份额的变动对投资的账面价值进行调整的方法。

　　投资企业对被投资单位具有共同控制或重大影响的长期股权投资,即对合营企业投资和联营企业投资,应当采用权益法核算。

(二)权益法的核算

　　1.初始投资成本的调整

投资企业取得对联营企业或合营企业的投资以后,对于取得投资时投资成本与应享有被投资单位可辨认净资产公允价值份额之间的差额,应区别情况分别处理。

(1)初始投资成本大于取得投资时应享有被投资单位可辨认净资产公允价值份额的,两者之间的差额不要求对长期股权投资的成本进行调整。

(2)初始投资成本小于取得投资时应享有被投资单位可辨认净资产公允价值份额的,两者之间的差额体现为双方在交易作价过程中转让方的让步,该部分经济利益流入应作为收益处理,计入取得投资当期的营业外收入,同时增加长期股权投资的账面价值。

【案例6-8】2×15年1月10日,甲公司以银行存款500万元购入乙公司30%的股份。甲公司取得该部分股权后,能够对乙公司的生产经营决策施加重大影响。

(1)假定投资时,乙公司可辨认净资产为1 500万元:

由于投资后甲公司能对乙公司的生产经营决策施加重大影响,因此应采用权益法核算。

借:长期股权投资——乙公司(成本)　　　　　　　　　　　　　　　5 000 000

　　贷:银行存款　　　　　　　　　　　　　　　　　　　　　　　　　5 000 000

长期股权投资的初始投资成本为500万元,大于取得投资时应享有被投资单位可辨认净资产公允价值的份额450万元(1 500×30%),两者之间的差额不调整长期股权投资的账面价值。

(2)假定投资时,乙公司可辨认净资产为2 000万元:

借:长期股权投资——乙公司(成本)　　　　　　　　　　　　　　　5 000 000

　　贷:银行存款　　　　　　　　　　　　　　　　　　　　　　　　　5 000 000

初始投资成本为500万元,与应享有被投资单位可辨认净资产公允价值份额600万元(2 000×30%)之间的差额100万元,应计入取得投资当期的营业外收入。

借:长期股权投资——乙公司(成本)　　　　　　　　　　　　　　　1 000 000

　　贷:营业外收入　　　　　　　　　　　　　　　　　　　　　　　　1 000 000

2. 投资损益的确认

投资企业取得长期股权投资后,应当按照应享有或应分担的被投资单位实现净利润或发生净亏损的份额(法规或章程规定不属于投资企业的净损益除外),调整长期股权投资的账面价值,并确认为当期投资损益。

【案例6-9】2×15年1月3日,甲公司取得丙公司40%的股份,能够对丙公司的生产经营决策施加重大影响。投资时,丙公司可辨认资产、负债的账面价值和公允价值一致。2×15年丙公司实现净利润300万元。其他因素不予考虑。

甲公司确认投资收益的账务处理为:

借:长期股权投资——丙公司(损益调整)　　　　　　　　　　　　　1 200 000

　　贷:投资收益　　　　　　　　　　　　　　　　　　　　　　　　　1 200 000

在确认应享有或应分担被投资单位的净利润或净亏损时,在被投资单位账面净利润的基础上,应考虑以下因素的影响进行适当调整:

一是被投资单位采用的会计政策及会计期间与投资企业不一致的,应按投资企业的会计政策及会计期间对被投资单位的财务报表进行调整。

二是以取得投资时被投资单位固定资产、无形资产的公允价值为基础计提的折旧额或摊销额,以及以投资企业取得投资时的公允价值为基础计算、确定的资产减值准备金额等对被投资单位净利润的影响。在针对上述事项对被投资单位实现的净利润进行调整时,应考虑重要性原则,不具重要性的项目可不予调整。

【案例 6-10】2×15 年 1 月 10 日,甲公司取得丁公司 30% 的股份,能够对丁公司的生产经营决策施加重大影响。投资时,丁公司一项固定资产的账面价值为 100 万元,而其公允价值为 200 万元,该项固定资产预计剩余使用年限为 10 年,采用直线法计提折旧。除该项固定资产外,丁公司其他资产、负债的账面价值和公允价值一致。2×15 年丁公司实现净利润 100 万元。假定不考虑所得税及其他因素的影响。

固定资产公允价值与账面价值差额应调整增加的折旧额=(200-100)÷10=10(万元)

调整后的净利润=100-10=90(万元)

甲公司应享有份额=90×30%=27(万元)

确认投资收益的账务处理为:

借:长期股权投资——丁公司(损益调整)   270 000

　　贷:投资收益   270 000

三是在确认投资收益时,除考虑公允价值的调整外,对于投资企业与其联营企业及合营企业之间发生的未实现内部交易损益应予抵消。

3. 取得现金股利或利润的处理

按照权益法核算的长期股权投资,投资企业自被投资单位取得的现金股利或利润,应抵减长期股权投资的账面价值。在被投资单位宣告分派现金股利或利润时,借记"应收股利"科目,贷记"长期股权投资——损益调整"科目;自被投资单位取得的现金股利或利润超过已确认损益调整的部分,应视同投资成本的收回,冲减长期股权投资的账面价值。

【案例 6-11】沿用案例 6-9,丙公司于 2×16 年 2 月 23 日宣告现金股利 200 万元。

甲公司的账务处理为:

借:应收股利   800 000

　　贷:长期股权投资——丙公司(损益调整)   800 000

4. 超额亏损的确认

投资企业在确认应分担被投资单位发生的亏损时,具体应按照以下顺序处理:

首先,减记长期股权投资的账面价值。

其次,在长期股权投资的账面价值减记至零的情况下,对于未确认的投资损失,考虑除长期股权投资以外,账面上是否有其他实质上构成对被投资单位净投资的长期权益项目,如果有,则应以其他长期权益的账面价值为限,继续确认投资损失,冲减长期应收项目等的账面价值。

最后,经过上述处理,按照投资合同或协议约定,投资企业仍需要承担额外损失弥补等义务的,应按预计将承担的义务金额确认预计负债,计入当期投资损失。

除上述情况仍未确认的应分担被投资单位的损失,应在账外备查登记。

在确认了有关投资损失以后,被投资单位于以后期间实现盈利的,应按以上相反顺序分别减记已确认的预计负债、恢复其他长期权益及长期股权投资账面价值,同时确认投资收益。

【案例 6-12】甲公司持有乙公司 30% 的股权,能够对乙公司施加重大影响。2×13 年 12 月 31 日该项长期股权投资的账面价值为 600 万元。2×13 年,由于市场出现不利因素,乙公司发生严重亏损 1 000 万元。2×14 年经营业绩继续下滑,发生亏损 1 200 万元。2×15 年情况略有好转,实现盈利 300 万元。假定甲公司对乙公司不存在其他实质上构成对被投资单位净投资的长期权益项目,也不存在投资合同或协议约定,投资企业仍需要承担额外损失弥补等义务,其他因素不予考虑。

甲公司的账务处理为:

(1)2×13 年:

借:投资收益　　　　　　　　　　　　　　　　　　　　　　　　3 000 000

　　贷:长期股权投资——乙公司(损益调整)　　　　　　　　　　　　3 000 000

(2)2×14 年:

应分担乙公司损失=1 200×30%=360(万元)

应冲减长期股权投资=600-300=300(万元)

借:投资收益　　　　　　　　　　　　　　　　　　　　　　　　3 000 000

　　贷:长期股权投资——乙公司(损益调整)　　　　　　　　　　　　3 000 000

未确认应分担被投资单位的损失=360-300=60(万元)

应在账外备查登记。

(3)2×15 年:

应享有被投资单位净利润=300×30%=90(万元)

首先弥补原未确认应分担被投资单位的损失 60 万元,然后恢复长期股权投资 30 万元。

借:长期股权投资——乙公司(损益调整)　　　　　　　　　　　　　300 000

　　贷:投资收益　　　　　　　　　　　　　　　　　　　　　　　　300 000

5. 被投资单位其他综合收益变动的处理

采用权益法核算时,投资企业对于被投资单位确认的其他综合收益及其变动,在持股比例不变的情况下,应按照持股比例与被投资单位归属于本企业的部分,相应调整长期股权投资的账面价值,同时增加或减少其他综合收益。

【案例 6-13】 甲公司持有乙公司 30% 的股权,能够对乙公司施加重大影响。当期乙公司因持有的可供出售金融资产公允价值的变动计入其他综合收益的金额为 200 万元。假定甲公司投资时乙公司有关资产、负债的公允价值与账面价值亦相同,其他因素不予考虑。

甲公司的账务处理为:

借:长期股权投资——乙公司(其他综合收益)　　　　　　　　　　　600 000

　　贷:其他综合收益　　　　　　　　　　　　　　　　　　　　　　600 000

三、长期股权投资的处置核算

处置长期股权投资,其账面价值与实际取得价款的差额,应当计入当期损益。采用权益法核算的长期股权投资,因被投资单位除净损益以外所有者权益的其他变动而计入所有者权益的,处置该项投资时应当将原计入所有者权益的部分按相应比例转入当期损益。

【案例 6-14】 甲公司持有乙公司 30% 的股权,能够对乙公司施加重大影响。2×14 年 12 月 31 日该项长期股权投资的账面价值为 660 万元,其中成本为 500 万元,损益调整为 100 万元,其他综合收益为 60 万元。甲公司于 2×15 年 1 月 3 日将该项长期股权投资全部出售,出售价格为 800 万元。

甲公司的账务处理为：

借：银行存款　　　　　　　　　　　　　　　　　　　　　　　　8 000 000

　　贷：长期股权投资——乙公司（成本）　　　　　　　　　　　5 000 000

　　　　　　　　——乙公司（损益调整）　　　　　　　　　　1 000 000

　　　　　　　　——乙公司（其他综合收益）　　　　　　　　　600 000

　　　　投资收益　　　　　　　　　　　　　　　　　　　　　1 400 000

将其他综合收益转入投资收益：

借：其他综合收益　　　　　　　　　　　　　　　　　　　　　　600 000

　　贷：投资收益　　　　　　　　　　　　　　　　　　　　　　600 000

▶▶▶ 项目小结

本项目包括长期股权投资的初始核算和后续核算两部分。

1. 长期股权投资包括以下内容：①投资企业能够对被投资单位实施控制的权益性投资，即对子公司投资；②投资企业与其他合营方一同对被投资单位实施共同控制的权益性投资，即对合营企业投资；③投资企业对被投资单位具有重大影响的权益性投资，即对联营企业投资；④投资企业持有的对被投资单位不具有共同控制或重大影响，并且在活跃市场中没有报价、公允价值不能可靠计量的权益性投资。

2. 企业合并形成的长期股权投资，其初始投资成本的确定应区分企业合并的类型，分别同一控制下企业合并与非同一控制下企业合并进行核算。

3. 在非企业合并中，以支付现金取得的长期股权投资，应当以实际支付的购买价款作为长期股权投资的初始投资成本，包括购买过程中支付的手续费等必要支出；以发行权益性证券方式取得的长期股权投资，其成本为所发行权益性证券的公允价值，但不包括应自被投资单位收取的已宣告但尚未发放的现金股利或利润；投资者投入的长期股权投资，应当以投资合同或协议约定的价值作为初始投资成本，但合同或协议约定的价值不公允的除外。

4. 长期股权投资在持有期间，根据投资企业对被投资单位的影响程度及是否存在活跃市场、公允价值能否可靠取得等进行划分，应当分别采用成本法及权益法进行核算。

5. 成本法的核算方法如下：①初始投资或追加投资时，按照初始投资或追加投资时的成本增加长期股权投资的账面价值；②除取得投资时实际支付的价款或对价中包含的已宣告但尚未发放的现金股利或利润外，投资企业应当按照享有被投资单位宣告发放的现金股利或利润确认投资收益，不管有关利润分配是属于对取得投资前还是取得投资后被投资单位实现净利润的分配。

6. 采用权益法核算主要涉及以下方面的处理：①初始投资成本的调整；②投资损益的确认；③取得现金股利或利润的处理；④超额亏损的确认；⑤被投资单位其他综合收益变动的处理。

7. 处置长期股权投资，其账面价值与实际取得价款的差额，应当计入当期损益。采用权益法核算的长期股权投资，因被投资单位除净损益以外所有者权益的其他变动而计入所有者权益的，处置该项投资时应当将原计入所有者权益的部分按相应比例转入当期损益。

项目七 固定资产的核算

知识目标

1. 掌握固定资产的含义及分类。
2. 掌握外购、自行建造、投资者投入等途径取得固定资产的初始计量的要求。
3. 掌握累计折旧的含义、影响固定资产计提折旧的因素及其他有关规定。
4. 掌握固定资产后续支出中划分资本化支出、费用化支出的有关规定。
5. 掌握固定资产对外出售、报废和毁损等处置的有关规定。
6. 掌握固定资产清查中盘盈和盘亏的有关规定。

能力目标

1. 能够确认外购、自行建造、投资者投入取得固定资产的初始成本并进行会计处理。
2. 能够采用年限平均法、工作量法、双倍余额递减法和年数总和法计算固定资产折旧并进行会计处理。
3. 能够对固定资产的资本化后续支出及费用化后续支出进行会计处理。
4. 能够对固定资产减值进行判断并对固定资产减值准备进行减值测试。
5. 能够对固定资产出售、报废或毁损、对外投资等原因减少的固定资产进行会计处理。
6. 能够对固定资产盘盈和盘亏进行会计处理。

任务一 固定资产的初始核算

一、什么是固定资产

固定资产是指同时具有下列特征的有形资产：①为生产商品、提供劳务、出租或经营管理而持有；②使用寿命超过一个会计年度。

固定资产的使用寿命是指企业使用固定资产的预计期间，或者该固定资产所能生产产品或提供劳务的数量。

固定资产在符合定义的前提下，应当同时满足以下两个条件，才能加以确认：

(1)与该固定资产有关的经济利益很可能流入企业；

(2)该固定资产的成本能够可靠地计量。

固定资产按经济用途和使用情况可分为：①生产经营用固定资产；②非生产经营用固定资产；③经营租出固定资产；④不需用固定资产；⑤未使用固定资产；⑥融资租入固定资产；⑦土地。

二、固定资产的初始核算方法

固定资产应当按照成本进行初始计量。成本包括企业为购建某项固定资产达到预定可使用状态前所发生的一切合理的、必要的支出。企业取得固定资产的方式主要包括外购、自行建造、投资者投入以及非货币性资产交换、债务重组等。

(一)外购固定资产的成本

企业外购固定资产的成本包括购买价款,相关税费,使固定资产达到预定可使用状态前所发生的可归属于该项资产的运输费、装卸费、安装费和专业人员服务费等。

1. 企业购入不需要安装的固定资产

取得成本为企业实际支付的购买价款、包装费、运杂费、保险费、专业人员服务费和相关税费(不含可抵扣的增值税进项税额)等,按应计入固定资产成本的金额,借记"固定资产"科目,贷记"银行存款"、"其他应付款"、"应付票据"等科目。

【案例7-1】2×15年1月10日,甲公司购入一台不需要安装的生产用设备,取得的增值税专用发票上注明的设备价款为500 000元、增值税进项税额为85 000元,发生运输费5 000元(取得交通运输业增值税专用发票,按照11%的税率计算允许抵扣的进项税额),款项全部付清。假定不考虑其他相关税费。

甲公司账务处理如下:

借:固定资产——生产用设备   505 000

    应交税费——应交增值税(进项税额)   85 550

  贷:银行存款   590 550

2. 企业购入需要安装的固定资产

取得成本是在外购取得成本的基础上,加上安装调试成本等,按应计入固定资产成本的金额,先记入"在建工程"科目,安装完毕、交付使用时再转入"固定资产"科目。

【案例7-2】2×15年2月15日,甲公司购入一台需要安装的生产用设备,取得增值税专用发票,设备价款为100 000元,增值税进项税额为17 000元,另支付运输费1 000元(取得交通运输业增值税专用发票,按照11%的税率计算允许抵扣的进项税额),款项已通过银行支付。安装设备时,领用本公司原材料一批,价值10 000元,购进该批原材料时支付的增值税进项税额为1 700元;应付安装工人的工资为5 000元。假定不考虑其他相关税费。

甲公司的账务处理如下:

(1)购买生产用设备:

借:在建工程——生产用设备   101 000

    应交税费——应交增值税(进项税额)   17 110

  贷:银行存款   118 110

(2)安装中领用原材料、支付安装工人工资等费用:

借:在建工程——生产用设备   15 000

  贷:原材料   10 000

    应付职工薪酬   5 000

(3)设备安装完毕达到预定可使用状态:

借:固定资产——生产用设备   116 000

贷:在建工程——生产用设备   116 000

在实务中,企业可能以一笔款项同时购入多项没有单独标价的资产,则应按各项固定资产公允价值的比例对总成本进行分配,分别确定各项固定资产的成本。

购买固定资产的价款超过正常信用条件延期支付,实质上具有融资性质的,固定资产的成本以购买价款的现值为基础确定。实际支付的价款与购买价款的现值之间的差额,除按照《企业会计准则第 17 号——借款费用》应予资本化的以外,应当在信用期间计入当期损益。

【案例 7-3】2×15 年 1 月 1 日,甲公司与乙公司签订一项购货合同,甲公司从乙公司购入一条不需要安装的生产线,购买价款为 3 000 000 元,增值税为 510 000 元。由于金额巨大,经双方商定,除立即支付增值税款 510 000 元外,购买价款分 5 次于每年年末支付600 000 元。假定甲公司适用的年折现率为 10%。

甲公司的账务处理如下:

(1)固定资产入账价值＝600 000×(P/A,10%,5)

            ＝600 000×3.790 8＝2 274 480(元)

2×15 年 1 月 1 日甲公司的账务处理如下:

借:固定资产——生产线   2 274 480

   应交税费——应交增值税(进项税额)   510 000

   未确认融资费用   725 520

 贷:长期应付款——乙公司   3 000 000

   银行存款   510 000

(2)确定信用期间未确认融资费用的分摊额,如表 7-1 所示。

表 7-1 未确认融资费用分摊表   单位:元

日期	分期付款额	确认的融资费用	应付本金减少额	应付本金余额
①	②	③＝期初⑤×10%	④＝②－③	期末⑤＝期初⑤－④
2×05.01.01				2 274 480
2×15.12.31	600 000	227 448	372 552	1 901 928
2×16.12.31	600 000	190 193	409 807	1 492 121
2×17.12.31	600 000	149 212	450 788	1 041 333
2×18.12.31	600 000	104 133	495 867	545 466
2×19.12.31	600 000	54 534*	545 466	0
合计	3 000 000	725 520	2 274 480	0

注:* 尾数调整:54 534＝600 000－545 466,545 466 为最后一期应付本金余额。

(3)2×15 年 12 月 31 日甲公司的账务处理如下:

借:长期应付款——乙公司   600 000

 贷:银行存款   600 000

借:财务费用   227 448

 贷:未确认融资费用   227 448

2×16 年 12 月 31 日、2×17 年 12 月 31 日、2×18 年 12 月 31 日、2×19 年 12 月 31 日的会计处理从略。

(二)自行建造固定资产的成本

自行建造固定资产的成本,由建造该项资产达到预定可使用状态前所发生的必要支出构成,包括工程物资成本、人工成本、交纳的相关税费、应予资本化的借款费用以及应分摊的间接费用等。企业自行建造固定资产包括自营建造和出包建造两种方式。

1. 自营方式建造固定资产

企业为建造固定资产准备的各种物资应当以实际支付的买价、运输费、保险费等相关税费作为实际成本,并按照各种专项物资的种类进行明细核算。工程完工后,剩余的工程物资转为本企业存货的,按其实际成本或计划成本进行结转。

建造固定资产领用工程物资、原材料或库存商品,应按其实际成本转入所建工程成本。自营方式建造固定资产应负担的职工薪酬,辅助生产部门为之提供的水、电、运输等劳务,以及其他必要支出等也应计入所建工程项目的成本。符合资本化条件的,应计入所建造固定资产成本的借款费用,按照《企业会计准则第 17 号——借款费用》的有关规定处理。

所建造的固定资产已达到预定可使用状态,但尚未办理竣工结算的,应当自达到预定可使用状态之日起,根据工程预算、造价或者工程实际成本等,按暂估价值转入固定资产,并按有关计提固定资产折旧的规定计提固定资产折旧。待办理竣工决算手续后再调整原来的暂估价值,但不需要调整原已计提的折旧额。

企业以自营方式建造固定资产,发生的工程成本应通过"在建工程"科目核算;工程完工达到预定可使用状态时,从"在建工程"科目转入"固定资产"科目。

【案例 7-4】甲公司自营建造一幢厂房,2×16 年 6 月 1 日购入工程所需物资一批,增值税专用发票上注明的买价为 1 000 000 元,增值税为 170 000 元,款项以银行存款支付;2×16 年 6 月 10 日工程开工后陆续领用工程物资80%;建设期间另领用生产用原材料一批,成本为50 000 元,该批原材料已抵扣增值税 8 500 元;建设期间用银行存款支付水电费用 20 000 元,计提工程人员工资 50 000 元。2×17 年 3 月 31 日工程完工达到预定可使用状态。剩余工程物资转为原材料使用。假定该厂房属于 2016 年 5 月 1 日以后自建。

甲公司的会计处理如下:

(1)2×16 年 6 月 1 日购入工程物资:

借:工程物资	1 000 000
应交税费——应交增值税(进项税额)	170 000
贷:银行存款	1 170 000

(2)2×16 年 6 月 10 日工程开工后陆续领用工程物资:

借:在建工程——厂房	800 000
贷:工程物资	800 000

根据《营业税改征增值税试点有关事项的规定》,2016 年 5 月 1 日后取得并在会计制度上按固定资产核算的不动产或者2016 年 5 月 1 日后取得的不动产在建工程,其进项税额应自取得之日起分 2 年从销项税额中抵扣,第一年的抵扣比例为 60%,第二年的抵扣比例为 40%。

2×16 年应转出第二年抵扣的进项税额:170 000×80%×40%=54 400(元),留待第 13个月进行抵扣。

借:应交税费——待抵扣进项税额	54 400

贷：应交税费——应交增值税（进项税额转出） 54 400

（3）工程领用库存原材料：

借：在建工程——厂房 50 000

　贷：原材料 50 000

转出第二年抵扣的进项税额：8 500×40％＝3 400（元），留待第13个月进行抵扣。

借：应交税费——待抵扣进项税额 3 400

　贷：应交税费——应交增值税（进项税额转出） 3 400

（4）支付水电费：

借：在建工程——厂房 20 000

　贷：银行存款 20 000

（5）计提工程人员工资：

借：在建工程——厂房 50 000

　贷：应付职工薪酬 50 000

（6）2×17年3月31日工程达到预定可使用状态并交付使用：

借：固定资产 920 000

　贷：在建工程——厂房 920 000

（7）剩余工程物资转作库存材料：

借：原材料 200 000

　贷：工程物资 200 000

应该说明的是，当固定资产达到预定可使用状态时，如果尚未办理竣工决算的，应先按暂估价入账，同时停止借款费用的资本化并开始计提折旧，待办理竣工决算手续后，再按实际成本调整账面暂估成本。

2. 出包方式建造固定资产

企业以出包方式建造固定资产，其成本由建造该项固定资产达到预定可使用状态前所发生的必要支出构成，包括发生的建筑工程支出、安装工程支出以及需分摊计入各固定资产价值的待摊支出。企业支付给建造承包商的工程价款，作为工程成本通过"在建工程"科目核算。

【案例7-5】甲公司将一座办公楼建筑工程出包给乙公司承建，合同价款为1 000 000元，建设期为18个月。合同规定，工程开始施工时支付一半工程款，完工时再支付剩余工程款。假定不考虑相关税费。

甲公司的账务处理如下：

（1）开始施工时支付一半工程款：

借：在建工程——办公楼 500 000

　贷：银行存款 500 000

（2）完工时支付另一半工程款：

借：在建工程——办公楼 500 000

　贷：银行存款 500 000

借：固定资产——办公楼 1 000 000

　贷：在建工程——办公楼 1 000 000

(三)其他方式取得的固定资产的成本

企业取得固定资产的其他方式与存货类似,也主要包括接受投资者投资、非货币性资产交换、债务重组、企业合并等。

1. 投资者投入固定资产的成本

投资者投入固定资产的成本,应当按照投资合同或协议约定的价值确定,但合同或协议约定价值不公允的除外。在投资合同或协议约定价值不公允的情况下,以该项固定资产的公允价值作为入账价值。

【**案例 7-6**】2×15 年 6 月 5 日,甲公司接受乙公司以一台设备进行的投资,该台设备的原价为 600 000 元,已计提折旧 200 000 元,按照投资合同约定,确认的价值为 350 000 元(价值公允),占甲公司注册资本的 30%。甲公司的注册资本为 1 000 000 元,不考虑其他相关税费。

甲公司的账务处理为:

借:固定资产		350 000
贷:实收资本——乙公司		300 000
资本公积——资本溢价		50 000

2. 通过非货币性资产交换、债务重组等方式取得的固定资产的成本

企业通过非货币性资产交换、债务重组、融资租入等方式取得的固定资产,其成本应当分别按照相关准则确定。

3. 盘盈固定资产的成本

盘盈的固定资产,作为前期差错处理,在按管理权限报经批准处理前,应先通过"以前年度损益调整"科目核算。

【**案例 7-7**】2×15 年 6 月 8 日,甲公司对企业全部的固定资产进行盘查,盘盈一台 7 成新的机器设备,该设备同类产品的市场价格为 100 000 元。甲公司适用的所得税税率为 25%。

甲公司的会计处理为:

借:固定资产		100 000
贷:累计折旧		30 000
以前年度损益调整		70 000
借:以前年度损益调整	17 500(70 000×25%)	
贷:应交税费——应交所得税		17 500
借:以前年度损益调整	52 500(70 000−17 500)	
贷:利润分配——未分配利润		52 500

(四)存在弃置费用的固定资产的成本

对于特殊行业的特定固定资产,确定其初始成本时,还应考虑弃置费用。弃置费用通常是指根据国家法律和行政法规、国际公约等规定,企业承担的环境保护和生态恢复等义务所确定的支出,如核电站核设施等的弃置和恢复环境义务。

对于这些特殊行业的特定固定资产,企业应当根据《企业会计准则第 13 号——或有事项》,按照现值计算、确定应计入固定资产成本的金额和相应的预计负债。在固定资产的使用寿命内,按照预计负债的摊余成本和实际利率计算、确定的利息费用,应当在发生时计入财务费用。一般工商企业的固定资产发生的报废清理费用不属于弃置费用,应当在发生时作为固定资产处置费用处理。

【案例 7-8】甲公司经国家批准于 2×15 年 1 月 1 日投资 20 000 万元建成一发电机组,在将其转入固定资产账户时,预计发电机组处置时发生的无害化处理的费用为 1 000 万元,发电机组预计使用年限为 10 年,企业要求的报酬率为 10%。

甲公司的会计处理如下:

(1)固定资产入账价值:

$$弃置费用的现值=10\ 000\ 000\times(P/F,10\%,10)$$
$$=10\ 000\ 000\times0.385\ 5$$
$$=3\ 855\ 000(元)$$

借:固定资产		203 855 000
贷:在建工程		200 000 000
预计负债		3 855 000

(2)第一年利息费用=3 855 000×10%=385 500(元)

借:财务费用		385 500
贷:预计负债		385 500

以后年度,企业应当按照实际利率法计算、确定每年的财务费用,账务处理略。

任务二   固定资产的后续核算

一、什么是固定资产折旧

固定资产折旧是指在固定资产的使用寿命内,按照确定的方法对应计折旧额进行的系统分摊。应计折旧额是指应当计提折旧的固定资产的原价扣除其预计净残值后的金额;如果已对固定资产计提减值准备,还应当扣除已计提的固定资产减值准备累计金额。

(一)影响固定资产折旧的因素

影响固定资产折旧的因素主要有以下几个方面:

(1)固定资产原价,指固定资产的成本。

(2)预计净残值,指假定固定资产预计使用寿命已满并处于使用寿命终了时的预期状态时,企业目前从该项资产处置中获得的扣除预计处置费用后的金额。

(3)固定资产减值准备,指固定资产已计提的固定资产减值准备累计金额。固定资产计提减值准备后,应当在剩余使用寿命内根据调整后的固定资产账面价值(固定资产账面余额扣减累计折旧和累计减值准备后的金额)和预计净残值重新计算确定折旧率和折旧额。

(4)固定资产的使用寿命,指企业使用固定资产的预计期间,或者该固定资产所能生产产品或提供劳务的数量。企业确定固定资产使用寿命时,应当考虑下列因素:

①该项资产的预计生产能力或实物产量;

②该项资产的预计有形损耗和无形损耗;

③法律或者类似规定对该项资产使用的限制。

固定资产的使用寿命、预计净残值一经确定,不得随意变更。企业至少应当于每年年度终了,对固定资产的使用寿命、预计净残值和折旧方法进行复核。使用寿命预计数与原先估计数有差异的,应当调整固定资产使用寿命。预计净残值预计数与原先估计数有差异的,应当调整预计净残值。与固定资产有关的经济利益预期实现方式有重大改变的,应当改变固定资产折旧方法。固定资产使用寿命、预计净残值和折旧方法的改变应当作为会计估计变更。

(二)固定资产折旧的范围

企业应当对所有的固定资产计提折旧,但是,已提足折旧仍继续使用的固定资产和单独计价入账的土地除外。在确定计提折旧的范围时还应注意以下几点:

(1)固定资产应当按月计提折旧,并根据用途计入相关资产的成本或者当期损益。固定资产应自达到预定可使用状态时开始计提折旧,终止确认时或划分为持有待售非流动资产时停止计提折旧。为了简化核算,当月增加的固定资产,当月不计提折旧,从下月起计提折旧;当月减少的固定资产,当月仍计提折旧,从下月起不计提折旧。

(2)固定资产提足折旧后,不论能否继续使用,均不再计提折旧,提前报废的固定资产也不再补提折旧。

(3)已达到预定可使用状态但尚未办理竣工决算的固定资产,应当按照估计价值确定其成本,并计提折旧,待办理竣工决算后再按实际成本调整原来的暂估价值,但不需要调整原已计提的折旧额。

(三)固定资产折旧的方法

企业应当根据与固定资产有关的经济利益的预期实现方式,合理选择折旧方法,可选用的折旧方法包括年限平均法、工作量法、双倍余额递减法和年数总和法等。固定资产的折旧方法一经确定,不得随意变更。

1. 年限平均法

年限平均法又称直线法,是指将固定资产的应计折旧额均衡地分摊到固定资产预计使用寿命内的一种方法。采用这种方法计算的每期折旧额均相等。计算公式如下:

年折旧率=(1-预计净残值率)÷预计使用年限×100%

月折旧率=年折旧率÷12

月折旧额=固定资产原价×月折旧率

【案例7-9】2×15年3月20日,甲公司以银行存款购入一项不需安装的固定资产,入账价值为100 000元,预计净残值率为10%,预计使用年限为10年,采用年限平均法计提折旧。

年折旧率=(1-10%)÷10=9%

月折旧率=9%÷12=0.75%

月折旧额=100 000×0.75%=750(元)

2×15年折旧额=750×9=6 750(元)

2. 工作量法

工作量法是根据实际工作量计算每期应提折旧额的一种方法。计算公式如下:

单位工作量折旧额=固定资产原价×(1-预计净残值率)÷预计总工作量

某项固定资产月折旧额=该项固定资产当月工作量×单位工作量折旧额

【案例7-10】甲公司一台机器设备的原价为100 000元,预计生产产品的产量为50 000

个,预计净残值率为10%,本月生产产品5 000个。

该台机器设备本月折旧额＝100 000×(1－10%)÷50 000×5 000＝9 000(元)

3. 双倍余额递减法

双倍余额递减法是指在不考虑固定资产预计净残值的情况下,根据每期期初固定资产原价减去累计折旧后的金额(即固定资产净值)和双倍的直线法折旧率计算固定资产折旧的一种方法。计算公式如下:

$$年折旧率＝2÷预计使用年限×100\%$$

$$月折旧率＝年折旧率÷12$$

$$月折旧额＝固定资产净值×月折旧率$$

采用双倍余额递减法计提折旧的固定资产,通常在其折旧年限到期前两年内,将固定资产净值扣除预计净残值后的余额平均摊销。

【案例7-11】甲公司某项设备的原价为100 000元,预计使用寿命为5年,预计净残值率为10%;假设甲公司没有对该机器设备计提减值准备,甲公司按双倍余额递减法计提折旧。则每年折旧额计算如下:

年折旧率＝2/5×100%＝40%

第一年应提的折旧额＝100 000×40%＝40 000(元)

第二年应提的折旧额＝100 000×(1－40%)×40%＝24 000(元)

第三年应提的折旧额＝100 000×(1－40%)^2×40%＝14 400(元)

从第四年起改按年限平均法(直线法)计提折旧:

第四年、第五年的折旧额＝[100 000×(1－40%)^3－100 000×10%]÷2＝5 800(元)

4. 年数总和法

年数总和法又称年限合计法,是将固定资产的原价减去预计净残值的余额乘以一个以固定资产尚可使用寿命为分子、以预计使用寿命逐年数字之和为分母的逐年递减的分数计算每年的折旧额。计算公式如下:

年折旧率＝尚可使用寿命÷预计使用寿命的年数总和×100%

假定预计使用寿命为n,已使用寿命为m,上式可表示为:

$$年折旧率＝(n－m)÷[n×(n+1)/2]$$

$$月折旧率＝年折旧率÷12$$

$$月折旧额＝(固定资产原价－预计净残值)×月折旧率$$

【案例7-12】沿用案例7-11的资料,采用年数总和法计算的各年折旧额如表7-2所示。

表7-2　累计折旧计算表　　　　　　　　　　　　　　　　金额单位:元

年份	尚可使用寿命	原价－预计净残值	年折旧率	每年折旧额	累计折旧
第1年	5	90 000	5/15	30 000	30 000
第2年	4	90 000	4/15	24 000	54 000
第3年	3	90 000	3/15	18 000	72 000
第4年	2	90 000	2/15	12 000	84 000
第5年	1	90 000	1/15	6 000	90 000

双倍余额递减法和年数总和法都属于加速折旧法,其特点是在固定资产使用的早期多

提折旧,后期少提折旧,其递减的速度逐年加快,从而相对加快折旧的速度,目的是使固定资产成本在估计使用寿命内加快得到补偿。

二、固定资产计提折旧的核算

固定资产应当按月计提折旧,计提的折旧应通过"累计折旧"科目核算,并根据用途计入相关资产的成本或者当期损益。企业基本生产车间所使用的固定资产,其折旧应记入"制造费用"科目;管理部门计提的折旧应记入"管理费用"科目;销售部门计提的折旧应记入"销售费用"科目;经营租出的固定资产计提的折旧应记入"其他业务成本"科目;未使用的固定资产应记入"管理费用"科目。

【案例 7-13】2×15 年 1 月,甲公司固定资产计提折旧 100 000 元,其中生产车间计提 60 000 元,管理部门计提 30 000 元,销售机构计提 10 000 元。

甲公司的账务处理如下:

借:制造费用	60 000
管理费用	30 000
销售费用	10 000
贷:累计折旧	100 000

三、固定资产后续支出的核算

固定资产的后续支出,是指固定资产使用过程中发生的更新改造支出、修理费用等。后续支出的处理原则为:符合固定资产确认条件的,应当计入固定资产成本,同时将被替换部分的账面价值扣除;不符合固定资产确认条件的,应当计入当期损益。

(一)资本化的后续支出

固定资产更新改造等后续支出,符合固定资产确认条件的,应当计入固定资产成本,同时将被替换部分的账面价值扣除。固定资产发生可资本化的后续支出时,企业一般应将该固定资产的原价、已计提的累计折旧和减值准备转销,将固定资产的账面价值转入在建工程,并在此基础上重新确定固定资产原价。在固定资产发生的后续支出完工并达到预定可使用状态时,再从在建工程转为固定资产,并按重新确定的固定资产原价、使用寿命、预计净残值和折旧方法计提折旧。固定资产发生的可资本化的后续支出,通过"在建工程"科目核算。经营租赁租入固定资产的改良支出,应作为长期待摊费用,合理进行摊销。

【案例 7-14】甲公司于 2×11 年 12 月 23 日投入使用一条生产线,入账价值为 600 000 元,预计使用年限为 6 年,预计净残值率为 10%,采用年限平均法计提折旧。2×14 年 12 月 29 日因生产需要,将该生产线进行改造。改造期间发生支出 200 000 元,假定全部是银行存款。2×15 年 6 月 30 日改造完毕并投入使用,预计改造后未来使用寿命为 5 年,预计净残值率为 10%,仍采用年限平均法计提折旧。

甲公司的账务处理为:

(1)固定资产转入改扩建:

该条生产线的应计折旧额=600 000×(1-10%)÷6×3=270 000(元)

借:在建工程——××生产线	330 000
累计折旧	270 000

贷:固定资产——××生产线	600 000

(2)发生改扩建工程支出：

借:在建工程——××生产线　　　　　　　　　　　　　　　　　200 000

　　贷:银行存款　　　　　　　　　　　　　　　　　　　　　　200 000

(3)改扩建完成：

借:固定资产——××生产线　　　　　　　　　　　　　　　　　530 000

　　贷:在建工程——××生产线　　　　　　　　　　　　　　　530 000

(4)2×15年计提折旧：

应计折旧额＝530 000×(1－10％)÷5÷12×6＝47 700(元)

借:制造费用　　　　　　　　　　　　　　　　　　　　　　　　47 700

　　贷:累计折旧　　　　　　　　　　　　　　　　　　　　　　47 700

(二)费用化的后续支出

与固定资产有关的修理费用等后续支出,不符合固定资产确认条件的,应当根据不同情况分别在发生时计入当期管理费用或销售费用。

【案例 7-15】2×15年1月3日,甲公司对现有的一台生产用机器设备进行日常维护,维护过程中领用本企业原材料一批,价值为100 000元,应支付维护人员的工资为50 000元,不考虑其他相关税费。

本例中,对机器设备的维护费用,仅仅是为了维护固定资产的正常使用而发生的,不产生未来的经济利益,因此应在其发生时确认为费用。

甲公司的账务处理为：

借:管理费用　　　　　　　　　　　　　　　　　　　　　　　150 000

　　贷:原材料　　　　　　　　　　　　　　　　　　　　　　100 000

　　　　应付职工薪酬　　　　　　　　　　　　　　　　　　　50 000

四、固定资产减值的核算

当企业判定固定资产存在减值迹象的,应当进行减值测试,估计可收回金额,并与账面价值比较,若估计可收回金额低于账面价值,应计提固定资产减值准备。某项(组)固定资产可收回金额,应当按该项(组)固定资产的公允价值减去处置费用后的净额与预计未来现金流量的现值两者之中的较高者来确定。

【案例 7-16】甲公司于2×13年3月10日以银行存款购入一项不需安装的生产用设备,取得增值税专用发票,价格为500 000元,增值税为85 000元。该设备预计使用年限为10年,预计净残值率为10％,采用年限平均法计提折旧。2×15年年末对该项设备进行减值测试,公允价值减去处置费用的净额为300 000元,预计未来现金流量的现值为330 000元。预计未来尚可使用年限为6年,预计净残值率仍为10％,折旧方法仍采用年限平均法。

甲公司的会计处理如下：

(1)2×13年3月10日购入：

借:固定资产　　　　　　　　　　　　　　　　　　　　　　　500 000

　　应交税费——应交增值税(进项税额)　　　　　　　　　　85 000

　　贷:银行存款　　　　　　　　　　　　　　　　　　　　　585 000

(2)2×13 年计提折旧：

500 000×(1−10%)÷10÷12×9＝33 750(元)

借：制造费用　　　　　　　　　　　　　　　　　　　　　　　　33 750

　　贷：累计折旧　　　　　　　　　　　　　　　　　　　　　　　　33 750

(3)2×14 年计提折旧：

500 000×(1−10%)÷10＝45 000(元)

借：制造费用　　　　　　　　　　　　　　　　　　　　　　　　45 000

　　贷：累计折旧　　　　　　　　　　　　　　　　　　　　　　　　45 000

(4)2×15 年计提折旧：

计提折旧同 2×14 年。

进行减值测试前固定资产账面价值＝500 000−33 750−45 000×2＝376 250(元)

固定资产可收回金额为 330 000 元，发生减值 46 250 元(376 250−330 000)。

借：资产减值损失——固定资产减值损失　　　　　　　　　　　46 250

　　贷：固定资产减值准备　　　　　　　　　　　　　　　　　　　　46 250

(5)2×16 年计提折旧：

330 000×(1−10%)÷6＝49 500(元)

借：制造费用　　　　　　　　　　　　　　　　　　　　　　　　49 500

　　贷：累计折旧　　　　　　　　　　　　　　　　　　　　　　　　49 500

固定资产减值损失一经确认后，在以后会计期间不得转回。但是，遇到固定资产处置，如出售、报废、毁损、对外投资、以非货币性资产交换方式换出、在债务重组中抵偿债务等情况，同时符合固定资产终止确认条件的，应当将其减值准备予以转销。

【案例 7-17】接案例 7-16，甲公司于 2×17 年 3 月 28 日将该项固定资产对外出售，出售价款为 250 000 元，增值税为 42 500 元，款项已收存银行。假定其他因素不予考虑。

(1)2×17 年计提折旧：

330 000×(1−10%)÷6÷12×3＝12 375(元)

借：制造费用　　　　　　　　　　　　　　　　　　　　　　　　12 375

　　贷：累计折旧　　　　　　　　　　　　　　　　　　　　　　　　12 375

固定资产累计折旧额＝33 750＋45 000×2＋49 500＋12 375＝185 625(元)

(2)对外处置：

将固定资产转入清理时：

借：固定资产清理　　　　　　　　　　　　　　　　　　　　　　268 125

　　累计折旧　　　　　　　　　　　　　　　　　　　　　　　　185 625

　　固定资产减值准备　　　　　　　　　　　　　　　　　　　　46 250

　　贷：固定资产　　　　　　　　　　　　　　　　　　　　　　　　500 000

收到价款时：

借：银行存款　　　　　　　　　　　　　　　　　　　　　　　　292 500

　　贷：固定资产清理　　　　　　　　　　　　　　　　　　　　　　250 000

　　　　应交税费——应交增值税(销项税额)　　　　　　　　　　42 500

结转固定资产清理的净收益：

借:营业外支出	18 125	
贷:固定资产清理		18 125

五、固定资产清查的核算

一般来说,企业会定期或者至少于每年年末对固定资产进行清查盘点,以保证固定资产核算的真实性和完整性。清查中发现固定资产的损溢,应及时查明原因,在期末结账前处理完毕。

固定资产盘盈应作为前期差错,记入"以前年度损益调整"科目。固定资产盘亏造成的损失,应当计入当期损益。企业在财产清查中盘亏的固定资产,按盘亏固定资产的账面价值借记"待处理财产损溢——待处理固定资产损溢"科目;按已计提的累计折旧,借记"累计折旧"科目;按已计提的减值准备,借记"固定资产减值准备"科目;按固定资产原价,贷记"固定资产"科目。

按管理权限报经批准后处理时,按可收回的保险赔偿或过失人赔偿,借记"其他应收款"科目;按应计入营业外支出的金额,借记"营业外支出——盘亏损失"科目;贷记"待处理财产损溢——待处理固定资产损溢"科目。

【案例 7-18】 甲公司于年末组织人员对固定资产进行清查时发现丢失一台电机,该设备的原价为 100 000 元,已计提折旧 30 000 元,并已计提减值准备 20 000 元。经查,设备丢失的原因在于设备管理员看守不当,经董事会批准,由设备管理员赔偿 15 000 元。

甲公司的有关账务处理如下:

(1)盘点发现电机设备丢失时:

借:待处理财产损溢——待处理固定资产损溢	50 000	
累计折旧	30 000	
固定资产减值准备	20 000	
贷:固定资产		100 000

(2)董事会报经批准后:

借:其他应收款	15 000	
营业外支出——盘亏损失	35 000	
贷:待处理财产损溢——待处理固定资产损溢		50 000

(3)收到设备管理员的赔款:

借:库存现金	15 000	
贷:其他应收款		15 000

任务三　固定资产处置的核算

企业因出售、报废或毁损、对外投资、非货币性资产交换、债务重组等原因减少的固定资产,因其不再用于生产商品、提供劳务、出租或经营管理,预期不再产生经济利益,因此不符合固定资产的定义和确认条件,应终止确认,予以处置。

固定资产的处置一般通过"固定资产清理"科目进行核算。该科目的借方登记固定资产净值、清理费用、税金和转出的清理净收益,贷方登记清理的变价收入和转出的清理净损失。

清理结束后,"固定资产清理"科目如为借方余额,则为固定资产清理的净损失;如为贷方余额,则为固定资产清理的净收益。

一、固定资产出售的核算

企业因调整经营方针或因考虑技术进步等因素,可以将不需用的固定资产出售给其他企业。出售增值税征税范围的固定资产,应按税法有关规定交缴增值税。固定资产清理的主要账务处理如下:

(1)企业出售的固定资产,按该项固定资产的账面价值,借记"固定资产清理"科目;按已计提的累计折旧,借记"累计折旧"科目;如已计提减值准备,借记"固定资产减值准备";按其账面原价,贷记"固定资产"科目。

(2)出售固定资产发生的相关税费及其他清理费用,借记"固定资产清理"科目,贷记"银行存款"、"应交税费"等科目。出售固定资产收回的价款、残料价值和变价收入等,借记"银行存款"、"原材料"等科目,贷记"固定资产清理"科目。

3. 出售固定资产完成后,"固定资产清理"科目如为借方余额,则为固定资产清理的净损失,借记"营业外支出"科目,贷记"固定资产清理"科目;如为贷方余额,则为固定资产清理的净收益,借记"固定资产清理"科目,贷记"营业外收入"科目。

【案例7-19】甲公司为一般纳税人,2×15年10月出售一台于2×15年1月购入的已使用过的机械设备,设备的原价为1 200 000元,采用直线法折旧,折旧年限为10年,净残值为0;双方协商的售价为1 150 000元,开具的增值税专用发票上注明的增值税额为195 500元,款项已划入公司存款账户;移交前发生清理费用10 000元,用银行存款支付。

甲公司的账务处理如下:

(1)固定资产转入清理:

机械设备计提折旧额=1 200 000÷10÷12×9=90 000(元)

借:固定资产清理	1 110 000
累计折旧	90 000
贷:固定资产	1 200 000

(2)收到价款:

借:银行存款	1 345 500
贷:固定资产清理	1 150 000
应交税费——应交增值税(销项税额)	195 500

(3)发生清理费用:

借:固定资产清理	10 000
贷:银行存款	10 000

(4)结转净损益:

借:固定资产清理	30 000
贷:营业外收入	30 000

【案例7-20】甲公司于2×16年12月出售建筑物一幢,原价为400 000元,已提折旧100 000元,不含税出售价格为500 000元,交付前发生的场地清理费为10 000元。有关款项已用银行存款结算。

假定该建筑物属于 2016 年 4 月 30 日前自建的不动产,甲公司的账务处理如下:

(1)固定资产转入清理:

借:固定资产清理 300 000
　累计折旧 100 000
　贷:固定资产 400 000

(2)收到价款:

根据《营业税改征增值税试点有关事项的规定》,一般纳税人销售其 2016 年 4 月 30 日前自建的不动产,可以选择简易计税方法,以取得的全部价款和价外费用为销售额,按照 5％的征收率计算应纳税额。

应交增值税＝500 000×5％＝25 000(元)

借:银行存款 525 000
　贷:固定资产清理 500 000
　　应交税费——应交增值税(销项税额) 25 000

(3)支付清理费用:

借:固定资产清理 10 000
　贷:银行存款 10 000

(4)结转净损益:

借:固定资产清理 190 000
　贷:营业外收入——处置非流动资产利得 190 000

假定该建筑物属于 2016 年 5 月 1 日后自建的不动产,甲公司的账务处理如下:

(1)固定资产转入清理:

借:固定资产清理 300 000
　累计折旧 100 000
　贷:固定资产 400 000

(2)收到价款:

根据《营业税改征增值税试点有关事项的规定》,一般纳税人销售其 2016 年 5 月 1 日后自建的不动产,应适用一般计税方法,以取得的全部价款和价外费用为销售额计算应纳税额。适用的增值税税率为 11％。

应交增值税＝500 000×11％＝55 000(元)

借:银行存款 555 000
　贷:固定资产清理 500 000
　　应交税费——应交增值税(销项税额) 55 000

(3)支付清理费用:

借:固定资产清理 10 000
　贷:银行存款 10 000

(4)结转净损益:

借:固定资产清理 190 000
　贷:营业外收入——处置非流动资产利得 190 000

假定该建筑物属于 2016 年 4 月 30 日前的不动产(非自建),根据《营业税改征增值税试点有关事项的规定》，可以选择简易计税方法，以取得的全部价款和价外费用减去该项不动产购置原价或者取得不动产时的作价后的余额为销售额，按照5%的征收率计算应纳税额。

应交增值税＝(500 000－400 000)×5%＝5 000(元)

有关会计处理从略，下同。

假定该建筑物属于2016年5月1日后的不动产(非自建)，根据《营业税改征增值税试点有关事项的规定》，应适用一般计税方法，以取得的全部价款和价外费用为销售额计算应纳税额。适用的增值税税率为11%。

应交增值税＝500 000×11%＝55 000(元)

二、固定资产报废或毁损的核算

固定资产的报废是指由于使用磨损和技术进步等原因造成的固定资产报废。固定资产毁损是指因发生水灾、风灾、震灾等自然灾害或管理不善等造成的毁坏和损失。固定资产报废或毁损一方面引起企业固定资产的减少，另一方面在清理过程中还会发生一些清理费用，同时还可能取得一定的变价收入。对已向保险公司投保的固定资产，发生的毁损应向保险公司索赔；对责任事故造成的毁损，应向责任人索赔。

固定资产报废或毁损的主要账务处理为：固定资产转入清理，清理费用、税金和清理过程中的变价收入的账务处理与固定资产出售基本相同。不同点：对已向保险公司投保的固定资产，发生的毁损应向保险公司索赔；对责任事故造成的毁损，应向责任人索赔，反映应收或收到的赔款时，借记"其他应收款"、"银行存款"科目，贷记"固定资产清理"科目。结转净损益时，对于固定资产报废的净损失，借记"营业外支出——处置非流动资产损失"科目，贷记"固定资产清理"科目；对于固定资产毁损的净损失，借记"营业外支出——非常损失"科目，贷记"固定资产清理"科目；对于固定资产报废或毁损的净收益，借记"固定资产清理"科目，贷记"营业外收入"科目。

【案例7-21】2×15年10月10日，甲公司的一台设备因使用期满决定报废。该设备的原价为500 000元，累计折旧为460 000元，已计提减值准备为10 000元，在清理过程中，以银行存款支付清理费用10 000元，残料变卖收入为50 000元，假定相关税费不予考虑。

甲公司的账务处理如下：

(1)固定资产转入清理：

借：固定资产清理	30 000
累计折旧	460 000
固定资产减值准备	10 000
贷：固定资产	500 000

(2)发生清理费用和相关税费：

借：固定资产清理	10 000
贷：银行存款	10 000

(3)收到残料变价收入：

借：银行存款	50 000
贷：固定资产清理	50 000

(4)结转固定资产净损益：

借:固定资产清理 10 000

 贷:营业外收入——处置非流动资产收益 10 000

  【案例7-22】甲公司因火灾烧毁一仓库,原值为100 000元,已提折旧36 000元,已提减值准备4 000元,用现金支付清理费3 000元;残料入库计价15 000元,保险公司赔偿15 000元,通过银行已收款。假定相关税费不予考虑。

  甲公司的账务处理如下:

  (1)固定资产转入清理:

借:固定资产清理 60 000

 累计折旧 36 000

 固定资产减值准备 4 000

  贷:固定资产——仓库 100 000

  (2)支付清理费用:

借:固定资产清理 3 000

 贷:库存现金 3 000

  (3)保险公司赔偿:

借:银行存款 15 000

 贷:固定资产清理 15 000

  (4)残料入库:

借:原材料 15 000

 贷:固定资产清理 15 000

  (5)结转净损失:

借:营业外支出——非常损失 33 000

 贷:固定资产清理 33 000

▶▶ 项目小结

  本项目包括固定资产的初始核算、固定资产的后续核算和固定资产处置的核算三部分。

  1. 固定资产是指同时具有下列特征的有形资产:①为生产商品、提供劳务、出租或经营管理而持有;②使用寿命超过一个会计年度。固定资产按经济用途和使用情况可分为:①生产经营用固定资产;②非生产经营用固定资产;③经营租出固定资产;④不需用固定资产;⑤未使用固定资产;⑥融资租入固定资产;⑦土地。

  2. 固定资产应当按照成本进行初始计量。企业外购固定资产的成本包括购买价款,相关税费,使固定资产达到预定可使用状态前所发生的可归属于该项资产的运输费、装卸费、安装费和专业人员服务费等;自行建造固定资产的成本由建造该项资产达到预定可使用状态前所发生的必要支出构成;投资者投入固定资产的成本应当按照投资合同或协议约定的价值确定,但合同或协议约定价值不公允的除外。

  3. 固定资产折旧是指在固定资产的使用寿命内,按照确定的方法对应计折旧额进行的系统分摊。影响固定资产折旧的因素主要有:①固定资产原价;②预计净残值;③固定资产减值准备;④固定资产的使用寿命。

  4. 企业应当对所有的固定资产计提折旧,但是,已提足折旧仍继续使用的固定资产和单独计价入账的土地除外。企业应当根据与固定资产有关的经济利益的预期实现方式,合理选择折旧方法,可选用的折旧方法包括年限平均法、工作量法、双倍余额递减法和年数总和法等。固定资产应当按月计提折旧,计提的折旧应通过"累计折旧"科目核算,并根据用途计入相关资产的成本或者当期损益。

5. 固定资产的后续支出是指固定资产使用过程中发生的更新改造支出、修理费用等。后续支出的处理原则为:符合固定资产确认条件的,应当计入固定资产成本,同时将被替换部分的账面价值扣除;不符合固定资产确认条件的,应当计入当期损益。

6. 当企业判定固定资产存在减值迹象的,应当进行减值测试,估计可收回金额,并与账面价值比较。若估计可收回金额低于账面价值,应计提固定资产减值准备。固定资产减值损失一经确认,在以后会计期间不得转回。

7. 企业会定期或者至少于每年年末对固定资产进行清查盘点。固定资产盘盈应作为前期差错,记入"以前年度损益调整"科目。固定资产盘亏,应先记入"待处理财产损溢——待处理固定资产损溢"科目,造成的损失,应当计入当期损益。

8. 企业因出售、报废或毁损、对外投资、非货币性资产交换、债务重组等原因减少的固定资产,应终止确认,予以处置。固定资产的处置一般通过"固定资产清理"科目进行核算。

项目八　无形资产的核算

知识目标

1. 掌握无形资产的含义及主要内容。
2. 掌握外购、自行研发、投资者投入等方式取得无形资产初始计量的有关规定。
3. 掌握无形资产后续计量的有关要求。
4. 掌握无形资产处置和报废的有关规定。

能力目标

1. 能够识别无形资产并进行分类。
2. 能够对外购、自行研发、投资者投入等方式取得无形资产进行初始计量并进行会计处理。
3. 能够对无形资产进行摊销并进行会计处理。
4. 能够对无形资产的处置和报废进行会计处理。

任务一　无形资产的初始核算

一、什么是无形资产

无形资产是指企业拥有或控制的没有实物形态的可辨认非货币性资产,主要包括专利权、非专利技术、商标权、著作权、土地使用权、特许权等。商誉的存在无法与企业自身分离,不具有可辨认性,不属于本项目所指的无形资产。土地使用权通常作为无形资产核算,但属于投资性房地产或者作为固定资产核算的土地使用权,应当按投资性房地产或固定资产的核算原则进行会计处理。

二、无形资产初始核算的方法

无形资产应当按照成本进行初始计量,即以取得无形资产并使之达到预定用途而发生的全部支出,作为无形资产的成本。不同来源取得的无形资产,确认初始成本的情况有所不同。

(一)外购的无形资产

外购的无形资产的成本包括购买价款、相关税费及归属于使该项资产达到预定用途所发生的其他支出。其中,直接归属于使该项资产达到预定用途所发生的其他支出是指使无形资产达到预定用途所发生的专业服务费用、测试无形资产是否能够正常发挥作用的费用,但不包括引入新产品、新技术发生的广告费用、管理费用及其他间接费用。

企业购入的土地使用权，或以土地出让金方式取得的土地使用权，以实际支付的价款作为实际成本，并作为无形资产核算。待该项土地开发时再将其账面价值转入相关的在建工程。

【案例8-1】2×15年8月1日，甲公司从乙公司购入一项专利权，支付价款160 000元，另支付增值税9 600元，所有款项已通过银行转账支付。

甲公司的账务处理如下：

借：无形资产——专利权	160 000
应交税费——应交增值税（进项税额）	9 600
贷：银行存款	169 600

（二）自行研发的无形资产

自行研发的无形资产是指企业自行研制成功而形成的无形资产，如企业自行研制而获得的产品专利权、企业产品的商标经商标注册同意使用的商标权等。

企业自行研发无形资产发生的研发支出，无论是否满足资本化条件，均应在"研发支出"账户中归集。"研发支出"账户核算企业进行研究与开发无形资产过程中发生的各项支出，借方登记企业自行研发无形资产发生的研发支出；贷方登记研究开发项目达到预定用途形成无形资产后转入无形资产的研发支出及期末转入当期损益的研发支出；期末借方余额反映企业正在进行的研发项目中满足资本化条件的支出。

企业内部研发项目所发生的支出应区分研究阶段支出和开发阶段支出。研究阶段的支出全部费用化，计入当期损益（管理费用），发生支出时，借记"研发支出——费用化支出"科目，贷记"原材料"、"银行存款"、"应付职工薪酬"等科目；开发阶段的支出，不满足资本化条件的，借记"研发支出——费用化支出"科目，满足资本化条件的，借记"研发支出——资本化支出"科目，贷记"原材料"、"银行存款"、"应付职工薪酬"等科目。期末应将"研发支出——费用化支出"科目的余额转入管理费用；研发项目达到预定用途形成无形资产的，应将"研发支出——资本化支出"科目的余额转入无形资产。

【案例8-2】某企业于2×15年1月1日开始自行研究开发一项新产品专利技术，该企业认为，研究该新产品具有可靠的技术和财务等资源的支持，研发成功后新产品上市可为企业带来巨大的收益。企业在研发过程中发生材料费320 000元、人工费120 000元，用银行存款支付的其他费用为220 000元，总计660 000元，其中符合资本化条件的支出为360 000元。2×15年年末，该专利技术研发成功，已经达到预定用途。

企业的会计处理如下：

（1）2×15年发生研发支出：

借：研发支出——费用化支出	300 000
——资本化支出	360 000
贷：原材料	320 000
应付职工薪酬	120 000
银行存款	220 000

（2）2×15年年末：

借：管理费用	300 000

　　　　无形资产——专利技术　　　　　　　　　　　　　　　　　　　　360 000
　　贷:研发支出——费用化支出　　　　　　　　　　　　　　　　　　300 000
　　　　　　——资本化支出　　　　　　　　　　　　　　　　　　　　360 000

(三)投资者投入的无形资产

　　投资者投入的无形资产的成本,应当按照投资合同或协议约定的价值确定,但投资合同或协议约定的价值不公允的除外。在投资合同或协议约定价值不公允的情况下,应按无形资产的公允价值入账,所确定的初始成本与实收资本或股本之间的差额调整资本公积。

　　【案例 8-3】 某有限责任公司收到甲公司的一项专利权投资,经评估,确认价值为150 000元,相关税费不予考虑。

　　该公司的账务处理如下:

　　借:无形资产——专利权　　　　　　　　　　　　　　　　　　　　150 000
　　　贷:实收资本　　　　　　　　　　　　　　　　　　　　　　　　150 000

(四)以土地出让金方式取得的土地使用权

　　购入的土地使用权,或以土地出让金方式取得的土地使用权,以实际支付的价款作为实际成本,借记"无形资产"科目,贷记"银行存款"等科目。土地使用权用于自行开发建造厂房等地上建筑物时,土地使用权的账面价值不与地上建筑物合并计算其成本,而仍作为无形资产进行核算,土地使用权与地上建筑物分别进行摊销和提取折旧。

　　【案例 8-4】 2×15 年 1 月 1 日,某公司以银行存款 2 000 000 元从当地政府购入一块土地使用权,使用年限为 50 年,预计净残值为 0,采用直线法进行摊销。2×15 年 5 月 1 日,在该土地上自行建造厂房,领用工程物资 1 000 000 元,建筑工人工资为 600 000 元,以银行存款支付的其他费用为 400 000 元。2×15 年 12 月 25 日,厂房达到预定可使用状态,预计使用年限为 20 年,预计净残值为 0,采用年限平均法计提折旧。相关税费不予考虑。

　　该公司的账务处理如下:

　　(1)购入土地使用权:

　　借:无形资产——土地使用权　　　　　　　　　　　　　　　　　2 000 000
　　　贷:银行存款　　　　　　　　　　　　　　　　　　　　　　　2 000 000

　　(2)无形资产摊销:

　　2 000 000÷50＝40 000(元)

　　借:管理费用　　　　　　　　　　　　　　　　　　　　　　　　　40 000
　　　贷:累计摊销　　　　　　　　　　　　　　　　　　　　　　　　40 000

　　(3)在土地上建设厂房:

　　借:在建工程　　　　　　　　　　　　　　　　　　　　　　　　2 000 000
　　　贷:工程物资　　　　　　　　　　　　　　　　　　　　　　　1 000 000
　　　　　应付职工薪酬　　　　　　　　　　　　　　　　　　　　　600 000
　　　　　银行存款　　　　　　　　　　　　　　　　　　　　　　　400 000
　　借:固定资产　　　　　　　　　　　　　　　　　　　　　　　　2 000 000
　　　贷:在建工程　　　　　　　　　　　　　　　　　　　　　　　2 000 000

　　(4)固定资产计提折旧:

　　2 000 000÷20＝100 000(元)

借:制造费用　　　　　　　　　　　　　　　　　　　　　　　　　　　100 000

　贷:累计折旧　　　　　　　　　　　　　　　　　　　　　　　　　　　100 000

(五)通过债务重组取得的无形资产

通过债务重组取得的无形资产的成本的计量,根据《企业会计准则第 12 号——债务重组》的相关规定进行。

(六)以非货币性交易转入的无形资产

以非货币性交易转入的无形资产的成本的计量,根据《企业会计准则第 7 号——非货币性资产交换》的相关规定进行。

任务二　无形资产的后续核算

一、无形资产摊销的核算

企业应当于取得无形资产时分析、判断其使用寿命。无形资产的使用寿命如为有限的,应当估计该使用寿命的年限或者构成使用寿命的产量等类似计量单位数量。如果无形资产的取得源自合同性权利或其他法定权利,则其使用寿命不应超过合同性权利或其他法定权利的期限。但如果企业使用资产的预期的期限短于合同性权利或其他法定权利规定的期限的,则应当按照企业预期使用的期限确定其使用寿命。无法预见无形资产为企业带来未来经济利益期限的,应当视为使用寿命不确定的无形资产。

使用寿命有限的无形资产,应在其预计的使用寿命内采用系统、合理的方法进行摊销。摊销时,应当考虑该项无形资产所服务的对象,并以此为基础将其摊销价值计入相关资产的成本或者当期损益。企业摊销无形资产,应当自无形资产可供使用时起,至不再作为无形资产确认时止,即从取得无形资产的当月起开始摊销,至无形资产终止确认的当月止停止摊销。企业选择的无形资产摊销方法,应当反映与该项无形资产有关的经济利益的预期实现方式。无法可靠确定预期实现方式的,应当采用直线法摊销。

使用寿命不确定的无形资产,在持有期间不需要进行摊销,但应当在每个会计期间进行减值测试。

【案例 8-5】某股份有限公司拥有一项生产用专利权,价值为 240 000 元,预计有效使用年限为 20 年,预计净残值为 0,采用直线法进行摊销。

该公司对专利权每月进行摊销的账务处理如下:

借:制造费用——无形资产摊销　　　　　　　　　　　　　　　　　　　1 000

　贷:累计摊销　　　　　　　　　　　　　　　　　　　　　　　　　　　1 000

企业至少应当于每年年度终了对无形资产的使用寿命及摊销方法进行复核。如果有证据表明无形资产的使用寿命及摊销方法不同于以前的估计,则对于使用寿命有限的无形资产,应改变其摊销年限及摊销方法,并按照会计估计变更进行处理。对于使用寿命不确定的无形资产,如果有证据表明其使用寿命是有限的,则应视为会计估计变更,应当估计其使用寿命并按照使用寿命有限的无形资产的处理原则进行处理。

【案例 8-6】2×14 年 1 月 1 日,甲公司以银行存款购入一项商标,成本为 1 000 000 元,按照法律规定,该商标使用期满后可以较低的手续费申请展期,同时,甲公司预计该商标将在未来不确定的期间内为企业带来现金流量。2×15年年底,甲公司对该商标按照资产减值的原则进行减值测试,预计其未来可收回金额为900 000元。相关税费不予考虑。

根据上述情况,该商标可视为使用寿命不确定的无形资产,在持有期间不需要进行摊销。

甲公司的账务处理如下:

(1)2×14年购入商标时:

借:无形资产——商标权   1 000 000

  贷:银行存款   1 000 000

(2)2×15年发生减值时:

借:资产减值损失   100 000

  贷:无形资产减值准备   100 000

二、无形资产处置的核算

(一)无形资产的减值

当估计无形资产的可收回金额低于账面价值时,对其差额计提相应的无形资产减值准备。企业计提无形资产减值损失时,应按无形资产账面价值超过其可收回金额的部分,借记"资产减值损失——无形资产减值损失"科目,贷记"无形资产减值准备"科目。

(二)无形资产的出租

出租无形资产是指转让无形资产的使用权,即将无形资产使用权有条件地让渡他人,而继续拥有无形资产的占有权、使用权、收益权和处置权。

企业出租无形资产,按收取的租金收入及税金,借记"银行存款"等科目,贷记"其他业务收入"、"应交税费——应交增值税(销项税额)"科目;出租期间进行无形资产摊销时,借记"其他业务成本"科目,贷记"累计摊销"科目。

【案例8-7】甲公司将一项已经入账的非专利技术出租给乙企业使用,乙企业一次性支付租金30 000元、增值税1 800元。租赁期间非专利技术摊销金额为20 000元。

甲公司的账务处理如下:

(1)取得收入时:

借:银行存款   31 800

  贷:其他业务收入   30 000

       应交税费——应交增值税(销项税额)   1 800

(2)非专利技术摊销时:

借:其他业务成本   20 000

  贷:累计摊销   20 000

(三)无形资产的出售

企业出售无形资产是指转让无形资产的所有权、使用权、收益权和处置权。

企业出售无形资产,按实际取得的收入,借记"银行存款"等科目;按其已计提的减值准备,借记"无形资产减值准备"科目;按无形资产已累计摊销的金额,借记"累计摊销"科目;按无形资产的账面价值,贷记"无形资产"科目;按应支付的相关税费,贷记"银行存款"、"应交税费"等科目;按其差额,贷记"营业外收入——出售无形资产收益"科目或借记"营业外支出——出售无形资产损失"科目。

【案例8-8】甲公司所拥有的某项商标权的成本为3 000 000元,已摊销金额为1 800 000元。该公司于当期出售该商标的所有权,取得不含税出售收入2 000 000元,根据营业税改增值税的要求,适用的增值税税率为6%。

甲公司的账务处理如下:

借:银行存款		2 000 000
累计摊销		1 800 000
贷:无形资产		3 000 000
应交税费——应交增值税(销项税额)		120 000
营业外收入——出售无形资产利得		680 000

(四)无形资产的报废

报废无形资产时,按已计提的累计摊销,借记"累计摊销"科目;按已计提的减值准备,借记"无形资产减值准备"科目;按其账面余额,贷记"无形资产"科目;按其差额,借记"营业外支出——处置非流动资产损失"科目。

【案例8-9】某企业拥有的一项专利技术预期不能为企业带来经济利益,将其予以转销。该专利技术的账面余额为250 000元,累计摊销为150 000元,已计提减值准备为40 000元。(假定不考虑其他相关因素)

该企业的会计处理如下:

借:营业外支出——处置非流动资产损失		60 000
累计摊销		150 000
无形资产减值准备		40 000
贷:无形资产		250 000

(五)无形资产的后续支出

无形资产的后续支出是指无形资产入账后,为确保该无形资产能够给企业带来预定的经济利益而发生的支出,比如相关的宣传广告活动支出。由于这些支出仅是为了确保已确认的无形资产能够为企业带来预定的经济利益,因而应在发生当期确认为费用。

【案例8-10】甲公司年初购入一块场地的使用权,入账价值为200 000元,年末因某单位侵权,甲公司向法院起诉,因此支付了调查费3 000元,最后取得胜诉。该场地使用权的账面价值还是200 000元。

甲公司的会计处理如下:

借:管理费用		3 000
贷:银行存款		3 000

▶▶▶ 项目小结

本项目包括无形资产的初始核算和无形资产的后续核算两部分。

1. 无形资产是指企业拥有或控制的没有实物形态的可辨认非货币性资产,主要包括专利权、非专利技术、商标权、著作权、土地使用权、特许权等。

2. 无形资产应当按照成本进行初始计量。外购的无形资产的成本包括购买价款、相关税费及归属于使该项资产达到预定用途所发生的其他支出;企业自行研发无形资产发生的研发支出,不满足资本化条件的,计入当期损益,满足资本化条件的,计入无形资产成本,但需先在"研发支出"中归集;投资者投入的无形资产的成本,应当按照投资合同或协议约定的价值确定,但投资合同或协议约定的价值不公允的除外。

3. 企业应当于取得无形资产时分析、判断其使用寿命。使用寿命有限的无形资产,应在其预计的使用寿命内采用系统、合理的方法进行摊销;使用寿命不确定的无形资产,在持有期间不需要进行摊销,但应当在每个会计期间进行减值测试。

4. 当估计无形资产的可收回金额低于账面价值时,应计提无形资产减值准备,减值损失已经确定的,不得转回。

5. 企业出租无形资产,按收取的租金收入,记入"其他业务收入"科目;发生的费用支出,记入"其他业务成本"科目。

6. 企业出售无形资产,取得的净收益记入"营业外收入"科目,发生的净损失记入"营业外支出"科目。

项目九 流动负债的核算

知识目标

1. 掌握流动负债的含义及主要内容。
2. 掌握短期借款的含义及核算要求。
3. 掌握应付票据、应付账款等应付款项的含义及核算要求。
4. 掌握职工薪酬的组成及核算的有关要求。
5. 掌握应交增值税、应交消费税等应交税费的核算规定。
6. 熟悉预收账款、应付利息、应付股利、其他应付款等其他流动负债的核算规定。

能力目标

1. 能够对短期借款的取得、计息和归还进行核算。
2. 能够对应付票据的签发、承兑等进行核算。
3. 能够对应付账款的产生、归还进行核算。
4. 能够对收取预收账款、发出商品、转销预收账款等进行核算。
5. 能够对工资、非货币性福利等应付职工薪酬进行核算。
6. 能够对增值税、消费税等主要税种进行核算。
7. 能够核算应付利息、应付股利。
8. 能够核算其他应付款。

　　流动负债是指将在一年以内(含一年)或者超过一年的一个营业周期内偿还的债务。流动负债主要包括短期借款、应付票据、应付账款、预收账款、应付职工薪酬、应交税费、应付股利、应付利息、其他应付款等。

任务一　短期借款的核算

一、什么是短期借款

　　短期借款是指企业借入的期限在一年以下(含一年)的各种借款,包括企业从银行或其他金融机构借入的人民币及各种外币借款。短期借款是企业为弥补正常的生产经营过程中自有资金的不足而借入的,在经营过程中同企业的自有资金一起,用于购买材料、商品,支付费用或偿还债务等。在会计核算中应设置"短期借款"科目。该科目的贷方登记取得借款的本金数额;借方登记偿还借款的本金数额;余额在贷方,表示尚未偿还的借款本金数额。

二、短期借款的核算方法

(一)借入短期借款

企业从银行或其他金融机构取得短期借款时,借记"银行存款"科目,贷记"短期借款"科目。

【案例 9-1】甲股份有限公司于 2×15 年 1 月 1 日向银行借入一笔生产经营用借款 60 000 元,期限为 9 个月,年利率为 8%,根据与银行签署的借款协议,该借款到期一次归还,利息分月预提,按季支付。

甲公司的账务处理如下:

借:银行存款   60 000
　贷:短期借款   60 000

(二)短期借款利息

短期借款利息,应作为财务费用计入当期损益,并按不同情况进行处理。如果短期借款利息是按季、半年或到期时连同本金一起归还且数额较大,可采用预提方法,按月预提计入财务费用,借记"财务费用"科目,贷记"应付利息"科目;若短期借款利息是按月支付或在到期时连同本金支付但数额不大,可在实际支付时直接计入当期财务费用,借记"财务费用"科目,贷记"银行存款"科目。在实际工作中,银行一般于每季度末收取短期借款利息,因此,短期借款利息一般采用月末预提的方式进行核算。

【案例 9-2】承案例 9-1,利息按月预提,按季支付。

账务处理如下:

(1)1 月末应计提的利息:

$60\ 000 \times 8\% \div 12 = 400$(元)

借:财务费用   400
　贷:应付利息   400

2 月末预提当月利息的处理同上。

(2)3 月末支付第一季度应付银行借款利息时:

借:财务费用   400
　应付利息   800
　贷:银行存款   1 200

第二、三季度的会计处理同上。

(三)归还短期借款

企业到期归还短期借款时,借记"短期借款"科目,贷记"银行存款"科目。

【案例 9-3】承案例 9-1、案例 9-2,到期归还借款本金,并支付最后一季度利息。账务处理如下:

借:短期借款   60 000
　财务费用   400
　应付利息   800
　贷:银行存款   61 200

任务二　应付票据及应付账款的核算

一、应付票据的核算

应付票据是指企业采用商业汇票结算方式购买材料、商品和接受劳务供应等而开出、承兑的商业汇票,包括银行承兑汇票和商业承兑汇票。通常情况下,商业承兑汇票的付款期限不超过6个月,因此在会计上应作为流动负债予以管理和核算。

应付票据可以是带息票据,也可以是不带息票据。对于带息票据,一般情况下不计提利息,在偿还时直接计入财务费用。但如果是跨期商业汇票,在资产负债表日则要计提利息,通过"应付利息"科目核算。

应付票据的核算通过"应付票据"科目进行。该科目属于负债类科目,借方登记到期承兑支付的票款或转出金额;贷方登记开出承兑汇票时的票面金额;期末余额在贷方,表示未到期的商业汇票的金额。

(一)签发承兑应付汇票

企业开出承兑商业汇票用于应付账款、抵付货款时,应按票面金额,贷记"应付票据"科目,借记"材料采购"、"原材料"、"库存商品"、"应交税费——应交增值税(进项税额)"、"应付账款"等科目。对于开出的银行承兑汇票,在按票面金额的万分之五向承兑银行支付手续费时,借记"财务费用"科目,贷记"银行存款"科目。

【案例9-4】甲公司为增值税一般纳税人,2×15年8月29日开出一张面值为58 500元、期限为5个月的不带息商业承兑汇票,用于采购原材料,材料尚未入账,材料价款为50 000元,增值税款为8 500元。原材料按实际成本核算。

甲公司的账务处理如下:

借:在途物资　　　　　　　　　　　　　　　　　　　　　　　50 000
　　应交税费——应交增值税(进项税额)　　　　　　　　　　8 500
　　贷:应付票据　　　　　　　　　　　　　　　　　　　　　　58 500

如果上例中开出的是银行承兑汇票,向银行支付承兑手续费29.25元,应作如下处理:

借:财务费用　　　　　　　　　　　　　　　　　　　　　　　29.25
　　贷:银行存款　　　　　　　　　　　　　　　　　　　　　　29.25

如果开出的是带息商业汇票,还应在期末计提利息,按计提的利息金额,借记"财务费用"科目,贷记"应付票据"科目,最后一期的利息应直接贷记"银行存款"科目。

(二)到期偿付应付票据

到期支付票款时,按应付票据的账面余额,借记"应付票据"科目;按实际支付的票款,贷记"银行存款"科目;如果是带息票据,还应按两者的差额借记"财务费用"科目。

【案例9-5】承案例9-4,票据到期,企业以银行存款支付票据的账务处理如下:

借:应付票据　　　　　　　　　　　　　　　　　　　　　　　58 500
　　贷:银行存款　　　　　　　　　　　　　　　　　　　　　　58 500

(三)转销应付票据

应付商业汇票到期,企业无力支付票款,应根据不同情况进行处理:如果是商业承兑汇票,应转作应付账款,待协商后再作处理,按应付票据的票面金额借记"应付票据"科目,贷记"应付账款"科目;如果是银行承兑汇票,银行已代为付款,应将应付票据的票面金额转作短期借款,借记"应付票据"科目,贷记"短期借款"科目。

【案例 9-6】承案例 9-4,票据到期,企业无力偿付票款的账务处理如下:

借:应付票据	58 500
贷:应付账款	58 500

二、应付账款的核算

应付账款是指企业在正常的生产经营过程中,因购买商品、材料或接受劳务供应等而应付给供货单位的款项。

应付账款的入账时间应为所购货物的所有权发生转移或接受劳务供应已经发生的时间。应付账款一般按实际应付金额入账,而不是按到期应付金额的现值入账。如果购货条件规定,在限定的付款期限内付款可享受一定的现金折扣,其入账金额应采用总价法确认。

应付账款的核算应通过"应付账款"科目进行。该科目的贷方登记企业购买材料、商品和接受劳务等形成的应付而未付款项;借方登记偿还的应付款项,或开出商业汇票抵付应付账款的款项,或冲销无法支付的应付账款;期末余额一般在贷方,表示尚未偿还的应付账款。企业应付的各种赔款、租金、存入保证金等,不在本科目核算,而应通过"其他应付款"科目核算。购入的材料、商品等已验收入库,但货款尚未支付,根据有关凭证,借记"材料采购"、"在途物资"等科目;按可抵扣的增值税税额,借记"应交税费——应交增值税(进项税额)"科目;按应付的价款,贷记"应付账款"科目。企业接受供应单位提供的劳务而发生的应付但未付款项,根据供应单位的发票账单,借记"生产成本"、"管理费用"等科目,贷记"应付账款"科目。

【案例 9-7】甲公司采用托收承付的结算方式向乙公司购入一批 A 材料,价款为 100 000元,增值税为 17 000 元,对方代垫运杂费 400 元,材料已经验收入库,款项尚未支付。甲公司对原材料采用实际成本核算。

甲公司的账务处理如下:

借:原材料——A 材料	100 400
应交税费——应交增值税(进项税额)	17 000
贷:应付账款——乙公司	117 400

清偿上述应付账款时:

借:应付账款——乙公司	117 400
贷:银行存款	117 400

任务三　应付职工薪酬的核算

一、什么是职工薪酬

职工薪酬是指企业为获得职工提供的服务而给予职工各种形式的报酬以及其他相关支出,包括企业为职工在职期间和离职后提供的全部货币性薪酬和非货币性福利。提供给职工配偶、子女或其他被赡养人的福利等也属于职工薪酬。也就是说,从性质上说凡是企业为获得职工提供的服务而给予或付出的各种形式的对价,都构成职工薪酬。

具体来说,职工薪酬包括以下内容:

(一)短期薪酬

短期薪酬是指企业在职工提供相关服务的年度报告期间结束后 12 个月内需要全部予以支付的职工薪酬,因解除与职工的劳动关系给予的补偿除外。短期薪酬具体包括:

(1)职工工资、奖金、津贴和补贴,如职工的基本工资、绩效工资、岗位津贴以及其他补贴等。

(2)职工福利费,一般用于改善职工的生活条件,如内部职工医院、浴室及食堂等方面的支出。

(3)医疗保险费、养老保险费、失业保险费、工伤保险费和生育保险费等社会保险费。

(4)住房公积金。

(5)工会会费和职工教育经费。

(6)短期带薪缺勤,是指职工虽然缺勤但企业仍向其支付报酬的安排,包括年休假、病假、婚假、产假、丧假、探亲假等。长期带薪缺勤属于其他长期职工福利。

7. 短期利润分享计划,是指因职工提供服务而与职工达成的基于利润或其他经营成果提供薪酬的协议。长期利润分享计划属于其他长期职工福利。

8. 非货币性福利,通常包括企业以自己的产品或其他有形资产发放给职工的福利、向职工无偿提供自己拥有的资产使用、为职工无偿提供类似医疗保健服务等。

9. 其他短期薪酬,是指除上述薪酬以外的其他为获得职工提供的服务而给予的短期薪酬。

(二)离职后福利

离职后福利是指企业为获得职工提供的服务而在职工退休或与企业解除劳动关系后,提供的各种形式的报酬和福利,短期薪酬和辞退福利除外。

(三)辞退福利

辞退福利是指企业在职工劳动合同到期之前解除与职工的劳动关系,或者为鼓励职工自愿接受裁减而给予职工的补偿。

(四)其他长期职工福利

其他长期职工福利,是指除短期薪酬、离职后福利、辞退福利之外所有的职工薪酬,包括长期带薪缺勤、长期残疾福利、长期利润分享计划等。

二、应付职工薪酬的核算方法

(一)职工薪酬的确定原则

企业应当在职工为其提供服务的会计期间,将应付的职工薪酬(不包括辞退福利)确认为负债,并根据职工提供服务的受益对象,分别按以下情况进行处理:①应由生产产品、提供劳务负担的职工薪酬,计入产品成本或劳务成本;②应由在建工程、无形资产开发成本负担的职工薪酬,计入建造固定资产或无形资产的开发成本;③上述两项之外的其他职工薪酬,计入当期损益。

(二)职工薪酬的计量标准

1. 货币性职工薪酬

在计量应付职工薪酬时,国家规定了计提基础和计提比例的,应当按照国家规定的标准计提。比如,应向社会保险经办机构等缴纳的医疗保险费、养老保险费(包括根据企业年金计划向企业年金基金相关管理人缴纳的补充养老保险费)、失业保险费、工伤保险费、生育保险费等社会保险费,应向住房公积金管理机构缴存的住房公积金,以及工会经费和职工教育经费等,应当在职工为其提供服务的会计期间,根据工资总额的一定比例计算确定。

国家没有规定计提基础和计提比例的,企业应当根据历史经验数据和实际情况,合理预计当期应付职工薪酬。当期实际发生金额大于预计金额的,应当补提应付职工薪酬;当期实际发生金额小于预计金额的,应当冲回多提的应付职工薪酬。

【案例9-8】甲企业结算本月应付职工工资总额为5 000 000元,代扣职工房租150 000元,代扣个人所得税250 000元,收回企业代垫职工家属医药费20 000元,实发工资4 580 000元已存入职工工资存款账户。

甲公司的账务处理如下:

(1)发放工资:

借:应付职工薪酬——工资　　　　　　　　　　　　　　　　　　4 580 000

　　贷:银行存款　　　　　　　　　　　　　　　　　　　　　　　4 580 000

(2)代扣款项:

借:应付职工薪酬——工资　　　　　　　　　　　　　　　　　　　420 000

　　贷:其他应付款——职工房租　　　　　　　　　　　　　　　　　150 000

　　　　应交税费——应交个人所得税　　　　　　　　　　　　　　　250 000

　　　　其他应收款——代垫医药费　　　　　　　　　　　　　　　　 20 000

2. 短期带薪缺勤

对于职工短期带薪缺勤,企业应当根据其性质及职工享有的权利,分为累积带薪缺勤和非累积带薪缺勤两类。

(1)累积带薪缺勤是指带薪权利可以结转下期的带薪缺勤,即本期尚未用完的带薪缺勤权利可以在未来期间使用。企业应当在职工提供了服务从而增加了其未来享有的带薪缺勤权利时,确认与累积带薪缺勤相关的职工薪酬,并以累积未行使权利而增加的预期支付金额计量。确认累积带薪缺勤时,借记"管理费用"等科目,贷记"应付职工薪酬——累积带薪缺勤"科目。

(2)非累积带薪缺勤是指带薪缺勤权利不能结转下期的带薪缺勤,即本期尚未用完的带薪缺勤权利将予以取消,并且职工离开企业时也无权获得现金支付。我国的企业职工休婚假、产假、丧假、探亲假、病假期间的工资通常属于非累积带薪缺勤。企业确认职工享有的与非累积带薪缺勤权利相关的薪酬,视同职工出勤确认的当期损益或相关资产成本。通常情况下,与非累积带薪缺勤相关的职工薪酬已经包括在企业每期向职工发放的工资等薪酬中,因此,不必额外作相应的账务处理。

【案例9-9】甲公司共有1 000名职工,从2×15年1月1日起,该企业实行累积带薪缺勤制度。该制度规定,每个职工每年可享受5个工作日的带薪年休假,未使用的年休假只能向后结转一个公历年度,超过1年未使用的权利作废,在职工离开企业时也无权获得现金支付;职工休年假时,首先使用当年可享受的权利,再从上年结转的带薪年休假中扣除。

2×15 年 12 月 31 日,甲公司预计 2×16 年有 960 名职工将享受不超过 5 天的带薪年休假,剩余 40 名职工每人将平均享受 7 天年休假,假定这 40 名职工全部为总部各部门经理及管理人员,该企业平均每名职工每个工作日的工资为 500 元。不考虑其他相关因素。

甲公司在 2×15 年 12 月 31 应当预计由于职工累积未使用的带薪年休假权利而导致的预期支付的金额:40×(7-5)×500=40 000(元)。甲公司应编制如下会计分录:

借:管理费用   40 000

 贷:应付职工薪酬——累积带薪缺勤   40 000

3. 非货币性职工薪酬

企业以其自产产品作为非货币性福利发放给职工的,应当根据受益对象,按照该产品的公允价值,计入相关资产成本或当期损益,同时确认应付职工薪酬。以外购商品作为非货币性福利提供给职工的,应当按照该商品的公允价值和相关税费计量应计入成本费用的职工薪酬金额。

【案例 9-10】甲公司是一家肉食加工企业,共有职工 1 000 人,其中一线生产工人 750 人、销售人员 200 人、总部管理人员 50 人。2×15 年 1 月 20 日,因为春节,公司决定以其生产的火腿礼包作为福利发放给职工,每人 2 箱。该种火腿礼包每箱的成本为 100 元,单位计税价格(公允价值)为 200 元,适用的增值税税率为 17%,假定其他税费不予考虑。

甲公司的账务处理如下:

(1)决定发放非货币性福利:

借:生产成本   351 000

 销售费用   93 600

 管理费用   23 400

 贷:应付职工薪酬——非货币性福利   468 000

(2)实际发放非货币性福利:

借:应付职工薪酬——非货币性福利   468 000

 贷:主营业务收入   400 000

  应交税费——应交增值税(销项税额) 68 000

借:主营业务成本   200 000

 贷:库存商品   200 000

假定公司决定每人另外发放食用油 2 桶,每桶油的购入价格(不含税)为 80 元,增值税税率为 17%,款项已付。

(1)决定发放非货币性福利:

借:生产成本   140 400

 销售费用   37 440

 管理费用   9 360

 贷:应付职工薪酬——非货币性福利   187 200

(2)购买发放:

借:应付职工薪酬——非货币性福利   187 200

 贷:银行存款   187 200

企业将拥有的房屋等资本无偿提供给职工使用的,应当根据受益对象,将该住房每期应计提的折旧计入相关资产或当期损益,同时确认应付职工薪酬。租赁住房等资产供职工无偿使用的,应当根据受益对象,将每期应付的租金计入相关资产成本或当期损益,并确认应付职工薪酬。难以认定受益对象的非货币性福利,直接计入当期损益和应付职工薪酬。

【案例 9-11】甲公司由于职工宿舍紧张,在外租赁住房 10 套供给生产工人无偿居住,每套月租金为 1 000 元。

甲公司的账务处理如下:

(1)确认住房租金费用:

借:生产成本 10 000

　　贷:应付职工薪酬——非货币性福利 10 000

(2)支付租金:

借:应付职工薪酬——非货币性福利 10 000

　　贷:银行存款 10 000

(三)职工薪酬的分配

企业应当在职工在职的会计期间,将应付的职工薪酬确认为负债,除因解除与职工的劳务关系给予的补偿外,应当根据职工提供服务的受益对象,分别按下列情况处理。

(1)应由生产产品、提供劳务负担的职工薪酬,计入产品成本或劳务成本。

(2)应由在建工程、无形资产负担的职工薪酬,计入建造固定资产或无形资产成本。

(3)除上述之外的其他职工薪酬,计入当期损益。

职工薪酬是按其发生地点进行归集,按用途进行分配的。生产产品的工人的工资薪酬借记"生产成本"科目,提供劳务的工人的工资薪酬借记"劳务成本"科目,车间管理人员的工资薪酬借记"制造费用"科目,进行基本建设工程的人员的工资薪酬借记"在建工程"科目,自创无形资产的人员的工资薪酬借记"研发支出"科目,行政管理人员的工资薪酬借记"管理费用"科目,销售部门人员的工资薪酬借记"销售费用"科目等;贷记"应付职工薪酬——工资"科目。企业为职工缴纳的"五险一金",应当按照职工所在岗位进行分配,分别借记"生产成本"、"制造费用"、"在建工程"、"研发支出"、"管理费用"等科目;贷记"应付职工薪酬——社会保险费"或"应付职工薪酬——住房公积金"科目。缴纳各种社会保险费用或住房公积金时,借记"应付职工薪酬——工资"(职工负担部分)、"应付职工薪酬——社会保险费"或"应付职工薪酬——住房公积金"科目,贷记"银行存款"科目。

【案例 9-12】甲公司发生工资薪酬情况如下:基本生产车间生产 A 产品发生工资薪酬3 500 000 元,车间管理人员的工资薪酬为 200 000 元,销售人员的工资薪酬为 1 000 000 元,行政管理人员的工资薪酬为 300 000 元。

甲公司的费用分配如下:

借:生产成本——A 产品 3 500 000

　　制造费用 200 000

　　销售费用 1 000 000

　　管理费用 300 000

　　贷:应付职工薪酬——工资 5 000 000

【案例 9-13】甲公司按工资薪酬的 8% 缴存住房公积金,具体如下:基本生产车间生产 A

产品为 280 000 元,车间管理人员为 16 000 元,销售人员为 80 000 元,行政管理人员为 24 000 元。

  甲公司的费用分配如下:

  借:生产成本——A 产品   280 000

    制造费用   16 000

    销售费用   80 000

    管理费用   24 000

    贷:应付职工薪酬——住房公积金   400 000

  缴存时:

  借:应付职工薪酬——住房公积金   400 000

    贷:银行存款   400 000

  【案例 9-14】甲公司按工资薪酬的 10% 缴存医疗保险费,具体如下:基本生产车间生产 A 产品为 350 000 元,车间管理人员为 20 000 元,销售人员为 100 000 元,行政管理人员为 30 000 元。

  甲公司的费用分配如下:

  借:生产成本——A 产品   350 000

    制造费用   20 000

    销售费用   100 000

    管理费用   30 000

    贷:应付职工薪酬——医疗保险费   500 000

  缴存时:

  借:应付职工薪酬——医疗保险费   10 000

    贷:银行存款   10 000

  【案例 9-15】甲公司按工资薪酬的 2% 计提工会经费,具体如下:基本生产车间生产 A 产品为 70 000 元,车间管理人员为 4 000 元,销售人员为 20 000 元,行政管理人员为 6 000 元。

  甲公司的费用分配如下:

  借:生产成本——A 产品   70 000

    制造费用   4 000

    销售费用   20 000

    管理费用   6 000

    贷:应付职工薪酬——工会经费   100 000

  上交时:

  借:应付职工薪酬——工会经费   100 000

    贷:银行存款   100 000

  【案例 9-16】甲公司按工资薪酬的 1.5% 计提职工教育经费,具体如下:基本生产车间生产 A 产品为 52 500 元,车间管理人员为 3 000 元,销售人员为 15 000 元,行政管理人员为 4 500 元。

  甲公司费用分配如下:

借:生产成本——A产品	52 500
制造费用	3 000
销售费用	15 000
管理费用	4 500
贷:应付职工薪酬——职工教育经费	75 000

支付时:

借:应付职工薪酬——职工教育经费	75 000
贷:银行存款	75 000

案例9-13~案例9-16可以合并计提,会计分录如下:

借:生产成本——A产品	752 500
制造费用	43 000
销售费用	215 000
管理费用	64 500
贷:应付职工薪酬——住房公积金	400 000
——医疗保险费	500 000
——工会经费	100 000
——职工教育经费	75 000

(四)解除劳务关系给予职工的补偿

企业在职工劳动合同到期之前解除与职工的劳动关系,或者为鼓励职工自愿接受裁减而提出给予补偿的建议,应当确认因解除与职工的劳动关系给予补偿而产生的预计负债,同时计入当期损益。应当按预计的负债金额借记"管理费用"科目,贷记"应付职工薪酬——辞退福利"科目。实际支付因解除与职工的劳动关系而给予的补偿时,应当按支付的补偿金额借记"应付职工薪酬——辞退福利"科目,贷记"银行存款"、"库存现金"等科目。

任务四　应交税费的核算

一、应交增值税的核算

(一)什么是增值税

增值税是指对在我国境内销售货物、进口货物,或提供加工、修理修配劳务的增值额征收的一种流转税。增值税的纳税人是指在我国境内销售货物、进口货物,或提供加工、修理修配劳务的单位和个人。按纳税人的经营规模及会计核算的健全程度,增值税纳税人分为一般纳税人和小规模纳税人。

一般纳税人应纳增值税税额,根据当期销项税额减去当期进项税额计算确定。小规模纳税人应纳增值税税额,按销售额和规定的征收率计算确定。

按照规定,企业购入货物或接受劳务必须具备以下凭证,其进项税额才能予以扣除:

(1)增值税专用发票。一般纳税人销售货物或提供应税劳务均应开具增值税专用发票,购货方以增值税专用发票上记载的购入货物已支付的税额,作为扣税和记账的依据。

(2)完税凭证。企业进口货物必须缴纳增值税,其缴纳的增值税在完税凭证上注明。进口货物缴纳的增值税,以从海关取得的完税凭证上注明的增值税额,作为扣税和记账的依据。

会计核算中,如果企业不能取得相关的扣税证明,则购进货物或接受应税劳务支付的增值税税额不能作为进项税额扣税,其已支付的增值税只能计入购入货物或接受劳务的成本。

(二)一般纳税人的会计处理

为了核算企业应交增值税的发生、抵扣、交纳、退税及转出等情况,应在"应交税费"科目下设置"应交增值税"、"未交增值税"明细科目。在"应交增值税"明细科目下,应设置"进项税额"、"销项税额"、"已交税金"、"出口退税"、"进项税额转出"等专栏。

1. 采购物资(国内)

企业从国内采购物资时,根据专用发票上记载的应计入采购成本的金额,借记"在途物资"或"材料采购"、"原材料"等科目;根据专用发票上注明的可抵扣的增值税税额;借记"应交税费";贷记"应付票据"、"银行存款"等科目。购入货物发生退货时,作相反分录。

以下两种情况,在未取得相关的扣税证明时,允许计算可抵扣进项税额:

(1)购进免税农产品。购进免税农产品,可以按照买价和规定的扣除率计算进项税额,借记"应交税费——应交增值税(进项税额)"科目;按买价扣除规定的进项税额后的差额,借记"在途物资"或"材料采购"、"原材料"、"库存商品"等科目;按应付或实际支付的金额,贷记"应付账款"、"银行存款"等科目。

(2)运输费用。企业购进或销售货物以及在生产经营过程中支付的运输费用,允许以运费结算单据注明的运费金额的11%作为进项税额处理,借记"应交税费——应交增值税(进项税额)"科目,贷记"银行存款"、"应付账款"等科目。

【案例 9-17】甲公司向乙公司购入不需要安装的设备一台,增值税专用发票上注明的价款为 100 000 元,增值税为 17 000 元,款项尚未支付。

甲公司的账务处理如下:

借:固定资产　　　　　　　　　　　　　　　　　　　　　　　　　100 000
　　应交税费——应交增值税(进项税额)　　　　　　　　　　　　　 17 000
　　贷:应付账款——乙公司　　　　　　　　　　　　　　　　　　　117 000

【案例 9-18】甲公司购入免税农产品一批,价款为 100 000 元,规定的扣除率为 13％,货物尚未到达,款项已用银行存款支付。

甲公司的账务处理如下:

借:在途物资(材料采购)　　　　　　　　　　　　　　　　　　　　 87 000
　　应交税费——应交增值税(进项税额)　　　　　　　　　　　　　 13 000
　　贷:银行存款　　　　　　　　　　　　　　　　　　　　　　　　100 000

2. 接受应税劳务

企业接受应税劳务,应按专用发票上记载的应计入加工、修理修配等物资成本的金额,借记"生产成本"、"制造费用"、"委托加工物资"、"管理费用"等科目;按专用发票上注明的增值税额,借记"应交税费——应交增值税(进项税额)"科目;按应付或实际支付的金额,贷记"应付账款"、"应付票据"、"银行存款"等科目。

【案例 9-19】甲公司的生产车间委托外单位修理机器设备,对方开来的增值税专用发票上注明修理费 2 000 元、增值税 340 元,款项已用银行存款支付。

甲公司的账务处理如下：

借：管理费用　　　　　　　　　　　　　　　　　　　　　　　　　　2 000
　　应交税费——应交增值税（进项税额）　　　　　　　　　　　　　340
　　贷：银行存款　　　　　　　　　　　　　　　　　　　　　　　　　2 340

3. 进项税额转出

企业因购进货物、在产品或产成品等发生非常损失，以及购进货物发生改变用途（比如用于非增值税应税项目、计提福利或个人消费）等原因，其进项税额应转入有关科目，借记"待处理财产损溢"、"在建工程"、"应付职工薪酬"等科目，贷记"应交税费——应交增值税（进项税额转出）"科目。属于转作待处理财产损失的部分，应与遭受非常损失的购进货物、在产品或库存商品的成本一并处理。

【案例9-20】甲公司的库存材料因管理不善（发生火灾）而毁损一批，其实际成本为4 000元，经确认损失外购材料的增值税税额为680元。

甲公司的账务处理如下：

借：待处理财产损溢——待处理流动资产损溢　　　　　　　　　　　4 680
　　贷：原材料　　　　　　　　　　　　　　　　　　　　　　　　　4 000
　　　　应交税费——应交增值税（进项税额转出）　　　　　　　　　680

【案例9-21】甲公司建造厂房时领用生产用原材料47 000元，原材料购入时支付的增值税税额为7 990元，假定该厂房属于2016年5月1日以后自建。

甲公司的账务处理如下：

进项税额转出＝7 990×40％＝3 196（元）

借：在建工程　　　　　　　　　　　　　　　　　　　　　　　　　47 000
　　贷：原材料　　　　　　　　　　　　　　　　　　　　　　　　　47 000

借：应交税费——待抵扣进项税额　　　　　　　　　　　　　　　　3 196
　　贷：应交税费——应交增值税（进项税额转出）　　　　　　　　　3 196

4. 销售货物或提供应税劳务

企业销售货物或提供应税劳务时，按营业收入和应收取的增值税税额，借记"应收账款"、"应收票据"、"银行存款"等科目；按实现的营业收入，贷记"主营业务收入"、"其他业务收入"等科目；按专用发票上注明的增值税税额，贷记"应交税费——应交增值税（销项税额）"科目。发生的销售退回，作相反的会计分录。企业将自产、委托加工或购买的货物分配给股东，应当参照企业销售物资或提供应税劳务进行会计处理。

【案例9-22】甲公司销售产品一批，价款为380 000元，专用发票注明增值税税额为64 600元，提货单和增值税专用发票已交给买方，款项尚未收到。

甲公司的账务处理如下：

借：应收账款　　　　　　　　　　　　　　　　　　　　　　　　　444 600
　　贷：主营业务收入　　　　　　　　　　　　　　　　　　　　　　380 000
　　　　应交税费——应交增值税（销项税额）　　　　　　　　　　　64 600

5. 视同销售行为

企业将自产、委托加工的货物用于非应税项目、集体福利或个人消费，将自产、委托加工或购买的货物作为投资、分配给股东或投资者、无偿赠送给他人等，应视同对外销售物资处理,计算应交增值税,借记"在建工程"、"长期股权投资"、"营业外支出"等科目,贷记"应交税费——应交增值税(销项税额)"科目。

【案例 9-23】甲公司将生产的一批产品作为福利发放给本公司职工,该批产品的生产成本为 8 000 元,计税价格为 10 000 元,增值税税率为 17%。

甲公司的账务处理如下:

借:应付职工薪酬——非货币性福利　　　　　　　　　　　　　　　　　11 700
　　贷:主营业务收入　　　　　　　　　　　　　　　　　　　　　　　　10 000
　　　　应交税费——应交增值税(销项税额)　　　　　　　　　　　　　1 700

【案例 9-24】甲公司将自产的一批产品对乙公司进行投资,开具的专用发票上注明价款 500 000 元、增值税 85 000 元。该批产品的成本为 400 000 元。甲公司取得此项投资后采用成本法进行后续核算。

甲公司的账务处理如下:

借:长期股权投资　　　　　　　　　　　　　　　　　　　　　　　　585 000
　　贷:主营业务收入　　　　　　　　　　　　　　　　　　　　　　　500 000
　　　　应交税费——应交增值税(销项税额)　　　　　　　　　　　　85 000
借:主营业务成本　　　　　　　　　　　　　　　　　　　　　　　　400 000
　　贷:库存商品　　　　　　　　　　　　　　　　　　　　　　　　　400 000

6. 出口退税

企业出口产品按规定退税的,按应收的出口退税额,借记"其他应收款"科目,贷记"应交税费——应交增值税(出口退税)"科目。

7. 交纳增值税及月末增值税结转

企业交纳的当月增值税,借记"应交税费——应交增值税(已交税金)"科目,贷记"银行存款"科目。

为了分别反映增值税一般纳税人欠交增值税税款和待抵扣增值税的情况,确保企业及时、足额上交增值税,避免出现企业用以前月份欠交增值税抵扣以后月份未抵扣的增值税的情况,企业应在"应交税费"科目下设置"未交增值税"明细科目,核算企业月份终了从"应交税费——应交增值税"科目转入的当月未交或多交的增值税;同时,在"应交税费——应交增值税"科目下设置"转出未交增值税"和"转出多交增值税"专栏。月份终了,企业计算出当月应交而未交的增值税,借记"应交税费——应交增值税(转出未交增值税)"科目,贷记"应交税费——未交增值税"科目;当月多交的增值税,借记"应交税费——未交增值税"科目,贷记"应交税费——应交增值税(转出多交增值税)"科目。当月交纳以前各期未交的增值税,通过"应交税费——未交增值税"科目,不通过"应交税费——应交增值税(已交税金)"科目核算。

【案例 9-25】甲公司本月的销项税额为 500 000 元,允许抵扣的进项税额为 280 000 元,发生进项税额转出 50 000 元。以银行存款交纳本月增值税 250 000 元。

甲公司的账务处理如下:

本月应交增值税=500 000-280 000+50 000=270 000(元)

(1)交纳本月增值税 250 000 元:

借:应交税费——应交增值税(已交税金)　　　　　　　　　　　　　250 000

贷：银行存款　　　　　　　　　　　　　　　　　　　　　　　　　250 000

（2）将未交增值税结转：

本月未交增值税＝270 000－250 000＝20 000（元）

借：应交税费——应交增值税（转出未交增值税）　　　　　　　　　20 000

　　贷：应交税费——未交增值税　　　　　　　　　　　　　　　　　20 000

（三）小规模纳税人的会计处理

小规模纳税人在购进货物和接受应税劳务时支付的增值税，只能开具普通发票，不得开具增值税专用发票，所以支付的增值税直接计入有关货物和劳务的成本。即小规模纳税人购入货物；无论是否具有增值税专用发票，其支付的增值税税额均不计入进项税额，不得由销项税额抵扣，应计入购入货物的成本，只需在"应交税费"科目下设置"应交增值税"明细科目。其他企业从小规模纳税人处购入货物或接受应税劳务而支付的增值税税额，如不能取得增值税专用发票，也不能作为进项税额抵扣，而应计入购入货物或应税劳务的成本，借记"材料采购"、"在途物资"、"原材料"等科目，贷记"银行存款"科目。

小规模纳税人在取得销售收入时，借记"银行存款"等科目，贷记"主营业务收入"、"应交税费——应交增值税"科目。

小规模纳税人的应纳增值税采用简易计征办法，计算公式为：

$$应纳税额＝销售额×征收率$$

其中：销售额应为不含税销售额。若企业采用销售额和应纳税额合并定价的，应将含税销售额还原为不含税销售额。计算公式为：

$$不含税销售额＝含税销售额÷（1＋征收率）$$

【案例 9-26】 某小规模纳税人销售产品一批，所开出的普通发票中注明的货款（含税）为30 000 元，增值税征收率为 3％。款项已存入银行。

某小规模纳税人的账务处理如下：

不含税销售额＝30 000÷（1＋3％）＝29 126.21（元）

应纳税销售额＝29 126.21×3％＝873.79（元）

借：银行存款　　　　　　　　　　　　　　　　　　　　　　　　　30 000

　　贷：主营业务收入　　　　　　　　　　　　　　　　　　　　29 126.21

　　　　应交税费——应交增值税　　　　　　　　　　　　　　　　873.79

月末以银行存款上交增值税 873.79 元：

借：应交税费——应交增值税　　　　　　　　　　　　　　　　　　873.79

　　贷：银行存款　　　　　　　　　　　　　　　　　　　　　　　873.79

二、应交消费税的核算

消费税是指在我国境内生产、委托加工和进口应税消费品的单位和个人按其流转额交纳的一种税。

（一）应交消费税的计算

消费税在计税方法上经常采用从价定率、从量定额或从价定率和从量定额的复合计税的办法。

1. 从价定率

从价定率是指按应税消费品销售额的一定比例计算、征收消费税。计算公式为：

$$应纳税额＝销售额×比例税率$$

其中的"销售额"是纳税人有偿转让应税消费品所取得的全部收入，即纳税人销售应税消费品向购买方收取的全部价款和价外费用，但不包括从购买方取得的增值税税款。

2. 从量定额

从量定额，是指按应税消费品的销售数量和定额税率计算、征收消费税。计算公式为：

$$应纳税额＝销售数量×定额税率$$

3. 复合计税

复合计税是指对应税消费品同时采用从价定率和从量定额计算、征收消费税。计算公式为：

$$应纳税额＝销售额×比例税率＋销售数量×定额税率$$

(二)应纳消费税的核算方法

交纳消费税的企业，应在"应交税费"科目下设置"应交消费税"明细科目，核算应交纳消费税的发生、交纳情况。该科目贷方登记应交纳的消费税，借方登记已交纳的消费税，期末贷方余额为尚未交纳的消费税，借方余额为多交纳的消费税。

1. 销售应税消费品

企业在销售物资而应交消费税时，应借记"营业税金及附加"科目，贷记"应交税费——应交消费税"科目。

【案例 9-27】甲公司销售生产的一批化妆品，价款为 43 000 元，不含增值税，适用的消费税税率为 30％。

甲公司的账务处理如下：

应纳消费税＝43 000×30％＝12 900（元）

借：营业税金及附加　　　　　　　　　　　　　　　　　　　　　　　12 900

　　贷：应交税费——应交消费税　　　　　　　　　　　　　　　　　　12 900

2. 自产自用的应税消费品

企业将生产的应税消费品用于在建工程、非生产机构等，按规定应交纳的消费税，借记"在建工程"等科目，贷记"应交税费——应交消费税"科目。

【案例 9-28】甲公司的在建工程领用的自产应税消费品的成本为 50 000 元，应纳增值税为 10 200 元，应纳消费税为 6 000 元。

甲公司的账务处理如下：

借：在建工程　　　　　　　　　　　　　　　　　　　　　　　　　　66 200

　　贷：库存商品　　　　　　　　　　　　　　　　　　　　　　　　　50 000

　　　　应交税费——应交消费税　　　　　　　　　　　　　　　　　　6 000

　　　　　　　　——应交增值税（销项税额）　　　　　　　　　　　　10 200

3. 委托加工应税消费品

需要交纳消费税的委托加工物资，一般由受托方代收代交税款。受托方按应交税款金额，借记"应收账款"、"银行存款"等科目，贷记"应交税费——应交消费税"科目。委托加工物资收回后，直接用于销售的，委托方应将代收代交的消费税计入委托加工物资成本，借记"委托加工物资"科目，贷记"应付账款"、"银行存款"等科目。如委托加工物资收回后用于连续生产,按规定准予抵扣的,按代收代交的消费税税款,借记"应交税费——应交消费税"科目,贷记"应付账款"、"银行存款"等科目。

【案例 9-29】甲公司委托乙公司代为加工一批应纳消费税的材料(非金银首饰)。甲公司的材料成本为 1 000 000 元,加工费为 200 000 元,增值税税率为 17%,由乙公司代收代交的消费税为 80 000 元。材料已经加工完成,并由甲公司收回且验收入库,加工费尚未支付。

(1)假设甲公司收回的委托加工物资用于继续生产应税消费品,则甲公司的账务处理如下:

借:委托加工物资	1 000 000
贷:原材料	1 000 000
借:委托加工物资	200 000
应交税费——应交增值税(进项税额)	34 000
——应交消费税	80 000
贷:应付账款	314 000
借:原材料	1 200 000
贷:委托加工物资	1 200 000

(2)假设甲公司收回的委托加工物资直接用于对外销售,则甲公司的账务处理如下:

借:委托加工物资	1 000 000
贷:原材料	1 000 000
借:委托加工物资	280 000
应交税费——应交增值税(进项税额)	34 000
贷:应付账款	314 000
借:原材料	1 280 000
贷:委托加工物资	1 280 000

(3)乙公司对应收取的委托加工代收代交消费税的账务处理如下:

借:应收账款	80 000
贷:应交税费——应交消费税	80 000

三、其他应交税费的核算

其他应交税费是指除上述应交税费以外的其他各种应交税费,包括应交城市维护建设税、应交资源税、应交土地增值税、应交所得税、应交教育费附加、应交矿产资源补偿费等。

1.应交城市维护建设税

城市维护建设税是以增值税、消费税等为计税依据而征收的一种税。其纳税人为交纳增值税、消费税的单位和个人。该税以纳税人实际交纳的增值税、消费税税额为纳税依据,并按规定税率计税征收。税率以企业所在地的划分为依据,即所在地在市区的为 7%,在县、镇的为 5%,在市区、县、镇以外的为 1%。计算公式为:

$$应纳税额=(应交增值税+应交消费税)×适用税率$$

为了核算城市维护建设税的应交及实交情况,应设置"应交税费——应交城市维护建设税"科目,贷方登记应交纳的城市维护建设税,借方登记已交纳的城市维护建设税,期末贷方余额为尚未交纳的城市维护建设税。

企业计算出应交纳的城市维护建设税时,借记"营业税金及附加"科目,贷记"应交税费——应交城市维护建设税"科目;实际交纳时,借记"应交税费——应交城市维护建设税"科目,贷记"银行存款"科目。

【案例 9-30】甲公司本期实际应上交增值税 516 000 元、消费税 241 000 元。该公司适用的城市维护建设税税率为 7%。

甲公司的账务处理如下:

应交城市维护建设税=(516 000+241 000)×7%=52 990(元)

借:营业税金及附加　　　　　　　　　　　　　　　　　　52 990

　　贷:应交税费——应交城市维护建设税　　　　　　　　　　　　52 990

用银行存款上交城市维护建设税时,作如下账务处理:

借:应交税费——应交城市维护建设税　　　　　　　　　　52 990

　　贷:银行存款　　　　　　　　　　　　　　　　　　　　　　52 990

2. 应交资源税

资源税是对在我国境内开采矿产品或生产盐的单位和个人征收的一种税。

$$应纳税额=课税数量×适用单位税额$$

为核算资源税的应交及实交情况,应在"应交税费"科目下设置"应交资源税"明细科目,贷方登记应交纳的资源税,借方登记已交纳的资源税,期末贷方余额为尚未交纳的资源税。企业自销应税产品计算出应交资源税时,借记"营业税金及附加"科目,贷记"应交税费——应交资源税"科目;计算自产自用的应税产品应纳的资源税时,借记"生产成本"科目,贷记"应交税费——应交资源税"科目;实际交纳时,借记"应交税费——应交资源税"科目,贷记"银行存款"科目。

【案例 9-31】某企业将自产的煤炭 1 000 吨用于生产产品,每吨煤炭应交资源税 5 元。

某企业的账务处理如下:

应交资源税=1 000×5=5 000(元)

借:生产成本　　　　　　　　　　　　　　　　　　　　　5 000

　　贷:应交税费——应交资源税　　　　　　　　　　　　　　　　5 000

3. 应交土地增值税

土地增值税是指在我国境内有偿转让土地使用权及地上建筑物和其他附着物产权的单位和个人,就其土地增值额征收的一种税。土地增值税实现四级超额累进税率。为了核算土地增值税的应交及实交情况,应设置"应交税费——应交土地增值税"科目,贷方登记应交纳的土地增值税,借方贷记已交纳的土地增值税,期末贷方余额为尚未交纳的土地增值税。

企业转让的土地使用权连同地上建筑物及其附着物一并在"固定资产"等科目核算的,转让时应交的土地增值税,借记"固定资产清理"科目,贷记"应交税费——应交土地增值税"科目。土地使用权在"无形资产"科目核算的,按实际收到的金额,借记"银行存款"科目;按应交的土地增值税,贷记"应交税费——应交土地增值税"科目;同时冲销土地使用权的账面价值,贷记"无形资产"科目;按其差额,借记"营业外支出"科目或贷记"营业外收入"科目。

【案例 9-32】某企业对外出售一栋厂房,按税法规定计算的应交土地增值税为27 000 元。

该企业的账务处理如下:

借：固定资产清理　　　　　　　　　　　　　　　　　　　　　27 000

　　贷：应交税费——应交土地增值税　　　　　　　　　　　　　27 000

用银行存款上交土地增值税时，作如下账务处理：

借：应交税费——应交土地增值税　　　　　　　　　　　　　27 000

　　贷：银行存款　　　　　　　　　　　　　　　　　　　　　27 000

4. 应交教育费附加、矿产资源补偿费

企业按规定计算应交的教育费附加、矿产资源补偿费，借记"营业税金及附加"、"其他业务成本"、"管理费用"等科目，贷记"应交税费——应交教育费附加（或应交矿产资源补偿费）"科目。交纳的教育费附加、矿产资源补偿费等，借记"应交税费——应交教育费附加（或应交矿产资源补偿费）"科目，贷记"银行存款"科目。

5. 应交房产税、土地使用税、车船税

房产税是国家在城市、县城、建制镇和工矿区征收的由产权所有人交纳的税。土地使用税是国家为了合理利用城镇土地、调节土地级差收入、提高土地使用效益、加强土地管理而开征的一种税，以纳税人实际占用的土地面积为计税依据，依照规定税率计算、征收。车船税由拥有并且使用车船的单位和个人按照适用税率计算、交纳。

企业按规定计算应交的房产税、土地使用税、车船税，借记"管理费用"等科目，贷记"应交税费——应交房产税（土地使用税、车船税）"科目；上交时，借记"应交税费——应交房产税（土地使用税、车船税）"科目，贷记"银行存款"科目。

6. 应交所得税

企业的生产经营所得和其他所得，需要交纳所得税。企业应交纳的所得税，在"应交税费"科目下设置"应交所得税"明细科目核算。企业计算的所得税，借记"所得税费用"等科目，贷记"应交税费——应交所得税"科目。

7. 应交个人所得税

企业按规定计算的应代扣代交的个人所得税，借记"应付职工薪酬"科目，贷记"应交税费——应交个人所得税"科目。交纳个人所得税时，借记"应交税费——应交个人所得税"科目，贷记"银行存款"科目。

8. 应交印花税、契税

印花税是对书立、领受购销合同等凭证行为而征收的税额，实行由纳税人根据规定自行计算应纳税额、购买并一次贴足印花税票的交纳方法。企业交纳的印花税，于购买印花税票时，借记"管理费用"科目，贷记"银行存款"科目。

契税是对境内转移土地、房屋权属而征收的税款。企业取得土地使用权、房屋按规定交纳的契税，由于是按实际取得的不动产的价格计税，所以按规定的税额一次性征收。企业按规定交纳契税时，借记"固定资产"、"无形资产"等科目，贷记"银行存款"科目。

任务五　其他流动负债的核算

一、预收账款的核算

预收账款是企业按合同的规定,向购货单位和个人预先收取的款项。预收账款的核算在"预收账款"科目进行。该科目借方登记企业向购货方发货后冲销的预售账款数额和退回购货方多付的数额;贷方登记预收货款的数额和购货单位补付货款的数额;期末余额一般在贷方,表示已预收货款但尚未向购货方发货的数额;期末余额如为借方,反映企业尚未转销的款项。

企业在向购货单位预收货款时,借记"银行存款"科目,贷记"预收账款"科目;将货物交给购货方时,按售价及增值税税额,借记"预收账款"科目,贷记"主营业务收入"、"应交税费——应交增值税(销项税额)"科目;购货单位补付货款时,借记"银行存款"科目,贷记"预收账款"科目。

【案例9-33】甲公司与乙公司签订销货合同,向乙公司提供产品,货款为50 000元,合同规定签约时预付30%的货款,余款于交付产品2个月后结算。

甲公司的账务处理如下:

(1)收到购货方交来的预付款时:

借:银行存款　　　　　　　　　　　　　　　　　　　　　　　15 000
　　贷:预收账款——乙公司　　　　　　　　　　　　　　　　　　　15 000

(2)产品发出时开出增值税专用发票,记载货款50 000元、税款8 500元:

借:预收账款——乙公司　　　　　　　　　　　　　　　　　　58 500
　　贷:主营业务收入　　　　　　　　　　　　　　　　　　　　　50 000
　　　　应交税费——应交增值税(销项税额)　　　　　　　　　　　8 500

(3)发出商品2个月后结算货款时:

借:银行存款　　　　　　　　　　　　　　　　　　　　　　　35 000
　　贷:预收账款——乙公司　　　　　　　　　　　　　　　　　　35 000

对于预收账款业务不多的企业,可不设置"预收账款"科目,将预收账款直接记入"应收账款"科目的贷方。

二、应付股利和应付利息的核算

(一)应付股利

应付股利是指企业根据股东大会或类似机构审议批准的利润分配方案,应支付给投资人的现金股利或利润。企业应设置"应付股利"科目,按投资者进行明细核算。企业根据通过的股利或利润分配方案,按应支付给投资者的现金股利或利润,借记"利润分配——应付现金股利"科目,贷记"应付股利"科目;实际向投资者支付现金股利或利润时,借记"应付股利"科目,贷记"库存现金"、"银行存款"等科目。"应付股利"科目的期末贷方余额反映企业应付而未付的现金股利或利润。企业分配的股票股利不通过"应付股利"科目核算。

【案例9-34】2×15年度甲公司实现净利润8 000 000元,经董事会审议,决定分配现金股利 4 500 000 元,股利已用银行存款支付。

甲公司的账务处理如下:

借:利润分配——应付现金股利　　　　　　　　　　　　　　　　　　4 500 000
　　贷:应付股利　　　　　　　　　　　　　　　　　　　　　　　　　　　　4 500 000

借:应付股利　　　　　　　　　　　　　　　　　　　　　　　　　　4 500 000
　　贷:银行存款　　　　　　　　　　　　　　　　　　　　　　　　　　　　4 500 000

(二)应付利息

应付利息核算企业按合同约定应支付的利息,包括分期付息到期还本的长期借款、企业债券等应支付的利息。企业应设置"应付利息"科目,按债权人设置明细科目进行核算。该科目的期末贷方余额反映企业按合同约定应支付但尚未支付的利息。企业采用合同约定的名义利率计算、确定利息费用时,应按照以合同约定的名义利率计算、确定的应付利息的金额,记入"应付利息"科目;实际支付时,借记"应付利息"科目,贷记"银行存款"科目。

【案例 9-35】某企业借入 5 年期、到期还本、每年付息的长期借款 5 000 000 元,合同约定的年利率为 3.5%,假定不符合资本化条件。

该企业的账务处理如下:

(1)每年计算、确定利息费用时:

每年应支付的利息＝5 000 000×3.5%＝175 000(元)

借:财务费用　　　　　　　　　　　　　　　　　　　　　　　　　175 000
　　贷:应付利息　　　　　　　　　　　　　　　　　　　　　　　　　　　175 000

(2)每年实际支付利息时:

借:应付利息　　　　　　　　　　　　　　　　　　　　　　　　　175 000
　　贷:银行存款　　　　　　　　　　　　　　　　　　　　　　　　　　　175 000

三、其他应付款的核算

其他应付款是指企业除了应付票据、应付账款、应付职工薪酬、应付股利、应交税费等以外的各种应付、暂收款项,如租入包装物的应付租金、经营租入固定资产的应付租金、出租出借包装物的押金、应付暂收其他单位或个人的款项等。

其他应付款的核算应通过"其他应付款"科目进行。该科目的贷方登记发生的应付暂收款项;借方登记归还或转销款项;余额一般在贷方,表示尚未归还或转销的各种应付暂收款项。

【案例 9-36】某企业对随产品出租的包装物收取押金 4 000 元。

某企业的账务处理如下:

借:银行存款　　　　　　　　　　　　　　　　　　　　　　　　　4 000
　　贷:其他应付款　　　　　　　　　　　　　　　　　　　　　　　　　　4 000

▶▶▶ 项 目 小 结

本项目包括短期借款的核算、应付票据及应付账款的核算、应付职工薪酬的核算、应交税费的核算、其他流动负债的核算五部分。

1. 流动负债是指将在一年以内(含一年)或者超过一年的一个营业周期内偿还的债务。

流动负债主要包括短期借款、应付票据、应付账款、预收账款、应付职工薪酬、应交税费、应付股利、应付利息、其他应付款等。

2. 短期借款是指企业借入的期限在一年以下(含一年)的各种借款。短期借款利息应作为财务费用计入当期损益。

3. 应付票据是指企业采用商业汇票结算方式购买材料、商品和接受劳务供应等而开出、承兑的商业汇票,通过"应付票据"科目核算。

4. 应付账款是指企业在正常的生产经营过程中,因购买商品、材料或接受劳务供应等而应付给供货单位的款项。其入账金额应采用总价法确认。

5. 职工薪酬是指企业为获得职工提供的服务而给予职工各种形式的报酬以及其他相关支出,包括企业为职工在职期间和离职后提供的全部货币性薪酬和非货币性福利。提供给职工配偶、子女或其他被赡养人的福利等也属于职工薪酬。企业应当在职工为其提供服务的会计期间,将应付的职工薪酬(不包括辞退福利)确认为负债,并根据职工提供服务的受益对象,分别按以下情况处理:①应由生产产品、提供劳务负担的职工薪酬,计入产品成本或劳务成本;②应由在建工程、无形资产开发成本负担的职工薪酬,计入建造固定资产或无形资产的开发成本;③上述两项之外的其他职工薪酬,计入当期损益。

6. 增值税纳税人分为一般纳税人和小规模纳税人。一般纳税人应在"应交税费"科目下设置"应交增值税"、"未交增值税"明细科目,在"应交增值税"明细科目下应设置"进项税额"、"销项税额"、"已交税金"、"出口退税"、"进项税额转出"等专栏;小规模纳税人只需在"应交税费"科目下设置"应交增值税"明细科目。企业在销售需要交纳消费税的物资时应交消费税,应记入"营业税金及附加"科目;直接用于销售的,委托方应将代收代交的消费税计入委托加工物资成本,如委托加工物资收回后用于连续生产应税消费品的,按规定准予抵扣。

7. 预收账款是企业按合同的规定,向购货单位和个人预先收取的款项,通过"预收账款"科目核算。对于预收账款业务不多的企业,预收账款可直接记入"应收账款"科目的贷方。

项目十 非流动负债的核算

知识目标

1. 掌握非流动负债的含义及构成。
2. 掌握借款费用的含义、借款费用资本化的有关规定。
3. 掌握长期借款的含义及分类。
4. 掌握应付债券的含义及发行方式。
5. 了解长期应付款的含义,掌握融资租赁的确认条件,了解具有融资性质的购入资产的内涵。

能力目标

1. 能够判断资本化期间,能对专门借款、一般借款的借款费用资本化进行会计处理。
2. 能够对长期借款的取得、计息和偿还进行会计处理。
3. 能够对应付债券的发行进行会计处理,能够对计提利息及溢、折价摊销进行会计处理,能够对应付债券的收回进行会计处理。
4. 能够判断租赁的类型,能够确定融资租赁资产的入账价值,能够对未确认融资费用进行摊销,能够对融资租赁资产计提折旧进行会计处理,能够对具有融资性质的延期付款购买资产进行核算。

任务一 长期借款的核算

一、什么是非流动负债

非流动负债是流动负债以外的负债,指偿还期在一年或者超过一年的一个营业周期以上的债务,主要包括长期借款、应付债券、长期应付款等。非流动负债除了具有负债的共同特点外,还具有债务金额较大、偿还期限较长,可以采用分期偿还方式等特点,需要考虑货币时间价值因素的影响。

企业因为添置大型设备、购置房地产、增建或扩建厂房等需要筹措长期资金,主要有两种来源:一是增发股票,由股东追加投资;二是举借非流动负债,由债权人提供资金,即举债经营。与增发股票相比,举债经营有以下几点好处:

(1)举借非流动负债不会影响企业原有的股权结构,从而保证原有股东对企业的控制能力或权限不受损害。同时,又能取得可以长期占用的资金。

(2)举借非流动负债,债权人除了按期取得本金和利息外不享有剩余盈余的索取权,当企业的投资利润率高于长期债务的利率时,剩余盈余全部归股东所有。

(3)举借非流动负债,其债务的利息可以作为一项费用支出从应税收益中扣除,从而使企业少纳所得税。而股利只能从税后利润中支付,不能作为纳税扣减项目。

当然,举借非流动负债也有其不利的方面,主要是非流动负债都有明确的还本付息期,本息的偿付作为长期的固定性支出,会增加企业的财务负担,特别是,如果举借的非流动负债的利率高于投资报酬率,还将会减少股东利益。因此,企业究竟以何种方式筹集能够长期占用的资金,是一项重要的财务决策。

二、借款费用

(一)借款费用的含义

借款费用是企业因借入资金所付出的代价,包括借款利息、折价或者溢价的摊销、辅助费用以及因外币借款而发生的汇兑差额等。对于企业发生的权益性融资费用,不应包括在借款费用中。

(二)借款的范围

借款分为专门借款和一般借款。专门借款是指为购建或者生产符合资本化条件的资产而专门借入的款项。专门借款通常应当有明确的用途,即为购建或者生产某项符合资本化条件的资产而专门借入的,并通常应当具有标明该用途的借款合同,例如甲公司为扩建厂房从银行取得借款,就属于专门借款。一般借款是指除专门借款之外的借款。相对于专门借款,在借入一般借款时,其用途通常没有特指用于符合资本化条件的资产的购建或者生产。对借款进行这种分类的目的是正确划分借款费用资本化的范围以及确定资本化的金额。

(三)符合资本化条件的资产

符合资本化条件的资产是指需要经过相当长时间的购建或者生产活动才能达到预定可使用或者可销售状态的固定资产、投资性房地产和存货等资产。其中,"相当长时间"应当是指为资产的购建或者生产所必需的时间通常为 1 年以上(含 1 年)。

如果由于人为或者故意等非正常因素导致资产的购建或者生产时间相当长的,该资产不属于符合资本化条件的资产。购入即可使用的资产,或者购入后需要安装但所需安装时间较短的资产,或者需要建造或者生产但所需建造或者生产时间较短的资产,均不属于符合资本化条件的资产。

(四)借款费用的确认

根据借款费用准则的规定,借款费用确认的基本原则是:企业发生的借款费用可直接归属于符合资本化条件的资产的购建或者生产的,应当予以资本化,计入相关资产成本;其他借款费用,应当在发生时根据其发生额确认为费用,计入当期损益。

企业只有发生在资本化期间内的有关借款费用,才允许资本化,资本化期间的确定是借款费用确认和计量的重要前提。借款费用资本化期间,是指从借款费用开始资本化时点到停止资本化时点的期间,但不包括借款费用暂停资本化的期间。

1. 借款费用开始资本化的时点

借款费用允许开始资本化必须同时满足以下三个条件:

(1)资产支出已经发生。资产支出包括为购建或者生产符合资本化条件的资产而以支付现金、转移非现金资产或者承担带息债务形式发生的支出。

（2）借款费用已经发生。借款费用指企业已经发生了因购建或者生产符合资本化条件的资产而专门借入款项的借款费用或者所占用的一般借款的借款费用。

（3）为使资产达到预定可使用或者可销售状态所必要的购建或者生产活动已经开始。即符合资本化条件的资产的实体建造或者生产工作已经开始。

企业只有在上述三个条件同时满足的情况下，有关借款费用才可开始资本化；只要其中有一个条件没有满足，借款费用就不能开始资本化。

【案例 10-1】2×15 年 1 月 1 日，甲公司为扩大生产规模，决定扩建厂房。因资金短缺，2×15 年 7 月 1 日向银行借入 3 年期、年利率为 6％ 的专门借款 2 000 000 元。厂房于 2×15 年 8 月 1 日开始动工兴建，同时发生资产支出 500 000 元。

甲公司"资产支出已经发生"的时点为 2×15 年 8 月 1 日，"借款费用已经发生"的时点为 2×15 年 7 月 1 日，"为使资产达到预定可使用状态所必要的购建活动已经开始"的时点为 2×15 年 8 月 1 日。因此"借款费用开始资本化"的时点为 2×15 年 8 月 1 日。

2. 借款费用暂停资本化的时间

符合资本化条件的资产在购建或者生产过程中发生非正常中断、且中断时间连续超过 3 个月的，应当暂停借款费用的资本化。中断的原因必须是非正常中断。属于正常中断的，相关借款费用仍可资本化。在中断期间发生的借款费用应当确认为费用，计入当期损益，直至资产的购建或者生产活动重新开始。在实务中，企业应当遵循"实质重于形式"等原则来判断借款费用暂停资本化的时间。如果相关资产购建或者生产的中断时间较长而且满足其他规定条件的，相关借款费用应当暂停资本化。

非正常中断，通常是由于企业管理决策上的原因或者其他不可预见的原因等所导致的中断。非正常中断与正常中断显著不同。正常中断通常仅限于因购建或者生产符合资本化条件的资产达到预定可使用或者可销售状态所必要的程序，或者事先可预见的不可抗力因素导致的中断。

【案例 10-2】假定案例 10-1 中，正在扩建的厂房因施工安全问题，被勒令停工 4 个月进行整改，则需要暂停借款费用的资本化。

3. 借款费用停止资本化的时点

购建或者生产符合资本化条件的资产达到预定可使用或者可销售状态时，借款费用应当停止资本化。在符合资本化条件的资产达到预定可使用或者可销售状态之后所发生的借款费用，应当在发生时根据其发生额确认为费用，计入当期损益。

（五）借款费用的计量

1. 借款利息费用资本化金额的确定

在借款费用资本化期间内，每一会计期间的利息（包括折价或溢价的摊销，下同）资本化金额，应当按照下列原则确定：

（1）专门借款利息费用的资本化金额。为购建或者生产符合资本化条件的资产而借入专门借款的，应当以专门借款当期实际发生的利息费用，减去将尚未动用的借款资金存入银行取得的利息收入或进行暂时性投资取得的投资收益后的金额确定。

【案例 10-3】2×15 年 1 月 1 日，某企业为建造厂房向银行借入 3 年期、年利率为 6％、每年年末付息、到期还本的专门借款 500 000 元，厂房于 2×15 年 1 月 1 日开始动工兴建，同时发生资产支出 300 000 元。企业将专门借款的剩余部分存入银行，年利率为 2％。

企业在 2×15 年应予资本化的专门借款利息金额

＝专门借款当期实际发生的利息费用－尚未动用的借款资金存入银行取得的利息收入

＝500 000×6％－(500 000－300 000)×2％

＝26 000(元)

借：在建工程　　　　　　　　　　　　　　　　　　　　　　　26 000

　银行存款　　　　　　　　　　　　　　　　　　　　　　　　 4 000

　贷：应付利息　　　　　　　　　　　　　　　　　　　　　　　　 30 000

（2）一般借款利息费用的资本化金额。企业在购建或者生产符合资本化条件的资产时，如果专门借款资金不足，占用了一般借款资金的，或者企业为购建或者生产符合资本化条件的资产并没有借入专门借款，而占用的都是一般借款资金的，则企业应当根据为购建或者生产符合资本化条件的资产而发生的累计资产支出超过专门借款部分的资产支出加权平均数乘以所占用一般借款的资本化率，计算、确定一般借款应予资本化的利息金额。资本化率应当根据一般借款加权平均利率计算、确定。如果符合资本化条件的资产的购建或者生产没有借入专门借款，则应以累计资产支出加权平均数为基础计算所占用的一般借款利息资本化金额。即企业占用一般借款资金购建或者生产符合资本化条件的资产时，一般借款的借款费用的资本化金额的确定应当与资产支出相挂钩。有关计算公式如下：

$$一般借款利息费用资本化金额＝\frac{累计资产支出超过专门借款}{部分的资产支出加权平均数}×\frac{所占用一般借款}{的资本化率}$$

$$所占用一般借款的资本化率＝所占用一般借款的加权平均利率$$

$$＝\frac{所占用一般借款当期实际发生的利息之和}{所占用一般借款本金加权平均数}×100\%$$

$$\frac{所占用一般借款}{本金加权平均数}＝\sum\frac{所占用每笔一般借款本金×每笔一般借款在当期所占用的天数}{当期天数}$$

【案例 10-4】 某企业于 2×15 年 1 月 1 日动工兴建新厂房，企业没有为该厂房的建造借入专门借款，动用了企业的一般借款。2×15 年该厂房的建造中有两笔资产支出：一笔是 2×15 年 1 月 1 日支出的 1 000 000 元；另一笔是 2×15 年 7 月 1 日支出的 800 000 元。2×15 年，企业的一般借款有两笔：一笔是 2×14 年 5 月 1 日借入的 3 年期借款 2 000 000 元，利率为 6％；另一笔是 2×15 年 7 月 1 日借入的 2 年期借款 1 000 000 元，利率为 5％。

$$\frac{所占用一般借款}{本金加权平均数}＝2\,000\,000＋1\,000\,000×180/360＝2\,500\,000(元)$$

$$\frac{所占用一般借}{款的资本化率}＝\frac{(2\,000\,000×6\%＋1\,000\,000×5\%×180/360)}{2\,500\,000}×100\%＝5.8\%$$

$$\frac{累计资产支出超过专门借款}{部分的资产支出加权平均数}＝1\,000\,000＋800\,000×180/360＝1\,400\,000(元)$$

2×15 年一般借款利息费用资本化金额＝1 400 000×5.8％＝81 200(元)

$$计入财务费用的金额＝2\,000\,000×6\%＋1\,000\,000×5\%×180/360－81\,200$$

$$＝63\,800(元)$$

借：在建工程　　　　　　　　　　　　　　　　　　　　　　　81 200

　财务费用　　　　　　　　　　　　　　　　　　　　　　　　63 800

　贷：应付利息　　　　　　　　　　　　　　　　　　　　　　　145 000

(3)借款存在折价或溢价的,应当按照实际利率法确定每一会计期间应摊销的折价或溢价金额,调整每期利息金额。即企业用实际利率法,按照期初借款余额乘以实际利率计算、确定每期借款利息费用。

【案例10-5】某企业于2×15年1月1日动工兴建新厂房,企业为建造新厂房专门发行了长期债券来募集资金。债券面值为1 000万元,票面利率为5%,企业实际取得的发行款为1 100万元,实际利率为4%,厂房于2×15年1月1日动工兴建,并投入发行债券募集所得资金1 100万元。

根据上述资料,企业应资本化的专门借款利息费用应该为按实际利率计算、确定的借款利息费用,即2×15年专门借款利息费用的资本化金额=1 100×4%=44(万元)。

应该注意的是,在资本化期间,每一会计期间的利息资本化金额不应当超过当期相关借款实际发生的利息金额。

2. 借款辅助费用资本化金额的确定

辅助费用是企业为了安排借款而发生的必要费用,包括借款手续费(如发行债券手续费)、佣金等。对于企业发生的专门借款辅助费用,在所购建或者生产的符合资本化条件的资产达到预定可使用或者可销售状态之前发生的,应当在发生时根据其发生额予以资本化;在所购建或者生产的符合资本化条件的资产达到预定可使用或者可销售状态之后发生的,应当在发生时根据其发生额确认为费用,计入当期损益。

(六)借款费用的核算

借款费用的会计处理原则是:对于符合资本化条件的借款费用应予以资本化,借记"在建工程"、"制造费用"等科目,贷记相关科目;不符合资本化条件的借款费用,借记"财务费用"科目,贷记相关科目。

【案例10-6】甲公司拟建造一幢新厂房,有关资料如下:

(1)2×14年1月1日向银行借入专门借款200万元,期限为3年,年利率为6%,每年1月1日付息。

(2)除专门借款外,公司另有两笔一般借款:一笔为2×13年1月1日借入的长期借款100万元,期限为4年,年利率为5%,每年1月1日付息;另一笔为2×14年1月1日借入的长期借款300万元,期限为5年,年利率为7%,每年12月31日付息。

(3)该厂房于2×14年1月1日开始动工兴建,工程建设期间的支出情况如下:

2×14年1月1日:100万元;

2×14年3月1日:50万元;

2×14年7月1日:90万元;

2×15年1月1日:50万元;

2×15年7月1日:30万元。

由于施工质量问题,工程于2×15年2月1日—5月31日停工4个月,于2×15年9月30日完工,达到预定可使用状态。

(4)专门借款中未支出部分全部存入银行,假定月利率为0.1%,利息已收到并存入银行,全年按照360天计算,每月按照30天计算。

甲公司借款费用的有关处理如下:

(1)2×14年:

专门借款发生的借款费用金额＝200×6％＝12(万元)

专门借款未支出部分存入银行取得的利息＝100×0.1‰×2＋50×0.1‰×4

＝0.4(万元)

专门借款应予资本化的借款费用金额＝12－0.4＝11.6(万元)

一般借款本金加权平均数＝(100＋300)×360/360＝400(万元)

一般借款发生的借款费用金额＝100×5％＋300×7％＝26(万元)

一般借款的资本化率＝26÷400×100％＝6.5％

累计资产支出超过专门借款部分的资产支出加权平均数＝[(100＋50＋90)－200]×180/360＝20(万元)

一般借款应予资本化的借款费用金额＝20×6.5％＝1.3(万元)

一般借款应予费用化金额＝26－1.3＝24.7(万元)

应予资本化的借款费用金额合计＝11.6＋1.3＝12.9(万元)

有关会计分录如下：

借：在建工程　　　　　　　　　　　　　　　　　　　129 000

　　财务费用　　　　　　　　　　　　　　　　　　　247 000

　　银行存款　　　　　　　　　　　　　　　　　　　　4 000

　　贷：应付利息　　　　　　　　　　　　　　　　　　　380 000

(2)2×15年：

资本化期间：2×15年1月1日至2×15年1月31日、2×15年6月1日至2×15年9月30日，共5个月。

专门借款发生的借款费用金额＝200×6％＝12(万元)

专门借款应予资本化的借款费用金额＝12×150/360＝5(万元)

专门借款应予费用化的金额＝12－5＝7(万元)

一般借款发生的借款费用金额＝100×5％＋300×7％＝26(万元)

累计资产支出超过专门借款占用的一般借款加权平均数＝(40＋50)×150/360＋30×90/360＝45(万元)

一般借款应予资本化的借款费用金额＝45×6.5％＝2.925(万元)

一般借款应予费用化的金额＝26－2.925＝23.075(万元)

应予资本化的借款费用金额合计＝5＋2.925＝7.925(万元)

应予费用化的借款费用金额合计＝7＋23.075＝30.075(万元)

有关会计分录如下：

借：在建工程　　　　　　　　　　　　　　　　　　　79 250

　　财务费用　　　　　　　　　　　　　　　　　　　300 750

　　贷：应付利息　　　　　　　　　　　　　　　　　　　380 000

三、长期借款的核算方法

(一)长期借款的含义及分类

长期借款是指企业从银行或其他金融机构借入的期限在一年以上(不含一年)的借款。长期借款是企业非流动负债的重要组成部分。长期借款的使用关系到企业的生产经营规模和效益,它一般用于固定资产的购建、改扩建工程、大修理工程、对外投资以及为了保持长期经营能力等方面,必须要加强管理与核算。

长期借款可以按不同的分类标准进行分类,一般有以下几种分类方法:

(1)按照借款用途的不同,可以分为基本建设借款、技术改造借款和生产经营借款三类。

(2)按照偿还方式的不同,可以分为定期一次性偿还的长期借款和分期偿还的长期借款两类。

(3)按照涉及货币种类的不同,可以分为人民币长期借款和外币长期借款。

(4)按照来源的不同,可以分为从银行借入的长期借款和从其他金融机构借入的长期借款等。

(5)按照借款的条件,可以分为抵押借款、担保借款和信用借款。

(二)长期借款的具体核算

1. 账户设置

为了核算企业向银行或其他金融机构借入的期限在1年以上(不含1年)的各项借款,企业应设置"长期借款"科目,并按照贷款单位和贷款种类,分别"本金"、"利息调整"进行明细核算。该科目的贷方登记长期借款本息的增加额,借方登记本息的减少额,贷方余额表示企业尚未偿还的长期借款。

2. 会计处理

企业借入各种长期借款时,按实际收到的款项,借记"银行存款"科目,贷记"长期借款——本金"科目;按借贷双方之间的差额,借记"长期借款——利息调整"科目。

在资产负债表日,企业应按长期借款的摊余成本和实际利率计算、确定的长期借款的利息费用,借记"在建工程"、"财务费用"、"制造费用"等科目;按借款本金和合同利率计算、确定的应付而未付利息,贷记"应付利息"科目;按其差额,贷记"长期借款——利息调整"科目。

企业归还长期借款时,按归还的长期借款本金,借记"长期借款——本金"科目;按转销的利息调整金额,贷记"长期借款——利息调整"科目;按实际归还的款项,贷记"银行存款"科目;按借贷双方之间的差额,借记"在建工程"、"财务费用"、"制造费用"等科目。

【案例10-7】 某企业为建造一条生产线,于2×14年1月1日借入期限为两年的专门借款1 000 000元,款项已存入银行。借款利率按市场利率确定为6%,每年付息一次,期满后一次还清本金。2×14年年初,以银行存款支付工程价款共计800 000元,2×15年年初又以银行存款支付工程费用100 000元。该生产线于2×15年8月底完工,达到预定可使用状态。闲置专门借款资金均用于固定收益债券短期投资,月收益率为0.5%,取得的收益均存入银行。根据上述业务编制有关会计分录如下:

(1)2×14年1月1日,取得借款时:

借:银行存款   1 000 000

    贷:长期借款   1 000 000

(2)2×14年年初,支付工程款时:

借:在建工程   800 000

    贷:银行存款   800 000

(3)2×14年12月31日,确认2×14年应计入工程成本的利息:

应予资本化的借款费用$=100 \times 6\% - 20 \times 0.5\% \times 12 = 4.8$(万元)

借:在建工程	48 000
银行存款	12 000
贷:应付利息	60 000

(4)2×14年12月31日支付借款利息时:

借:应付利息	60 000
贷:银行存款	60 000

(5)2×15年年初支付工程款时:

借:在建工程	100 000
贷:银行存款	100 000

(6)2×15年8月底达到预定可使用状态,确认该期应计入工程成本的利息:

应予资本化的借款费用=100×6%÷12×8−10×0.5%×8=3.6(万元)

借:在建工程	36 000
银行存款	4 000
贷:应付利息	40 000

同时:

借:固定资产	984 000
贷:在建工程	984 000

(7)2×15年12月31日,确认2×15年9—12月应计入财务费用的利息:

应予费用化的借款费用=100×6%÷12×4−10×0.5%×4=1.8(万元)

借:财务费用	18 000
银行存款	2 000
贷:应付利息	20 000

(8)2×15年12月31日支付利息时:

借:应付利息	60 000
贷:银行存款	60 000

(9)2×16年1月1日到期还本时:

借:长期借款	1 000 000
贷:银行存款	1 000 000

任务二　应付债券的核算

一、什么是应付债券

应付债券是指企业为筹集长期使用资金而实际发行的一种书面证明。因其是发行期限在1年以上(不含1年)的应付长期债券,故而构成一项非流动负债。

债券凭证上通常列明以下条款:

(1)债券面值,是指债券的到期值,即债券到期应偿还的本金。

(2)债券利率,是指债券应付利息的年利率,因在债券契约中,故又称为票面利率或约定利率、名义利率。

（3）付息日，即债券支付利息的日期。

（4）到期日，即偿还债券本金的日期。

公司债券按不同的依据有如下不同的分类：

1. 按有无担保可分为信用债券和担保债券

信用债券（即无担保债券）是指不以特定的抵押财产作为担保物，单凭企业的卓著信誉而发行的债券。担保债券是指企业以动产或不动产抵押而发行的债券。

2. 按发行方式可分为记名债券和无记名债券

记名债券是指公司在所发行的债券上记载了债券持有人的姓名和地址并在公司的债权人名册中登记。债券到期时，其持有人必须凭债券和本人的身份证或其他相关证明文件才能领取本息。买卖记名债券时，还必须办理过户登记手续。由此可见，记名债券比较安全，但流通转让手续烦琐。

无记名债券又称息票债券，指公司债券上不记载债券持有人的姓名或名称，债券持有人只需凭债券所附息票就可以按期领取利息，到期时则凭债券领回本金。这种债券转让方便，一般向社会公众发行的都是无记名债券。

3. 按偿还方式可分为一次还本债券和分期还本债券

一次还本债券是指本金在到期日一次偿还的债券；分期还本债券是指本金分期偿还的债券。

4. 特殊形式的债券包括可转换公司债券、可赎回债券、收益债券和收入债券

可转换公司债券是指债券持有人在持有一定时期后可按照规定的比率转换为公司的普通股的债券。

可赎回债券是指债券发行企业有权在持有债券到期日之前按确定的价格提前赎回的债券。

收益债券是指发行企业有盈利才支付利息的债券。

收入债券是指发行企业用某种特定的收入来源支付利息的债券，即发行企业取得该种收入就支付利息。

二、应付债券发行核算

债券的发行价格是指债券发行公司在发行债券时，向债券投资者收取的全部现金或者现金等价物。债券发行价格的制定受多种因素的影响，根据债券发行价格和面值之间的关系，公司债券的发行方式有三种，即平价发行、溢价发行、折价发行。假设其他条件不变，债券的票面利率高于同期银行存款利率时，可按超过债券票面价值的价格发行，称为溢价发行，溢价是企业以后各期多付利息而事先得到的补偿；如果债权的票面利率低于同期银行存款利率，可按低于债券面值的价格发行，称为折价发行，折价是企业以后各期少付利息而预先给投资者的补偿；如果债券的票面利率与同期银行存款利率相同，可按票面价格发行，称为平价发行。溢价或折价是发行债券企业在债券存续期间对利息费用的一种调整。

（一）账户设置

为了总括反映债券的发行、计息和归还情况，企业应设置"应付债券"科目，核算企业为筹集长期资金而实际发行的债券的本金和利息，在"应付债券"科目下设置"面值"、"利息调整"和"应计利息"等明细科目，并按债券种类进行明细分类核算。若为分期付息、到期还本的债券,应设置"应付利息"科目,反映已到付息期但尚未支付的利息。

企业应当设置"企业债券备查簿",详细登记每一企业债券的票面金额、票面利率、还本付息期限与方式、发行总额、发行日期和编号、委托代售单位、转换股份等资料。企业债券到期结清时,应当在备查簿内逐笔注销。

(二)会计处理

1. 债券发行

无论是按面值发行,还是溢价发行或折价发行,均按债券面值记入"应付债券"科目的"面值"明细科目;实际收到的款项与面值的差额,记入"利息调整"明细科目。企业发行债券时,按实际收到的款项,借记"银行存款"科目;按债券票面价值,贷记"应付债券——面值"科目;按实际收到的款项与票面价值之间的差额,贷记或借记"应付债券——利息调整"科目。

关于债券发行费用的核算,根据《企业会计准则第 22 号——金融工具确认和计量》的规定,除以公允价值计量且其变动计入当期损益的金融负债之外,与其他金融负债相关的交易费用应当计入金融负债的初始确认金额。应付债券属于除以公允价值计量且其变动计入当期损益的金融负债之外的其他金融负债,因此,对于债券的发行直接产生的发行费用扣除发行期间冻结资金所产生的利息收入,应当作为"利息调整"的一部分计入债券的初始确认金额,在债券存续期间于计提利息时摊销,并按借款费用的处理原则予以资本化或费用化。

【案例 10-8】 2×15 年 1 月 1 日,某企业经批准发行期限为 5 年、票面年利率为 8%、每年年末付息、到期一次还本的企业债券 10 000 张,每张面值为 100 元。款项全部存入银行。

该企业应编制的会计分录如下:

(1)假设发行债券时市场利率为 8%,债券发行价格为 1 000 000 元,按面值发行:

借:银行存款　　　　　　　　　　　　　　　　　　1 000 000

　　贷:应付债券——面值　　　　　　　　　　　　　　　1 000 000

(2)假设发行债券时市场利率为 10%,债券发行价格为 924 164 元,按折价发行:

借:银行存款　　　　　　　　　　　　　　　　　　924 164

　　应付债券——利息调整　　　　　　　　　　　　75 836

　　贷:应付债券——面值　　　　　　　　　　　　　　　1 000 000

(3)假设发行债券时市场利率为 6%,债券发行价格为 1 084 292 元,按溢价发行:

借:银行存款　　　　　　　　　　　　　　　　　　1 084 292

　　贷:应付债券——面值　　　　　　　　　　　　　　　1 000 000

　　　　　　　——利息调整　　　　　　　　　　　　　　84 292

2. 债券利息和溢、折价摊销

企业发行债券应于规定的付息日按债券面值和票面利率计算并向债券持有人支付利息。如果有溢价或折价的存在,还应在债券存续期内按实际利率法于计提利息时摊销。实际利率法是指按照应付债券的实际利率计算其摊余成本及各期利息费用的方法;实际利率是指将应付债券在债券存续期间的未来现金流量,折现为该债券当前账面价值所使用的利率。但是,如果发行债券时,实际利率与票面利率相差不大,则利息费用也可以按票面利率计算、确定。

资产负债表日,对于分期付息、一次还本的债券,企业应按应付债券的摊余成本和实际利率计算、确定的债券利息费用,借记"在建工程"、"制造费用"、"财务费用"等科目;按票面利率计算、确定的应付而未付利息,贷记"应付利息"科目;按其差额,借记或贷记"应付债券——利息调整"科目。

对于一次还本付息的债券,应于资产负债表日按摊余成本和实际利率计算、确定的债券利息费用,借记"在建工程"、"制造费用"、"财务费用"等科目;按票面利率计算、确定的应付而未付利息,贷记"应付债券——应计利息"科目;按其差额,借记或贷记"应付债券——利息调整"科目。

【案例10-9】2×15年1月1日,甲公司经批准发行期限为5年,票面利率为9%,分期付息、到期一次还本的公司债券100 000张,每张面值为100元。债券利息在每年的1月3日支付,最后1年利息与本金一起于到期日支付。发行债券时的市场利率为8%(假定利息费用不符合资本化条件)。

甲公司该批债券实际发行价格

$=10\,000\,000\times9\%\times(P/A,8\%,5)+10\,000\,000\times(P/F,8\%,5)$

$=900\,000\times3.992\,7+10\,000\,000\times0.680\,6=10\,399\,430$(元)

甲公司根据上述资料,采用实际利率法和摊余成本计算、确定的利息费用如表10-1所示。

表10-1 利息费用一览表 单位:元

付息日期	支付利息	利息费用	摊销的利息调整	应付债券摊余成本
2×15年1月1日	10 399 430.00			
2×15年12月31日	900 000.00	831 954.40	68 045.60	10 331 384.40
2×16年12月31日	900 000.00	82 6510.75	73 489.25	10 257 895.15
2×17年12月31日	900 000.00	820 631.61	79 368.39	10 178 526.76
2×18年12月31日	900 000.00	814 282.14	85 717.86	10 092 808.90
2×19年12月31日	900 000.00	807 191.10*	92 808.90	10 000 000.00
合计	4 500 000.00	4 100 570.00	399 430.00	—

注:*尾数调整。

根据表10-1的资料,甲公司的账务处理如下:

(1)2×15年1月1日发行债券时:

借:银行存款　　　　　　　　　　　　　　　　　　　　　　　10 399 430

　　贷:应付债券——面值　　　　　　　　　　　　　　　　　　10 000 000

　　　　　　　　——利息调整　　　　　　　　　　　　　　　　399 430

(2)2×15年12月31日计算利息费用时:

借:财务费用　　　　　　　　　　　　　　　　　　　　　　831 954.40

　　应付债券——利息调整　　　　　　　　　　　　　　　　68 045.60

　　贷:应付利息　　　　　　　　　　　　　　　　　　　　　900 000

(3)2×16年1月3日支付利息时:

借:应付利息　　　　　　　　　　　　　　　　　　　　　　900 000

　　贷:银行存款　　　　　　　　　　　　　　　　　　　　　900 000

2×16 年、2×17 年、2×18 年确认利息费用的会计处理类似 2×15 年,在此从略。

3. 债券偿还

债券的偿还期限及付款方式一般已在发行债券的募集说明书中或债券的票面注明,债券到期,发行债券的企业应履行偿付义务。采用一次还本付息方式的企业,应于债券到期支付债券本息时,借记"应付债券——面值(应计利息)"科目,贷记"银行存款"科目。采用一次还本、分期付息方式的企业,在每期支付利息时,借记"应付利息"科目,贷记"银行存款"科目;债券到期偿还本金并支付最后一期利息时,借记"应付债券——面值"、"在建工程"、"财务费用"、"制造费用"等科目,贷记"银行存款"科目,按借贷双方之间的差额,借记或贷记"应付债券——利息调整"科目。

【案例 10-10】沿用案例 10-9 的资料,编制归还债券本金及最后一期利息费用的会计分录:

借:应付债券——面值	10 000 000
——利息调整	92 808.90
财务费用	807 191.10
贷:银行存款	10 900 000

任务三　长期应付款的核算

一、什么是长期应付款

长期应付款是指企业除长期借款和应付债券以外的其他各种长期应付款项,包括应付融资租入固定资产的租赁费、以分期付款方式购入固定资产发生的应付款项等。长期应付款的特点在于数额较大、偿还期长,其有分期付款的性质,可以避免公司取得固定资产时一次性支付大量开支的困难。

为了核算企业长期应付款的发生和归还情况,企业应当设置"长期应付款"科目。该科目属于负债类科目,贷方反映企业发生的长期应付款,借方反映企业归还的长期应付款,期末贷方余额表示企业尚未归还的各种长期应付款。该科目可按长期应付款的种类和债权人进行明细核算。

二、长期应付款的核算方法

长期应付款的核算主要包括应付融资租入固定资产租赁费的核算与具有融资性质的延期付款购买资产的核算。

(一)应付融资租入固定资产的租赁费

租赁是指在约定的期间内,出租人将资产使用权让与承租人,以获取租金的协议。以与租赁资产所有权有关的风险和报酬是否转移给承租人为依据,将其分为融资租赁和经营租赁两类。

1. 融资租赁的判断标准

融资租赁是指实质上转移了与资产所有权有关的全部风险和报酬的租赁。其所有权最终可能转移也可能不转移。

满足下列标准之一的应认定为融资租赁：

(1)在租赁期届满时,资产的所有权转移给承租人。

(2)承租人有购买租赁资产的选择权,所订立的购价预计远低于行使选择权时租赁资产的公允价值,因而在租赁开始日就可合理地确定承租人将会行使这种选择权。

(3)即使资产的所有权不转移,但租赁期占租赁资产使用寿命的大部分。这里的"大部分"掌握在租赁期占租赁开始日租赁资产使用寿命的 75％ 以上(含 75％,下同)。如果租赁资产是旧资产,在租赁前已使用年限超过资产自全新起算可使用年限的 75％ 以上时,则这条判断标准不适用,不能使用这条标准确定租赁的分类。

(4)承租人在租赁开始日最低租赁付款额的现值几乎相当于租赁开始日租赁资产的公允价值;出租人在租赁开始日最低租赁收款额的现值几乎相当于租赁开始日租赁资产的公允价值。这里的"几乎相当于",通常掌握在 90％(含 90％)以上。

(5)租赁资产性质特殊,如果不作较大修整,只有承租人才能使用。

2. 融资租赁的会计处理

从租赁交易的实质看,对于承租企业而言,融资租赁实质上已经取得了租赁固定资产的所有权,应将融资租入固定资产视同自有资产入账,记入"固定资产"科目,同时,将融资租入固定资产的价值确认为企业的一项负债,记入"长期应付款"科目,并按期以支付租金的方式向出租企业偿付。承租企业在承租期内对租入固定资产计提折旧、支付维修费用等。融资租入固定资产需要安装后交付使用的,安装费用由承租企业承担,并和融资租入固定资产的价值一起通过"在建工程"科目核算,待固定资产安装完毕并交付使用后,再转入"固定资产"科目。

为了核算企业分期计入利息费用的未确认融资费用情况,企业应设置"未确认融资费用"科目。该科目属于负债类科目,期末借方余额反映企业未确认融资费用的摊余价值。该科目可按债权人和长期应付款项目进行明细核算。

企业采用融资租赁方式租入的固定资产,应在租赁期开始日,将租赁开始日租赁资产公允价值与最低租赁付款额现值两者中的较低者,加上初始直接费用,作为租入资产的入账价值,借记"固定资产"等科目;按最低租赁付款额,贷记"长期应付款"科目;按发生的初始直接费用,贷记"银行存款"等科目;按其差额,借记"未确认融资费用"科目。

未确认融资费用应当在租赁期内各个期间进行分摊、计入。企业应当采用实际利率法计算、确认当期的融资费用。

融资租入固定资产,应视同自有固定资产,与自有固定资产一并计提折旧。如果能够合理确定租赁期满时将会取得租赁固定资产所有权,应在租入固定资产预计使用年限内计提折旧,否则应在固定资产租赁期与租入固定资产预计使用年限两者中较短的时间内计提折旧。

【案例 10-11】甲公司于 2×14 年 12 月 10 日以融资租赁方式租入乙租赁公司的 A 生产设备,并签订了一份设备租赁合同。合同主要条款如下:

(1)租赁期:自 2×15 年 1 月 1 日至 2×17 年 12 月 31 日。

(2)租金支付方式:自 2×15 年至 2×17 年每年年末支付租金 100 万元。

(3)租赁期满时,甲公司将 A 生产设备归还给乙租赁公司。

(4)A 生产设备为全新设备,2×15 年 1 月 1 日的公允价值为 290 万元,预计使用年限为 5 年。

（5）租赁年内含利率为 6%。

A 生产设备于 2×15 年 1 月 1 日运抵甲公司，当日投入使用。采用年限平均法计提折旧，与租赁有关的未确认融资费用均采用实际利率法摊销，并假定未确认融资费用在相关资产的折旧期限内摊销。

根据以上资料，甲公司的账务处理如下：

（1）租赁开始日的会计处理：

第一步，判断租赁类型：

最低租赁付款额＝100×3＝300（万元）

最低租赁付款额的现值＝100×(P/A,6%,3)＝100×2.673 0＝267.3（万元）

由于最低租赁付款额的现值 267.3 万元大于租赁开始日租赁资产公允价值的 90%，即 261 万元（290×90%），满足融资租赁的第 4 条判断标准，因此，甲公司应将该项租赁认定为融资租赁。

第二步，确定租赁资产入账价值：

由于最低租赁付款额的现值 267.3 万元小于租赁开始日租赁资产公允价值 290 万元，因此租赁资产入账价值为 267.3 万元。

未确认融资费用＝300－267.3＝32.7（万元）

借：固定资产——融资租入固定资产　　　　　　　　　　　　　　2 673 000

　　未确认融资费用　　　　　　　　　　　　　　　　　　　　　327 000

　贷：长期应付款——应付融资租赁款　　　　　　　　　　　　　　3 000 000

第三步，计算分摊的未确认融资费用。如表 10-2 所示。

表 10-2　未确认融资费用分摊表（实际利率法）

2×15 年 12 月 31 日　　　　　　　　　　　　　　　　单位：元

日期 ①	租金 ②	确认的融资费用 ③＝期初⑤×6%	应付本金减少额 ④＝②－③	应付本金余额 期末⑤＝期初⑤－④
2×15.1.1				2 673 000
2×15.12.31	1 000 000	160 380	839 620	1 833 380
2×16.12.31	1 000 000	110 002.80	889 997.20	943 382.80
2×17.12.31	1 000 000	56 617.20*	943 382.80	0
合计	3 000 000	327 000	2 673 000	—

注：* 尾数调整

（2）2×15 年 12 月 31 日的会计处理：

①支付租金：

借：长期应付款——应付融资租赁款　　　　　　　　　　　　　　1 000 000

　贷：银行存款　　　　　　　　　　　　　　　　　　　　　　　1 000 000

②确认当年应分摊的融资费用：

借：财务费用　　　　　　　　　　　　　　　　　　　　　　　160 380

　贷：未确认融资费用　　　　　　　　　　　　　　　　　　　　160 380

③计提折旧：

由于租赁资产在租赁期满后退回，因此应该在固定资产租赁期与租入固定资产预计使用年限两者中较短的时间内计提折旧。另因为租赁资产是 2×15 年 1 月 1 日增加，2×17年 12 月 31 日租赁期满退回，因此计提折旧时间为 35 个月。

2×15 年计提折旧额＝2 673 000÷35×11＝840 086(元)

借：制造费用——折旧费 840 086
　贷：累计折旧 840 086

(3)2×16 年 12 月 31 日的会计处理：

①支付租金：

借：长期应付款——应付融资租赁款 1 000 000
　贷：银行存款 1 000 000

②确认当年应分摊的融资费用：

借：财务费用 110 002.80
　贷：未确认融资费用 110 002.80

③计提折旧

2×16 年计提折旧额＝2 673 000÷35×12＝916 457(元)

借：制造费用——折旧费 916 457
　贷：累计折旧 916 457

(4)2×17 年 12 月 31 日的会计处理：

①支付租金：

借：长期应付款——应付融资租赁款 1 000 000
　贷：银行存款 1 000 000

②确认当年应分摊的融资费用：

借：财务费用 56 617.20
　贷：未确认融资费用 56 617.20

③计提折旧：

2×17 年计提折旧额＝2 673 000÷35×12＝916 457(元)

借：制造费用——折旧费 916 457
　贷：累计折旧 916 457

④归还设备：

借：累计折旧 2 673 000
　贷：固定资产——融资租入固定资产 2 673 000

(二)具有融资性质的延期付款购买资产

企业购买资产时有可能延期支付有关价款。如果延期支付的购买价款超过正常信用条件，实质上具有融资性质的，所购资产的成本应当以延期支付购买价款的现值为基础确定。实际支付的价款与购买价款的现值之间的差额，应当在信用期间内采用实际利率法进行摊销，计入相关资产成本或当期损益。具体来说，企业购入资产超过正常信用条件，延期付款实质上具有融资性质时，应按购买价款的现值，借记"固定资产"、"在建工程"等科目；按应支付的价款总额，贷记"长期应付款"科目；按其差额，借记"未确认融资费用"科目。

【案例 10-12】甲公司于 2×14 年 1 月 1 日从乙公司购入不需要安装的机器设备作为固定资产使用,该机器已收到并投入使用。购货合同约定机器的总价款为 100 万元,分 3 年支付,其中 2×14 年 12 月 31 日支付 50 万元,2×15 年 12 月 31 日支付 30 万元,2×16 年 12 月 31 日支付 20 万元。另有增值税 17 万元,已用银行存款支付。假设目前市场利率为 6%。

根据上述资料可知,公司购买机器设备延期支付的购买价款超过正常信用条件,实质上具有融资性质。

(1)2×14 年 1 月 1 日,购入机器时:

计算购买价款的现值:

$50×(1+6\%)^{-1}+30×(1+6\%)^{-2}+20×(1+6\%)^{-3}=90.662(万元)$

未确认融资费用=100-90.662=9.338(万元)

甲公司应作会计分录如下:

借:固定资产	906 620
未确认融资费用	93 380
贷:长期应付款	1 000 000

(2)2×14 年 12 月 31 日,支付应付款项,摊销未确认融资费用:

应分摊的未确认融资费用=90.662×6%=5.439 72(万元)

借:长期应付款	500 000
贷:银行存款	500 000
借:财务费用	54 397.2
贷:未确认融资费用	54 397.2

尚未归还的本金=90.662-(50-5.439 72)=46.101 72(万元)

(3)2×15 年 12 月 31 日,支付应付款项,摊销未确认融资费用:

应分摊的未确认融资费用=46.101 72×6%=2.766 103(万元)

借:长期应付款	300 000
贷:银行存款	300 000
借:财务费用	27 661.03
贷:未确认融资费用	27 661.03

(4)2×16 年 12 月 31 日,支付应付款项,摊销未确认融资费用:

应分摊的未确认融资费用=9.338-5.439 72-2.766 103=1.132 177(万元)

借:长期应付款	200 000
贷:银行存款	200 000
借:财务费用	11 321.77
贷:未确认融资费用	11 321.77

▶▶▶ 项目小结

本项目包括长期借款的核算、应付债券的核算和长期应付款的核算三部分。

1. 非流动负债是指流动负债以外的负债,指偿还期在一年或者超过一年的一个营业周期以上的债务,主要包括长期借款、应付债券、长期应付款等。

2. 借款费用是企业因借入资金所付出的代价,包括借款利息、折价或者溢价的摊销、辅助费用以及因外币借款而发生的汇兑差额等。借款分为专门借款和一般借款。符合资本化条件的资产是指需要经过相当长时间的购建或者生产活动才能达到预定可使用或者可销售状态的固定资产、投资性房地产和存货等资产。

3. 借款费用确认的基本原则是:企业发生的借款费用,可直接归属于符合资本化条件的资产的购建或者生产的,应当予以资本化,计入相关资产成本;其他借款费用,应当在发生时根据其发生额确认为费用,计入当期损益。借款费用资本化期间,是指从借款费用开始资本化时点到停止资本化时点的期间,但不包括借款费用暂停资本化的期间。

4. 为购建或者生产符合资本化条件的资产而借入专门借款的,应当以专门借款当期实际发生的利息费用,减去将尚未动用的借款资金存入银行取得的利息收入或进行暂时性投资取得的投资收益后的金额确定。企业在购建或者生产符合资本化条件的资产时,占用的一般借款资金,则应当根据为购建或者生产符合资本化条件的资产而发生的累计资产支出超过专门借款部分的资产支出加权平均数乘以所占用一般借款的资本化率,计算、确定一般借款应予资本化的利息金额。

5. 为了核算企业向银行或其他金融机构借取的各项长期借款,企业应设置"长期借款"科目,并按照贷款单位和贷款种类,分别"本金"、"利息调整"进行明细核算。

6. 公司债券的发行方式有三种,即平价发行、溢价发行、折价发行。如果有溢价或折价的存在,应在债券存续期内按实际利率法于计提利息时摊销。债券收回时,应转销"应付债券"的账面价值,回收价与账面价值的差额记入"财务费用"科目。

7. 根据与租赁资产所有权有关的风险和报酬是否转移给承租人,租赁分为融资租赁和经营租赁。企业采用融资租赁方式租入的固定资产,应在租赁期开始日,将租赁开始日租赁资产公允价值与最低租赁付款额现值两者中的较低者,加上初始直接费用,作为租入资产的入账价值。未确认融资费用应当在租赁期内各个期间进行分摊。企业应当采用实际利率法计算、确认当期的融资费用。融资租入固定资产,应视同自有固定资产计提折旧。

8. 企业购买资产,如果延期支付的购买价款超过正常信用条件,实质上具有融资性质的,所购资产的成本应当以延期支付购买价款的现值为基础确定。实际支付价款与购买价款的现值之间的差额,应当在信用期间内采用实际利率法进行摊销,计入相关资产成本或当期损益。

项目十一　所有者权益的核算

知识目标

1. 掌握所有者权益的含义及其构成,掌握直接计入所有者权益的利得和损失的含义。
2. 掌握实收资本(股本)的含义。
3. 掌握资本公积的含义及其组成。
4. 掌握留存收益的含义及其构成,掌握净利润的分配顺序,掌握盈余公积和未分配利润的含义。

能力目标

1. 能够对实收资本(股本)的增加和减少业务进行核算。
2. 能够对资本溢价或股本溢价进行核算,能对其他综合收益进行核算。
3. 能够对盈余公积确认和计量进行处理。
4. 能够对期末利润的结转进行处理,能够对分配现金股利或利润进行会计处理。

所有者权益是指企业资产扣除负债后由所有者享有的剩余权益。公司的所有者权益又称为股东权益。所有者权益的来源包括所有者投入的资产、直接计入所有者权益的利得或损失、留存收益等。

直接计入所有者权益的利得或损失,是指不应计入当期损益、会导致所有者权益发生增减变动的、与所有者投入资本或者向所有者分配利润无关的利得或者损失。

利得包括直接计入所有者权益的利得和直接计入当期利润的利得。直接计入所有者权益的利得是指由企业非日常活动所形成的、会导致所有者权益增加的、与所有者投入资本无关的经济利益的流入,如可供出售金融资产的变动增加额,直接计入其他综合收益。直接计入当期利润的利得,如处置固定资产取得的净收益,直接计入营业外收入。

损失包括直接计入所有者权益的损失和直接计入当期利润的损失。直接计入所有者权益的损失是指由企业非日常活动所发生的、会导致所有者权益减少的、与向所有者分配利润无关的经济利益的流出,如可供出售金融资产的变动减少额,直接计入其他综合收益。直接计入当期利润的损失,如处置固定资产取得的净损失,直接计入营业外支出。

留存收益是企业历年实现的净利润留存于企业的部分,主要包括累计计提的盈余公积和未分配利润。

所有者权益通常由实收资本(股本)、资本公积(含资本溢价或股本溢价)、其他综合收益、盈余公积和未分配利润构成。

任务一　实收资本（股本）的核算

一、实收资本（股本）增加的核算

（一）投入资本

实收资本是指所有者在企业注册资本范围内实际投入的资本。投资者可以用现金投资，也可以用现金以外的其他有形资产投资，符合国家规定比例的，还可以用无形资产投资。

企业收到投资时，一般应作如下会计处理：收到投资人投入的现金，应在实际收到或者存入企业开户银行时，按实际收到的金额，借记"银行存款"科目；以实物资产投资的，应在办理实物产权转移手续时，借记有关资产科目；以无形资产投资的，应按照合同、协议或公司章程的规定移交有关凭证时，借记"无形资产"科目；按投入资本在注册资本或股本中所占的份额，贷记"实收资本"或"股本"科目；按其差额，贷记"资本公积——资本溢价"或"资本公积——股本溢价"等科目。

【案例 11-1】甲有限责任公司由 A、B、C、D 四位股东出资设立，注册资本为 1 000 万元。各位股东的出资比例分别为 40%、30%、20%、10%。出资方式和账务处理如下：

（1）A 股东投入银行存款 400 万元。

借：银行存款		4 000 000
贷：实收资本——A 股东		4 000 000

（2）B 股东投入厂房一幢，该厂房原取得成本为 600 万元，已提折旧 200 万元，已计提减值准备 50 万元，投资合同约定价值为 320 万元。假定不考虑相关税费。

根据《企业会计准则第 4 号——固定资产》的规定：投资者投入固定资产的成本，应当按照投资合同或协议约定的价值确定，但合同或协议约定价值不公允的除外。

借：固定资产		3 200 000
贷：实收资本——B 股东		3 000 000
资本公积——资本溢价		200 000

（3）C 股东投入一项专利技术，该专利技术原入账价值为 400 万元，已摊销 250 万元，投资合同约定价值为 200 万元。假定不考虑相关税费。

借：无形资产		2 000 000
贷：实收资本——C 股东		2 000 000

（4）D 股东投入原材料一批，收到的增值税专用发票上载明价格为 100 万元、增值税为 17 万元。

借：原材料		1 000 000
应交税费——应交增值税（进项税额）		170 000
贷：实收资本——D 股东		1 000 000
资本公积——资本溢价		170 000

【案例 11-2】沿用案例 11-1，甲有限责任公司接受 E 股东加入，E 股东投入货币资本 400 万元只享有 20% 股权，A、B、C、D 股东享有的股权比例依次变更为 32%、24%、16%、8%。

企业创立时,要经过筹建、试生产经营、为产品寻找市场、开辟市场等过程,从投入资金到取得投资回报,中间需要许多时间,并且这种投资具有风险性,资本利润率很低。另外,企业通过一定时期的生产经营,一般会形成一部分留存收益,新加入的投资者与原投资者共享这部分留存收益。因此,新加入的投资者一般要付出大于原有投资者的出资额,才能取得与原有投资者相同的投资比例。投资者投入的资本中按其投资比例计算的出资额部分,应记入"实收资本"科目,大于部分应记入"资本公积"科目。

甲有限责任公司接受 E 股东投资时:

变更后注册资本＝1 000÷80％＝1 250(万元)

借:银行存款	4 000 000
贷:实收资本——E 股东	2 500 000
资本公积——资本溢价	1 500 000

【案例 11-3】乙股份有限公司发行普通股 1 000 万股,每股面值为 1 元,发行价格为 5 元/股。另按发行价格的 3％向证券承销商支付手续费,余款已全部收存公司银行账户。

乙股份有限公司应作以下账务处理:

发行价格总额＝1 000×5＝5 000(万元)

支付手续费＝5 000×3％＝150(万元)

实际收到发行款金额＝5 000－150＝4 850(万元)

股本＝1 000×1＝1 000(万元)

计入资本公积的金额＝4 850－1 000＝3 850(万元)

借:银行存款	48 500 000
贷:股本	10 000 000
资本公积——股本溢价	38 500 000

(二)资本公积转增资本

资本公积转为实收资本或者股本时,应借记"资本公积——资本溢价"或"资本公积——股本溢价"科目,贷记"实收资本"或"股本"科目。

【案例 11-4】沿用案例 11-1 和案例 11-2,甲有限责任公司为扩大经营规模,经批准,以资本公积 200 万元按照 A、B、C、D、E 股东的股权比例 32％、24％、16％、8％、20％转增资本。

根据上述资料,甲有限责任公司应作以下账务处理:

借:资本公积	2 000 000
贷:实收资本——A 股东	640 000
——B 股东	480 000
——C 股东	320 000
——D 股东	160 000
——E 股东	400 000

(三)盈余公积转增资本

盈余公积转为实收资本时,应借记"盈余公积"科目,贷记"实收资本"或"股本"科目。

【案例 11-5】沿用案例 11-1 和案例 11-2,甲有限责任公司经批准,以盈余公积 100 万元按照 A、B、C、D、E 股东的股权比例 32％、24％、16％、8％、20％转增资本。

根据上述资料,甲有限责任公司应作以下账务处理:

借:盈余公积	1 000 000
贷:实收资本——A股东	320 000
——B股东	240 000
——C股东	160 000
——D股东	80 000
——E股东	200 000

二、实收资本(股本)减少的核算

企业实收资本(股本)减少的原因主要有以下两个:一是资本过剩;二是企业发生重大亏损而需要减少实收资本。

有限责任公司和一般企业,按法定程序报经批准减少注册资本的,借记"实收资本"科目,贷记"库存现金"、"银行存款"等科目。

股份有限公司因减少注册资本而回购本公司股份的,应按实际支付的金额,借记"库存股"科目,贷记"银行存款"等科目。注销库存股时,应按股票面值和注销股数计算的股票面值总额,借记"股本"科目;按注销库存股的账面余额,贷记"库存股"科目;按其差额,调整资本公积(股本溢价)。如果资本公积(股本溢价)不足冲减,应依次冲减"盈余公积"、"利润分配——未分配利润"等科目。

【案例 11-6】2×14 年 12 月 31 日经股东大会批准,甲股份有限公司回购本公司发行在外的普通股 500 万股,每股面值为 2 元,每股回购价为 3 元。截至 2×15 年 12 月 31 日,甲股份有限公司所有者权益总额中股本 5 000 万元、资本公积(股本溢价)400 万元、盈余公积 500 万元,不考虑其他因素。

甲股份有限公司回购股票时:

| 借:库存股 | 15 000 000 |
| 贷:银行存款 | 15 000 000 |

注销回购的股票时:

借:股本	1 000 0000
资本公积——股本溢价	4 000 000
盈余公积	1 000 000
贷:库存股	15 000 000

假定甲股份有限公司每股回购价格为 1.5 元,其他条件不变。

回购股票时:

| 借:库存股 | 7 500 000 |
| 贷:银行存款 | 7 500 000 |

注销回购的股票时:

借:股本	10 000 000
贷:库存股	7 500 000
资本公积——股本溢价	2 500 000

任务二　资本公积和其他综合收益的核算

一、资本溢价或股本溢价的核算

资本公积是企业收到投资者的超出其在企业注册资本(或股本)中所占份额的投资,以及直接计入所有者权益的利得或损失等。资本公积包括资本溢价(或股本溢价)和直接计入所有者权益的利得或损失等。

资本溢价(或股本溢价)是企业收到投资者的超出其在企业注册资本(或股本)中所占份额的投资。形成资本溢价(或股本溢价)的原因有溢价发行股票、投资者超额缴入资本等。

(一)资本溢价

【案例 11-7】A 有限责任公司的注册资本为 600 万元,分别由甲、乙、丙三位股东出资设立,出资比例为 50%、30%、20%。经过三年的经营,该企业的所有者权益为 800 万元,其中实收资本为 600 万元,留存收益为 200 万元。这时又有丁投资者有意参加该企业,并表示愿意出资 250 万元,而仅占该企业股份的 20%。A 有限责任公司的注册资本变更为 750 万元。

A 有限责任公司在接受丁投资者投资时,会计处理为:

借:银行存款　　　　　　　　　　　　　　　　　　　　2 500 000
　贷:实收资本——丁股东　　　　　　　　　　　　　　　1 500 000
　　　资本公积——资本溢价　　　　　　　　　　　　　　1 000 000

(二)股本溢价

【案例 11-8】A 股份有限公司委托某证券公司代理发行 1 000 万股普通股,每股面值为 1 元,每股发行价格为 6 元。按发行收入的 3% 支付手续费,剩余股款已存入银行。

委托证券商代理发行股票而支付的手续费、佣金等,应从溢价发行收入中扣除。根据上述资料,A 股份有限公司应作以下会计处理:

支付的手续费=1 000×6×3%=180(万元)

剩余股款=1 000×6-180=5 820(万元)

股本=1 000×1=1 000(万元)

资本公积(股本溢价)=5 820-1 000=4 820(万元)

借:银行存款　　　　　　　　　　　　　　　　　　　　58 200 000
　贷:股本　　　　　　　　　　　　　　　　　　　　　　10 000 000
　　　资本公积——股本溢价　　　　　　　　　　　　　　48 200 000

二、其他综合收益的核算

其他综合收益是指企业根据其他会计准则的规定未在当期损益中确认的各项利得或损失,包括以后会计期间不能重分类进损益的其他综合收益和以后会计期间满足规定条件时将重分类进损益的其他综合收益两类。

1. 长期股权投资

采用权益法核算长期股权投资。被投资单位除净损益以外的其他综合收益变动,企业按持股比例计算应归属于企业的份额,应调整长期股权投资的账面价值和其他综合收益。

【案例 11-9】甲公司持有乙公司 30％的股份,对乙公司具有重大影响,采用权益法核算该项长期股权投资。乙公司本年度因可供出售金融资产而产生其他综合收益 200 万元。假定不考虑其他因素。

甲公司的会计处理为:

借:长期股权投资   600 000

 贷:其他综合收益   600 000

2. 存货或自用房地产转换为投资性房地产

存货或自用房地产转换为采用公允价值模式计量的投资性房地产时,投资性房地产按照转换当日的公允价值计价,转换当日的公允价值小于原账面价值的,其差额计入当期损益(公允价值变动损益);转换当日的公允价值大于原账面价值的,其差额计入所有者权益(其他综合收益)。

当处置该项投资性房地产时,因转换计入所有者权益(其他综合收益)的部分应转入当期损益。

【案例 11-10】2×16 年 1 月 10 日,甲公司将一闲置的厂房对外用于出租。该厂房原入账价值为 500 万元,已提折旧 200 万元,已提减值准备 100 万元,出租时公允价值为 250 万元。假定其他因素不予考虑。

甲公司的会计处理为:

借:投资性房地产——成本   2 500 000

 累计折旧   2 000 000

  固定资产减值准备   1 000 000

 贷:固定资产   5 000 000

  其他综合收益   500 000

3. 可供出售金融资产公允价值的变动

资产负债表日,可供出售金融资产公允价值变动形成的利得或损失,要调整可供出售金融资产的账面价值和其他综合收益。处置该项可供出售金融资产时,原计入其他综合收益的金额转入当期损益(投资收益)。

【案例 11-11】2×14 年 10 月 10 日,甲公司购入某公司发行的公司债券,将其划分为可供出售金融资产,取得成本为 100 万元。2×14 年 12 月 31 日,该项可供出售金融资产的公允价值为 120 万元。2×15 年 2 月 5 日,甲公司将其全部出售,出售价格为 130 万元。假定不考虑其他因素。

甲公司的会计处理为:

(1)2×14 年 10 月 10 日:

借:可供出售金融资产——成本   1 000 000

 贷:银行存款   1 000 000

(2)2×14 年 12 月 31 日:

借:可供出售金融资产——公允价值变动   200 000

 贷:其他综合收益   200 000

(3)2×15 年 2 月 5 日:

借：银行存款	1 300 000
贷：可供出售金融资产——成本	1 000 000
可供出售金融资产——公允价值变动	200 000
投资收益	100 000
借：其他综合收益	200 000
贷：投资收益	200 000

另外，金融资产的重分类、以权益结算的股份支付、可供出售外币非货币性项目的汇兑差额等也会产生其他综合收益。

任务三　留存收益的核算

一、什么是留存收益

留存收益是企业在经营过程中所创造的，但由于企业经营发展的需要或由于法定的原因等，没有分配给所有者而留存在企业的盈利。留存收益是指企业从历年实现的利润中提取或留存于企业的内部积累，它来源于企业的生产经营活动所实现的净利润，包括企业的盈余公积和未分配利润两个部分。

二、盈余公积的核算

(一)盈余公积的有关规定

盈余公积是指企业按照规定从净利润中提取的各种积累资金。根据《公司法》等有关法规的规定，企业当年实现的净利润，一般应当按照如下顺序进行分配：

1. 弥补亏损

根据《税法》的规定，企业可以用以后连续 5 年内实现的税前利润弥补亏损。

另外，企业发生的亏损经过 5 年期间未弥补足额的，尚未弥补的亏损应用所得税后的利润弥补。也可经股东大会批准以盈余公积弥补亏损。

2. 提取法定公积金

公司制企业的法定公积金按照税后利润的 10% 提取(非公司制企业也可按照超过 10% 的比例提取)。公司法定公积金累计额为公司注册资本的 50% 以上时，可以不再提取法定公积金。

3. 提取任意公积金

公司从税后利润中提取法定公积金后，经股东会或者股东大会决议，还可以从税后利润中提取任意公积金。非公司制企业经类似权力机构批准也可提取任意盈余公积。

4. 向投资者分配利润或股利

公司弥补亏损和提取公积金后所余税后利润，有限责任公司股东按照实缴的出资比例分取红利，但是，公司章程或全体股东约定不按照出资比例分取红利的除外。

股东会、股东大会或者董事会违反规定，在公司弥补亏损和提取法定公积金之前向股东分配利润的，股东必须将违反规定分配的利润退还公司。公司持有的本公司股份不得分配利润。

(二)盈余公积的确认和计量

为了反映盈余公积的形成及使用情况,企业应设置"盈余公积"科目。企业应当分别"法定盈余公积"、"任意盈余公积"进行明细核算。

企业提取盈余公积时,借记"利润分配——提取法定盈余公积"、"利润分配——提取任意盈余公积"科目,贷记"盈余公积——法定盈余公积"、"盈余公积——任意盈余公积"科目。

【案例 11-12】 2×15 年,甲公司实现净利润 200 万元,分别按 10%、5%的比例提取法定公积金和任意公积金。

甲公司的会计处理为:

借:利润分配——提取法定盈余公积		200 000
——提取任意盈余公积		100 000
贷:盈余公积——法定盈余公积		200 000
——任意盈余公积		100 000

(三)盈余公积弥补亏损

盈余公积弥补亏损时,借记"盈余公积"科目,贷记"利润分配——盈余公积补亏"科目。

【案例 11-13】 某公司经股东大会通过,以任意盈余公积 100 万元弥补亏损。

该公司的会计处理为:

借:盈余公积——任意盈余公积		1 000 000
贷:利润分配——盈余公积补亏		1 000 000

(四)盈余公积转增资本

盈余公积转增资本时,借记"盈余公积"科目,贷记"实收资本"或"股本"科目。

三、未分配利润的核算

未分配利润是企业实现的净利润经过弥补亏损、提取盈余公积和向投资者分配利润后留存在企业的、历年结存的利润。未分配利润通常用于留待以后年度向投资者进行分配。相对于所有者权益的其他部分来讲,企业对于未分配利润的使用、分配有较大的自主权。

未分配利润通过"利润分配"科目进行核算,"利润分配"下设"提取法定盈余公积"、"提取任意盈余公积"、"应付现金股利(或利润)"、"转作股本的股利"、"盈余公积补亏"和"未分配利润"等明细科目。

(一)分配股利或利润

经股东大会或类似机构决议,分配给股东或投资者的现金股利或利润,借记"利润分配——应付现金股利(或利润)"科目,贷记"应付股利"科目。经股东大会或类似机构决议,分配给股东的股票股利,应在办理增资手续后,借记"利润分配——转作股本的股利"科目,贷记"股本"科目。

(二)期末结转

企业期末结转利润时,应将各损益类科目的余额转入"本年利润"科目,结平各损益类科目。结转后"本年利润"的贷方余额为当年实现的净利润,借方余额为当期发生的净亏损。年度终了,应将本年收入和支出相抵后结出的本年实现的净利润或净亏损,转入"利润分配——未分配利润"科目。同时,将"利润分配"科目所属的其他明细科目的余额转入"未分配利润"明细科目。结转后,"未分配利润"明细科目的贷方余额就是未分配利润的金额;如出现借方余额,则表示未弥补亏损的金额。"利润分配"科目所属的其他明细科目应无余额。

【案例 11-14】 2×15 年,甲公司实现净利润 200 万元,按净利润的 10％提取法定盈余公积,按净利润的 5％提取任意盈余公积,向股东分配现金股利 100 万元。

甲公司的会计处理如下:

(1)2×15 年度终了结转本年实现的净利润:

借:本年利润 2 000 000

　贷:利润分配——未分配利润 2 000 000

(2)提取法定盈余公积和任意盈余公积:

借:利润分配——提取法定盈余公积 200 000

　　　　　　——提取任意盈余公积 100 000

　贷:盈余公积——法定盈余公积 200 000

　　　　　　——任意盈余公积 100 000

(3)结转"利润分配"的明细科目:

借:利润分配——未分配利润 300 000

　贷:利润分配——提取法定盈余公积 200 000

　　　　　　——提取任意盈余公积 100 000

(4)批准发放现金股利:

借:利润分配——应付现金股利 1 000 000

　贷:应付股利 1 000 000

实际发放现金股利:

借:应付股利 1 000 000

　贷:银行存款 1 000 000

(三)弥补亏损

企业以税前利润或者税后利润弥补亏损,都需要将"本年利润"的余额结转到"利润分配——未分配利润"中,进行金额的自然抵补,和不需要弥补亏损的结转情况完全相同,因此如果不考虑所得税的影响,弥补亏损不需要特殊的账务处理。因为在以税前利润弥补亏损的情况下,其弥补的数额可以抵减当期企业应纳税所得额;而以税后利润弥补的数额,则不能作为纳税所得扣除处理。

▶▶▶ *项目小结*

本项目包括实收资本的核算、资本公积和其他综合收益的核算、留存收益的核算三部分。

1. 所有者权益是指企业资产扣除负债后由所有者享有的剩余权益。公司的所有者权益又称为股东权益。所有者权益的来源包括所有者投入的资产、直接计入所有者权益的利得或损失、留存收益等。

2. 实收资本是指所有者在企业注册资本范围内实际投入的资本。企业收到投资时,按投入资本在注册资本或股本中所占份额,贷记"实收资本"或"股本"科目;按其差额,贷记"资本公积——资本溢价(股本溢价)"科目。股份有限公司因减少注册资本而回购本公司股份的,应按实际支付的金额,借记"库存股"科目,然后注销库存股。

3. 资本公积包括资本溢价(或股本溢价)和直接计入所有者权益的利得或损失。其他综合收益包括直接计入所有者权益的利得或损失等。

4. 留存收益是企业在经营过程中所创造的,但由于企业经营发展的需要或由于法定的原因等,没有分配给所有者而留存在企业的盈利,包括企业的盈余公积和未分配利润两个部分。盈余公积是指企业按照规定从净利润中提取的各种积累资金。未分配利润是企业实现的净利润经过弥补亏损、提取盈余公积和向投资者分配利润后留存在企业的、历年结存的利润。

项目十二　收入、费用和利润的核算

知识目标

1. 掌握一般销售方式下确认销售商品收入的有关要求。

2. 掌握特殊销售方式下(销售折让、销售退回、代销、分期收款销售商品、售后回购、以旧换新)确认销售商品收入的有关要求。

3. 掌握确认提供劳务收入的有关要求。

4. 掌握费用的含义及期间费用的构成。

5. 掌握营业利润、利润总额和净利润的含义。

6. 掌握所得税核算的有关要求。

7. 掌握营业外收入和营业外支出的含义。

能力目标

1. 能够遵循会计准则,确认一般销售方式下销售商品的收入。

2. 能够进行特殊销售方式下(销售折让、销售退回、代销、分期收款销售商品、售后回购、以旧换新)销售商品收入的确认。

3. 能够根据提供劳务交易的结果能够可靠估计和不能够可靠估计情况确认提供劳务的收入。

4. 能够核算其他业务的收入。

5. 能够对管理费用、销售费用和财务费用进行核算。

6. 能够计算营业利润、利润总额和净利润。

7. 能够确定资产、负债的计税基础,计算暂时性差异(可抵扣暂时性差异和应纳税暂时性差异),确定递延所得税资产和递延所得税负债,计算所得税费用并进行会计处理。

8. 能够对营业外收入和营业外支出进行核算。

任务一　收入的核算

一、什么是收入

收入是指企业在日常活动中形成的、会导致所有者权益增加的、与所有者投入资本无关的经济利益的总流入。其中,日常活动是指企业为达到其经营目标所从事的经常性活动以及与之相关的其他活动。企业代第三方收取的款项,应当作为负债处理,不应当确认为收入。

按照企业从事日常活动的性质,可将收入分为销售商品收入、提供劳务收入、让渡资产使用权收入。

按照企业从事日常活动在企业的重要性,可将收入分为主营业务收入、其他业务收入等。其中,主营业务收入是指企业为达到其经营目标而从事的经常性活动实现的收入,如工业企业制造并销售产品、商业企业销售商品、安装公司提供安装服务、租赁公司出租资产等实现的收入。其他业务收入是指与企业为达到其经营目标所从事的经常性活动相关的活动实现的收入,如工业企业对外出售不需用的原材料、出租固定资产或无形资产使用权取得的收入等。

二、销售商品收入的核算

销售商品收入是指企业通过销售商品实现的收入,如制造企业销售产品、商业企业销售商品等实现的收入。

(一)销售商品收入的确认

销售商品收入同时满足下列条件的,才能予以确认:

1. 企业已将商品所有权上的主要风险和报酬转移给购货方

企业已将商品所有权上的主要风险和报酬转移给购货方,是指与商品所有权有关的主要风险和报酬同时转移给了购货方。

判断企业是否已将商品所有权上的主要风险和报酬转移给购货方,应当关注交易的实质,并结合所有权凭证的转移进行判断。

(1)通常情况下,转移商品所有权凭证并交付实物后,商品所有权上的所有风险和报酬随之转移,如大多数零售商品。

(2)某些情况下,转移商品所有权凭证但未交付实物,商品所有权上的主要风险和报酬随之转移,企业只保留商品所有权上的次要风险和报酬,如以交款提货方式销售商品。在这种情形下,应当视同商品所有权上的所有风险和报酬已经转移给购货方。

【案例 12-1】 甲公司销售一批商品给乙公司,开具了增值税专用发票并收取了相应款项,但乙公司由于场地不足而未予提走。

根据本例的资料,甲公司已开出发票并收取了货款,虽然乙公司未提走,甲公司需要履行一定的看管义务,但商品所有权上的主要风险和报酬已转移给购买方。如果其他条件具备,甲公司应该确认收入。

(3)某些情况下,转移商品所有权凭证或交付实物后,商品所有权上的主要风险和报酬并未随之转移。

①企业销售的商品在质量、品种、规格等方面不符合合同或协议要求,又未根据正常的保证条款予以弥补,因而仍负有责任。

【案例 12-2】 甲公司向乙公司销售一批商品,商品已经发出,增值税专用发票已交给乙公司,款项尚未收到。乙公司收到商品后,发现商品质量不符合合同的要求,立即根据合同有关条款与甲公司进行交涉,要求在价格上给予一定折让,否则要求退货。双方没有就此达成一致意见,甲公司也未采取任何补救措施。

此例意味着商品上的主要风险和报酬并未转移,甲公司不能确认收入。

②企业销售商品的收入是否能够取得,取决于购买方是否已将商品销售出去,如采用支

付手续费方式委托代销商品等。

③企业尚未完成售出商品的安装或检验工作，且安装或检验工作是销售合同或协议的重要组成部分，如电梯生产企业销售电梯并负责安装、检验。

④销售合同或协议中规定了买方由于特定原因有权退货的条款，且企业又不能确定退货的可能性，应等到退货期满后确认收入。

2. 企业既没有保留通常与所有权相联系的继续管理权，也没有对已售出的商品实施有效控制

【案例12-3】甲公司属于一家杀毒软件开发公司，其将杀毒软件销售给客户后继续负责软件的更新升级服务。

根据本例的资料，甲公司继续负责软件的更新升级服务，只是与销售软件有关的一项售后服务，而软件所有权已归属于客户。

3. 收入的金额能够可靠地计量

收入金额能够可靠计量是确认收入的基本前提。企业在销售商品时，售价通常已经确定，企业应当按照从购货方已收或应收的合同或协议价款确定收入金额。由于销售商品过程中某些不确定因素的影响，如附有销售退回条件的商品销售，如果企业不能合理估计退货的可能性，则无法确定销售商品的价格，不应在发出商品时确认收入，而应当在售出商品退货期满、销售商品价格能够可靠计量时确认收入。

4. 相关的经济利益很可能流入企业

相关的经济利益很可能流入企业，是指销售商品价款收回的可能性大于不能收回的可能性，即销售商品价款收回的可能性超过50%。企业销售的商品符合合同或协议要求，已将发票、账单交付买方，买方承诺付款，通常表明满足本确认条件（相关的经济利益很可能流入企业）。如果企业根据以前与买方交往的直接经验判断买方信誉较差，或销售时得知买方在另一项交易中发生了巨额亏损，资金周转十分困难，或在出口商品时不能肯定进口企业所在国政府是否允许将款项汇出等，就可能会出现与销售商品相关的经济利益不能流入企业的情况，不应确认收入。

【案例12-4】甲公司现有一批积压商品，成本为10万元，为清理库存将该批商品销售给了乙公司，开具了增值税专用发票，销售价格为8万元，增值税税额为1.36万元，但款项尚未收到。销售时，甲公司已知晓乙公司存在严重的财务困难。假定增值税纳税义务已经发生。

由于销售时乙公司存在严重的财务困难，相关经济利益不是很可能流入企业，因此甲公司不应确认收入，待乙公司财务状况好转并承诺付款时再确认收入。

5. 相关的已发生或将发生的成本能够可靠地计量

收入和成本应符合配比要求，因此确认收入时，成本必须能够可靠计量。通常情况下，与销售商品相关的已发生或将发生的成本能够合理地估计，如商品的采购成本、产品的制造成本等。有时，与销售商品相关的已发生或将发生的成本不能够合理地估计，企业不应确认收入。

（二）一般销售商品业务的核算

确认销售商品收入时，企业应按已收或应收的合同或协议价款，加上应收取的增值税税额，借记"银行存款"、"应收账款"、"应收票据"等科目；按确定的收入金额，贷记"主营业务收

入"、"其他业务收入"等科目;按应收取的增值税税额,贷记"应交税费——应交增值税(销项税额)"科目。

【案例 12-5】 甲公司于 2×15 年 1 月 22 日向乙公司销售商品一批,开出的增值税专用发票上注明的销售价格为 50 万元、增值税税额为 8.5 万元,款项尚未收到。该批商品的成本为 40 万元。

甲公司的账务处理为:

借:应收账款	585 000
贷:主营业务收入	500 000
应交税费——应交增值税(销项税额)	85 000
借:主营业务成本	400 000
贷:库存商品	400 000

企业销售商品有时会遇到商业折扣、现金折扣等问题,应当分别不同情况进行处理:

(1)商业折扣是指企业为促进商品销售而在商品标价上给予的价格扣除,俗称商品打折。企业销售商品涉及商业折扣的,应当按照扣除商业折扣后的金额确定销售商品收入金额。

(2)现金折扣是指债权人为鼓励债务人在规定的期限内付款而向债务人提供的债务扣除。企业销售商品涉及现金折扣的,应当按照扣除现金折扣前的金额确定销售商品收入金额。现金折扣的表示格式一般为:2/10,1/20,n/30,表示 10 天内付款享受 2% 的现金折扣,20 天内付款享受 1% 的现金折扣,30 天内付款不享受现金折扣。计算现金折扣时,一般以应收款项金额为基数计算,有时为简化计算直接以收入金额为基数计算。现金折扣在实际发生时计入财务费用。

【案例 12-6】 甲公司于 2×15 年 3 月 26 日向乙公司销售商品一批,商品的价目表金额为 100 万元,由于数量较多、金额较大,甲公司给予乙公司 9 折优惠。同时甲公司还规定现金折扣条件为:2/10,1/20,n/30。双方适用的增值税税率均为 17%;该批商品的成本为 70 万元。假定计算现金折扣时不考虑增值税税额。

2×15 年 3 月 26 日,甲公司的账务处理为:

不含税售价 = 100 × 90% = 90(万元)

增值税税额 = 90 × 17% = 15.3(万元)

借:应收账款	1 053 000
贷:主营业务收入	900 000
应交税费——应交增值税(销项税额)	153 000
借:主营业务成本	700 000
贷:库存商品	700 000

假定乙公司在 2×15 年 4 月 4 日支付货款:

现金折扣金额 = 90 × 2% = 1.8(万元)

借:银行存款	1 037 000
财务费用	18 000
贷:应收账款	1 053 000

假定乙公司在 2×15 年 4 月 13 日支付货款:

现金折扣金额＝90×1％＝0.9(万元)

借:银行存款 1 044 000

　　财务费用 9 000

　　贷:应收账款 1 053 000

假定乙公司在2×15年4月25日支付货款:

借:银行存款 1 053 000

　　贷:应收账款 1 053 000

如果售出商品不符合收入确认条件,则不应确认收入,已经发出的商品,应当通过"发出商品"科目进行核算。

【案例12-7】沿用案例12-4,甲公司的有关会计处理如下:

甲公司发出商品时:

借:发出商品 80 000

　　贷:库存商品 80 000

同时,将增值税专用发票上注明的增值税税额转入应收账款:

借:应收账款 13 600

　　贷:应交税费——应交增值税(销项税额) 13 600

假定3个月后,甲公司得知乙公司的财务状况逐渐好转,乙公司承诺近期付款:

借:应收账款 80 000

　　贷:主营业务收入 80 000

借:主营业务成本 100 000

　　贷:发出商品 100 000

收到款项时:

借:银行存款 136 000

　　贷:应收账款 136 000

(三)特殊销售商品业务的核算

1. 销售折让

销售折让是指企业因售出商品的质量不合格等原因而在售价上给予的减让。对于销售折让,如果发生于收入确认以前,如同商业折扣;如果发生于收入确认以后(非资产负债表日后事项),通常应当在发生时冲减当期销售商品收入。

【案例12-8】甲公司向乙公司销售一批商品,开出的增值税专用发票上注明的销售价款为20万元、增值税税额为3.4万元。乙公司在验收过程中发现商品质量不符合合同要求,与甲公司协商要求在价格上给予10％的折让,甲公司同意乙公司的要求。假定甲公司已确认销售收入,剩余款项已收到并存入银行。发生的销售折让允许扣减当期增值税税额。

甲公司的账务处理如下:

(1)销售实现时:

借:应收账款 234 000

　　贷:主营业务收入 200 000

　　　应交税费——应交增值税(销项税额) 34 000

(2)发生销售折让时:

借:主营业务收入　　　　　　　　　　　　　　　　　　　　　20 000

　　应交税费——应交增值税(销项税额)　　　　　　　　　　3 400

　　贷:应收账款　　　　　　　　　　　　　　　　　　　　　　23 400

(3)实际收到款项时:

借:银行存款　　　　　　　　　　　　　　　　　　　　　　210 600

　　贷:应收账款　　　　　　　　　　　　　　　　　　　　　210 600

2. 销售退回

销售退回是指企业售出的商品由于质量、品种不符合要求等原因而发生的退货。销售退回可存在以下情况:

(1)发生于未确认收入之前的销售退回。应借记"库存商品"科目,贷记"发出商品"科目。

(2)发生于确认收入之后,但不属于资产负债表日后事项的销售退回。具体又分为本年度销售商品、本年度内退回和以前年度销售商品、本年度内退回。对于已确认收入的售出商品发生退回的,企业应在发生时冲减当期销售商品收入,同时冲减当期销售商品成本。如该项销售退回已发生现金折扣的,应同时调整相关财务费用的金额;如该项销售退回允许扣减增值税税额的,应同时调整"应交税费——应交增值税(销项税额)"科目的相应金额。

(3)发生于确认收入之后,属于资产负债表日后事项的销售退回,应当按照有关资产负债表日后事项的相关规定进行会计处理。

【案例12-9】甲公司在2×15年12月23日向乙公司销售一批商品,开出的增值税专用发票上注明的销售价款为50万元、增值税税额为8.5万元。该批商品的成本为40万元。现金折扣条件为:2/10,1/20,n/30。乙公司在2×15年12月30日支付货款。2×16年4月25日,乙公司提出该批商品存在质量问题,要求退货,甲公司同意退货并于当日支付有关款项。假定计算现金折扣时不考虑增值税,销售退回不属于资产负债表日后事项。

甲公司的账务处理如下:

(1)2×15年12月23日销售商品:

借:应收账款　　　　　　　　　　　　　　　　　　　　　　585 000

　　贷:主营业务收入　　　　　　　　　　　　　　　　　　　500 000

　　　　应交税费——应交增值税(销项税额)　　　　　　　　85 000

借:主营业务成本　　　　　　　　　　　　　　　　　　　　400 000

　　贷:库存商品　　　　　　　　　　　　　　　　　　　　　400 000

(2)2×15年12月30日收到货款:

借:银行存款　　　　　　　　　　　　　　　　　　　　　　575 000

　　财务费用　　　　　　　　　　　　　　　　　　　　　　　10 000

　　贷:应收账款　　　　　　　　　　　　　　　　　　　　　585 000

(3)2×16年4月25日发生销售退回:

借:主营业务收入　　　　　　　　　　　　　　　　　　　　500 000

　　应交税费——应交增值税(销项税额)　　　　　　　　　　85 000

　　贷:银行存款　　　　　　　　　　　　　　　　　　　　　575 000

　　　　财务费用　　　　　　　　　　　　　　　　　　　　　10 000

借：库存商品 400 000

  贷：主营业务成本 400 000

【案例 12-10】甲公司在 2×15 年 4 月 5 日向乙公司销售 100 件 A 商品，每件商品的售价为 0.2 万元，开出的增值税专用发票上注明的销售价款为 20 万元、增值税税额为 3.4 万元。该批商品的单位成本为 0.15 万元/件，共 15 万元。双方商定商品如存在质量问题，1 个月内可以退回。该商品是甲公司新开发的商品，初次投入市场，无法合理估计退货的可能性。2×15 年 4 月 10 日，甲公司收到相应货款。2×15 年 5 月 5 日，乙公司对该批商品提出质量问题，要求退回，甲公司同意退回，退回数量为 90 件。销售退回不属于资产负债表日后事项。

甲公司的账务处理如下：

(1)2×15 年 4 月 5 日发出商品：

由于该批商品存在售后退回条款，退回的可能性不能可靠估计，因此发出商品时不能确认收入。

借：发出商品 150 000

  贷：库存商品 150 000

(2)2×15 年 4 月 10 日收到货款：

借：银行存款 234 000

  贷：预收账款 234 000

(3)2×15 年 5 月 5 日发生退回：

首先，确认 10 件 A 商品的收入 2 万元(0.2×10)：

借：预收账款 23 400

  贷：主营业务收入 20 000

    应交税费——应交增值税(销项税额) 3 400

借：主营业务成本 15 000

  贷：发出商品 15 000

其次，确认销售退回：

借：库存商品 135 000

  贷：发出商品 135 000

借：预收账款 210 600

  贷：银行存款 210 600

3. 代销

(1)视同买断式代销。视同买断方式代销商品，是指委托方和受托方签订合同或协议，委托方按合同或协议收取代销的货款，实际售价由受托方自定，实际售价与合同或协议价之间的差额归受托方所有。如果委托方和受托方之间的协议明确表明，受托方在取得代销商品后，无论是否能够卖出、是否获利，均与委托方无关，在符合销售商品收入确认条件时，委托方应确认相关销售商品的收入。如果委托方和受托方之间的协议明确表明，将来受托方没有将商品售出时可以将商品退回给委托方，或受托方因代销商品出现亏损时可以要求委托方补偿，则委托方在交付商品时不应确认收入，受托方也不作购进商品处理，受托方将商品销售后，按实际售价确认销售收入，并向委托方开具代销清单，委托方收到代销清单时，再确认本企业的销售收入。

(2)收取手续费式代销。收取手续费方式代销商品,是指受托方根据所代销商品的数量向委托方收取手续费。由于商品上的主要风险和报酬没有发生转移,委托方在发出商品时通常不应确认销售商品收入,而应在收到受托方开出的代销清单时确认销售商品收入;受托方应在商品销售后,按合同或协议约定的方法计算的手续费确认收入。

【案例 12-11】甲公司委托丙公司代销商品 100 件,委托价格为每件 1 000 元,商品已经发出,每件成本为 600 元。甲公司按委托价格的 10%向丙公司支付手续费。甲公司收到丙公司开具的代销清单,注明已销售 60 件,销售价格为 6 万元,增值税为 1.02 万元。甲公司向丙公司开具一张相同金额的增值税专用发票。甲公司收到扣除手续费后的余款并存入银行。

甲公司的账务处理为:

(1)发出商品时:

借:发出商品		60 000
贷:库存商品		60 000

(2)收到代销清单时:

借:应收账款——丙公司		70 200
贷:主营业务收入		60 000
应交税费——应交增值税(销项税额)		10 200
借:主营业务成本		36 000
贷:发出商品		36 000

手续费=6×10%=0.6(万元)

借:销售费用		6 000
贷:应收账款——丙公司		6 000

(3)收到丙公司支付的货款时:

借:银行存款		64 200
贷:应收账款——丙公司		64 200

丙公司的账务处理为:

(1)收到商品时:

借:受托代销商品		100 000
贷:受托代销商品款		100 000

(2)对外实现销售时:

借:银行存款		70 200
贷:应付账款——甲公司		60 000
应交税费——应交增值税(销项税额)		10 200

(3)开具代销清单,收到增值税专用发票时:

借:应交税费——应交增值税(进项税额)		10 200
贷:应付账款——甲公司		10 200
借:受托代销商品款		60 000
贷:受托代销商品		60 000

（4）支付货款并计算代销手续费时：

借：应付账款——甲公司　　　　　　　　　　　　　　　　　70 200

　　贷：银行存款　　　　　　　　　　　　　　　　　　　　　64 200

　　　　其他业务收入　　　　　　　　　　　　　　　　　　　6 000

4. 分期收款销售商品

分期收款销售商品是指商品已经交付，但由于交易金额较大，货款分期收回的一种销售方式。合同或协议价款的收取采用递延方式，实质上具有融资性质的，应当按照应收的合同或协议价款的公允价值或商品现销价格确定销售商品收入金额。应收的合同或协议价款与其公允价值之间的差额，应当在合同或协议期间内采用实际利率法进行摊销，计入当期损益（财务费用）。

【案例12-12】 2×12年1月1日，甲公司采用分期收款方式向乙公司销售大型设备一套，开出的增值税专用发票上注明的销售价格为500万元、增值税税额85万元。双方商定价款于每年12月31日分5次等额支付，增值税立即支付。该大型设备的成本为300万元。在现销方式下，该大型设备的销售价格为400万元，实际利率为7.93%。

每期计入财务费用的金额如表12-1所示。

表12-1　财务费用和已收本金计算表　　　　　　　　　　　　单位：万元

年份	财务费用 $A = D_{上期} \times 7.93\%$	收回金额 B	收回本金 $C = B - A$	剩余本金 $D = D_{上期} - C$
2×12年1月1日				400
2×12年12月31日	31.72	100	68.28	331.72
2×13年12月31日	26.31	100	73.69	258.03
2×14年12月31日	20.46	100	79.54	178.49
2×15年12月31日	14.15	100	85.85	92.64
2×16年12月31日	7.36	100	92.64*	0
总额	100	500	400	

注：* 尾数调整。

根据表12-1的计算结果，甲公司各期的会计分录如下：

（1）2×12年1月1日销售实现时：

借：长期应收款　　　　　　　　　　　　　　　　　　　5 000 000

　　银行存款　　　　　　　　　　　　　　　　　　　　　850 000

　　贷：主营业务收入　　　　　　　　　　　　　　　　　4 000 000

　　　　应交税费——应交增值税（销项税额）　　　　　　850 000

　　　　未实现融资收益　　　　　　　　　　　　　　　　1 000 000

借：主营业务成本　　　　　　　　　　　　　　　　　　3 000 000

　　贷：库存商品　　　　　　　　　　　　　　　　　　　3 000 000

（2）2×12年12月31日收取货款时：

借：银行存款　　　　　　　　　　　　　　　　　　　　1 000 000

贷:长期应收款	1 000 000
借:未实现融资收益	317 200
贷:财务费用	317 200

(3)2×13 年 12 月 31 日收取货款时:

借:银行存款	1 000 000
贷:长期应收款	1 000 000
借:未实现融资收益	263 100
贷:财务费用	263 100

(4)2×14 年 12 月 31 日收取货款时:

借:银行存款	1 000 000
贷:长期应收款	1 000 000
借:未实现融资收益	204 600
贷:财务费用	204 600

(5)2×15 年 12 月 31 日收取货款时:

借:银行存款	1 000 000
贷:长期应收款	1 000 000
借:未实现融资收益	141 500
贷:财务费用	141 500

(6)2×16 年 12 月 31 日收取货款时:

借:银行存款	1 000 000
贷:长期应收款	1 000 000
借:未实现融资收益	73 600
贷:财务费用	73 600

5. 售后回购

售后回购是指销售商品的同时,销售方同意日后再将同样或类似的商品购回的销售方式。售后回购交易一般具有融资性质,商品所有权上的主要风险和报酬并没有转移,因此发出商品时不能确认收入。收到的款项应确认为负债,回购价格大于原售价的差额,企业应在回购期间按期计提利息,计入财务费用。

【案例 12-13】2×15 年 4 月 1 日,甲公司和乙公司签订售后回购协议,甲公司向乙公司销售一批商品,开出的增值税专用发票上注明的销售价款为 10 万元、增值税税额为 1.7 万元。该批商品的成本为 8 万元。协议约定,甲公司应于 8 月 31 日将所售商品购回,回购价为 11 万元(不含增值税税额)。商品已经发出,款项已经收到。

甲公司的账务处理如下:

(1)4 月 1 日发出商品时:

借:银行存款	117 000
贷:其他应付款	100 000
应交税费——应交增值税(销项税额)	17 000
借:发出商品	80 000
贷:库存商品	80 000

（2）在回购期内每个月摊销回购差价：

摊销金额＝（11－10）÷5＝0.2（万元）

借：财务费用   2 000

　　贷：其他应付款   2 000

（3）8 月 31 日回购商品时：

借：库存商品   80 000

　　贷：发出商品   80 000

借：其他应付款   110 000

　　应交税费——应交增值税（进项税额）   18 700

　　贷：银行存款   128 700

6. 以旧换新

以旧换新是指销售方在销售商品的同时回收与所售商品相同的旧商品。在这种情况下，销售的商品应当按照销售商品收入确认条件确认收入，回收的商品作为购进商品处理。

【案例 12-14】甲电器公司采取以旧换新方式销售商品。新电器每件不含税售价为 500 元，旧电器每件按 100 元算，每件需要再交 485 元就可以领取一件新电器。旧电器收回后作为材料使用。本期共实现以旧换新销售电器 100 件。每件新电器的成本为 400 元。

甲公司的会计处理为：

借：银行存款   48 500

　　原材料   10 000

　　贷：主营业务收入   50 000

　　　　应交税费——应交增值税（销项税额）   8 500

借：主营业务成本   40 000

　　贷：库存商品   40 000

三、提供劳务收入的核算

提供劳务的收入是指企业通过提供劳务实现的收入，如咨询公司提供咨询服务、软件开发企业为客户开发软件、安装公司提供安装服务等实现的收入。企业提供劳务收入的确认可分为提供劳务的交易结果能够可靠估计和不能可靠估计两种情况。

（一）提供劳务的交易结果能够可靠估计

企业在资产负债表日提供劳务交易的结果能够可靠估计的，应当采用完工百分比法确认提供劳务的收入。

1. 提供劳务的交易结果能够可靠估计的条件

提供劳务的交易结果能否可靠估计，是指同时满足下列条件：

（1）收入的金额能够可靠地计量。

（2）相关的经济利益很可能流入企业。

（3）交易的完工进度能够可靠地确定。企业确定提供劳务交易的完工进度，可以选用下列方法：已完工作的测量；已经提供的劳务占应提供劳务总量的比例；已经发生的成本占估计总成本的比例。

（4）交易中已发生和将发生的成本能够可靠地计量。

2. 完工百分比法

完工百分比法是指按照提供劳务交易的完工进度确认收入与费用的方法。

企业应当在资产负债表日按照提供劳务收入总额乘以完工进度扣除以前会计期间累计已确认提供劳务收入后的金额,确认当期提供劳务的收入;同时,按照提供劳务估计总成本乘以完工进度扣除以前会计期间累计已确认劳务成本后的金额,结转当期劳务成本。可采用以下公式:

本期确认的收入=劳务总收入×本期末止劳务的完工进度—以前期间已确认的收入

本期确认的费用=劳务总成本×本期末止劳务的完工进度—以前期间已确认的费用

如果提供的劳务不需要跨年度完成,一般在完成时确认收入和结转成本。

【案例 12-15】甲公司于 2×15 年 10 月 1 日接受一项设备安装任务,预计安装期为 12 个月,合同总收入为 200 万元,合同预计总成本为 150 万元。至 2×15 年 12 月 31 日已预收安装费 80 万元,实际发生安装费用 60 万元(其中安装人员薪酬 10 万元,材料费用 45 万元,以银行存款支付的其他费用 5 万元)。2×16 年 9 月 30 日完工,又发生安装费用 80 万元(其中安装人员薪酬 30 万元,材料费用 40 万元,以银行存款支付的其他费用 10 万元),剩余款项全部收到并存入银行。假定甲公司按实际发生的成本占估计总成本的比例确定劳务的完工进度。

甲公司的账务处理如下:

(1)2×15 年

完工进度=60÷150=40%

本期确认的收入=200×40%—0=80(万元)

本期确认的成本费用=150×40%—0=60(万元)

①预收劳务款时:

借:银行存款	800 000
贷:预收账款	800 000

②实际发生劳务成本时:

借:劳务成本	600 000
贷:应付职工薪酬	100 000
原材料	450 000
银行存款	50 000

③2×15 年 12 月 31 日确认提供劳务收入并结转劳务成本时:

借:预收账款	800 000
贷:主营业务收入	800 000
借:主营业务成本	600 000
贷:劳务成本	600 000

(2)2×16 年

本期确认的收入=200×100%—80=120(万元)

本期确认的成本费用=(60+80)—60=80(万元)

①收到劳务款时:

借:银行存款	1 200 000

贷:预收账款	1 200 000

②实际发生劳务成本时:

借:劳务成本	800 000
贷:应付职工薪酬	300 000
原材料	400 000
银行存款	100 000

③2×16 年 9 月 30 日确认提供劳务收入并结转劳务成本时:

借:预收账款	1 200 000
贷:主营业务收入	1 200 000
借:主营业务成本	800 000
贷:劳务成本	800 000

(二)提供劳务的交易结果不能够可靠估计

企业在资产负债表日提供劳务的交易结果不能够可靠估计的,应当分别下列情况处理:

(1)已经发生的劳务成本预计能够得到补偿的,按照已经发生的劳务成本金额确认提供劳务收入,并按相同金额结转劳务成本。

(2)已经发生的劳务成本预计不能够得到补偿的,应当将已经发生的劳务成本计入当期损益,不确认提供劳务收入。

【案例 12-16】甲公司于 2×15 年 10 月 1 日接受一项设备安装任务,预计安装期为 12 个月,合同总收入为 200 万元,合同预计总成本为 150 万元。至 2×15 年 12 月 31 日已预收安装费 80 万元,实际发生安装费用 60 万元(其中安装人员薪酬 10 万元,材料费用 45 万元,以银行存款支付的其他费用 5 万元)。同时甲公司得知乙公司经营发生困难,剩余合同款项能否收回难以确定。

甲公司的账务处理如下:

(1)预收劳务款时:

借:银行存款	800 000
贷:预收账款	800 000

(2)实际发生劳务成本时:

借:劳务成本	600 000
贷:应付职工薪酬	100 000
原材料	450 000
银行存款	50 000

(3)2×15 年 12 月 31 日确认提供劳务收入并结转劳务成本时:

按预计能够得到补偿的,已经发生的劳务成本金额确认提供劳务收入 60 万元。

借:预收账款	600 000
贷:主营业务收入	600 000
借:主营业务成本	600 000
贷:劳务成本	600 000

四、其他业务收入的核算

其他业务收入不属于企业的主营业务收入,一般包括工业企业对外出售不需用的原材料取得的收入、出租固定资产或无形资产使用权取得的收入、出租包装物等周转材料取得的收入等。

取得收入时,借记"银行存款"、"应收账款"等科目,贷记"其他业务收入"科目。结转成本时,借记"其他业务成本"科目,贷记"原材料"、"累计折旧"、"累计摊销"等科目。

【案例 12-17】甲公司将一批积压材料对外出售,出售价格为 10 万元,适用的增值税税率为 17%。该批材料的实际成本为 8 万元。款项已经收到并存入银行。

甲公司的账务处理如下:

借:银行存款 117 000
　　贷:其他业务收入 100 000
　　　　应交税费——应交增值税(销项税额) 17 000
借:其他业务成本 80 000
　　贷:原材料 80 000

【案例 12-18】甲公司将一台设备对外出租,租期为 10 个月,每个月的租金为 1 万元,于每个月月末收取。该设备原入账价值为 24 万元,预计使用年限为 10 年,预计净残值为 0,采用直线法计提折旧。

甲公司的账务处理如下:

(1)月末收取租金:

借:银行存款 10 000
　　贷:其他业务收入 10 000

(2)月末计提折旧:

月折旧额＝24÷10÷12＝0.2(万元)

借:其他业务成本 2 000
　　贷:累计折旧 2 000

任务二　费用的核算

一、什么是费用

费用是指企业在日常活动中发生的、会导致所有者权益减少的、与向所有者分配利润无关的经济利益的总流出。

费用只有在很可能流出从而导致企业资产减少或者负债增加,且经济利益的流出额能够可靠计量时才能予以确认。费用应按照权责发生制和配比原则确认。凡应属于本期发生的费用,不论其款项是否支付,均确认为本期费用;反之,不属于本期发生的费用,即使其款项已在本期支付,也不确认为本期费用。

在确认费用时,首先应当划分生产费用与非生产费用的界限。生产费用是指与企业日常生产经营活动有关的费用,如生产产品所发生的原材料费用、人工费用等;非生产费用是指不应由生产经营活动负担的费用,如用于购建固定资产所发生的费用。其次应当分清生产费用与产品成本的界限。生产费用与一定的时期相联系,而与生产的产品无关;产品成本与一定品种和数量的产品相联系,而不论发生在哪一期。最后应当分清生产费用与期间费用的界限。生产费用应当计入产品成本;而期间费用直接计入当期损益。

期间费用是指本期发生的、不能直接或间接归入某种产品成本的、直接计入损益的各项费用,包括管理费用、销售费用和财务费用。

二、管理费用的核算

管理费用是指企业为组织和管理企业生产经营所发生的费用,包括企业在筹建期间发生的开办费、董事会和行政管理部门在企业的经营管理中发生的或者应由企业统一负担的公司经费(包括行政管理部门职工工资及福利费、物料消耗、低值易耗品摊销、办公费和差旅费等)、工会经费、董事会费(包括董事会成员津贴、会议费和差旅费等)、聘请中介机构费、咨询费(含顾问费)、诉讼费、业务招待费、房产税、车船使用税、土地使用税、印花税、技术转让费、矿产资源补偿费、研究费用、排污费以及企业生产车间(部门)和行政管理部门等发生的固定资产修理费用等。

企业发生的管理费用,借记"管理费用"科目,贷记"银行存款"、"应付职工薪酬"、"累计摊销"等科目。期末,"管理费用"科目的余额结转"本年利润"科目后无余额。

【案例 12-19】甲公司计提管理用设备折旧 10 万元,摊销无形资产 5 万元,计提管理人员工资费用 20 万元,以银行存款支付业务招待费 1 万元。

甲公司的账务处理如下:

借:管理费用		360 000
贷:累计折旧		100 000
累计摊销		50 000
应付职工薪酬		200 000
银行存款		10 000

三、销售费用的核算

销售费用是指企业在销售商品和材料、提供劳务的过程中发生的各种费用,包括企业在销售商品过程中发生的保险费、包装费、展览费和广告费、商品维修费、预计产品质量保证损失、运输费、装卸费等以及为销售本企业商品而专设的销售机构(含销售网点、售后服务网点等)的职工薪酬、业务费、折旧费、固定资产修理费用等费用。

企业发生的销售费用,借记"销售费用"科目,贷记"银行存款"、"应付职工薪酬"等科目。期末,"销售费用"科目的余额结转"本年利润"科目后无余额。

【案例 12-20】甲公司计提销售用设备折旧 20 万元,计提销售人员工资费用 10 万元,以银行存款支付广告费 30 万元。

甲公司的账务处理如下:

借:销售费用		600 000
贷:累计折旧		200 000
应付职工薪酬		100 000

银行存款   300 000

四、财务费用的核算

财务费用是指企业为筹集生产经营所需资金等而发生的筹资费用,包括利息支出(减利息收入)、汇兑损益以及相关的手续费、企业发生的现金折扣或收到的现金折扣、未确认融资费用的摊销等。

企业发生的财务费用,一般借记"财务费用"科目,贷记"银行存款"、"未确认融资费用"等科目,有时需要贷记"财务费用"科目。期末,"财务费用"科目的余额结转"本年利润"科目后无余额。

【案例 12-21】 甲公司本期发生下列有关财务费用业务:

(1)计提非资本化的到期还本分期付息公司债券利息费用 50 万元。

借:财务费用   500 000
　　贷:应付利息   500 000

(2)收到银行存款利息 0.3 万元。

借:财务费用   3 000
　　贷:应付利息   3 000

(3)因融资租入固定资产摊销未确认融资费用 5 万元。

借:财务费用   50 000
　　贷:未确认融资费用   50 000

任务三　利润的核算

一、什么是利润

利润是指企业在一定会计期间的经营成果。利润包括收入减去费用后的净额、直接计入当期利润的利得或损失等。

(一)利润的计算

利润的计算包括营业利润的计算、利润总额的计算和净利润的计算。相关计算公式如下:

1. 营业利润

营业利润＝营业收入－营业成本－营业税金及附加－销售费用－管理费用

　　　　－财务费用－资产减值损失＋公允价值变动收益(－公允价值变动损失)

　　　　＋投资收益(－投资损失)

　　　　　　营业收入＝主营业务收入＋其他业务收入

　　　　　　营业成本＝主营业务成本＋其他业务成本

资产减值损失是指企业计提各项资产减值准备所形成的损失。

公允价值变动收益(或损失)是指企业交易性金融资产等公允价值变动形成的应计入当期损益的利得(或损失)。

投资收益(或损失)是指企业以各种方式对外投资所取得的收益(或发生的损失)。

2. 利润总额

$$利润总额＝营业利润＋营业外收入－营业外支出$$

其中,营业外收入(或支出)是指企业发生的与日常活动无直接关系的各项利得(或损失)。

3. 净利润

$$净利润＝利润总额－所得税费用$$

其中,所得税费用是指企业确认的应从当期利润总额中扣除的所得税费用。

【案例 12-22】甲公司 2×15 年的营业收入为 600 万元,营业成本为 400 万元,营业税金及附加为 6 万元,销售费用为 20 万元,管理费用为 30 万元,财务费用为 10 万元,资产减值损失为 20 万元,公允价值变动收益为 10 万元,投资收益为 40 万元,营业外收入为 5 万元,营业外支出为 3 万元,所得税费用为 40 万元。

甲公司营业利润＝600－400－6－20－30－10－20＋10＋40＝164(万元)

甲公司利润总额＝164＋5－3＝166(万元)

甲公司净利润＝166－40＝126(万元)

(二)利润的结转

利润结转一般按照以下顺序进行:

(1)期末将有关损益类账户的余额全部结转到"本年利润"账户。

(2)将"本年利润"账户的余额结转到"利润分配——未分配利润"账户。

【案例 12-23】2×15 年 12 月 31 日,甲公司有关损益类账户的余额如表 12-2 所示。

表 12-2 甲公司账户余额表 金额:万元

账户	金额	账户	金额
主营业务收入	500	主营业务成本	300
其他业务收入	100	其他业务成本	100
公允价值变动损益	10	营业税金及附加	6
投资收益	40	销售费用	20
营业外收入	5	管理费用	30
		财务费用	10
		资产减值损失	20
		营业外支出	3
		所得税费用	40

甲公司的会计处理为:

(1)将收入类损益账户的余额转入"本年利润"账户

借:主营业务收入	5 000 000
其他业务收入	1 000 000
公允价值变动损益	100 000
投资收益	400 000
营业外收入	50 000
贷:本年利润	6 550 000

(2)将费用类损益账户的余额转入"本年利润"账户

借:本年利润	5 290 000
贷:主营业务成本	3 000 000
其他业务成本	1 000 000
营业税金及附加	60 000
销售费用	200 000
管理费用	300 000
财务费用	100 000
资产减值损失	200 000
营业外支出	30 000
所得税费用	400 000

(3)将"本年利润"账户的余额转入"利润分配——未分配利润"账户

借:本年利润	1 260 000
贷:利润分配——未分配利润	1 260 000

二、所得税的核算

我国所得税会计采用资产负债表债务法,要求企业从资产负债表出发,通过比较资产负债表上列示的资产、负债,按照会计准则规定确定的账面价值与按照税法规定确定的计税基础,对于两者之间的差异分别应纳税暂时性差异与可抵扣暂时性差异,确认相关的递延所得税负债与递延所得税资产,并在此基础上确定每一会计期间利润表中的所得税费用。

(一)计税基础

1. 资产的计税基础

资产的计税基础是指企业收回资产账面价值过程中,计算应纳税所得额时按照税法规定可以自应税经济利益中抵扣的金额,即某一项资产在未来期间计税时按照税法规定可以税前扣除的金额。

资产在初始确认时,其计税基础一般为取得的成本,即企业为取得某项资产而支付的成本在未来期间准予税前扣除。在资产持续持有的过程中,其计税基础是指资产的取得成本减去以前期间按照税法规定已经税前扣除的金额后的余额。如固定资产、无形资产等长期资产在某一资产负债表日的计税基础是指其成本扣除按照税法规定已在以前期间税前扣除的累计折旧额或累计摊销额后的金额。

(1)固定资产

初始确认固定资产时,按照会计准则的规定确定的入账价值基本上是被税法认可的,即取得时其账面价值一般等于计税基础。固定资产在持有期间进行后续计量时,由于在折旧方法、折旧年限以及固定资产减值准备的提取等方面,会计和税法规定可能不一致,造成固定资产的账面价值与计税基础的差异。

①因计提折旧产生的差异。

【案例12-24】2×15年3月10日,甲公司取得一项固定资产,入账价值为100万元,预计净残值率为10%,预计使用年限为5年,采用直线法计提折旧。但税法规定该类固定资产应采用年数总和法计提折旧。

2×15 年 12 月 31 日该项固定资产账面价值＝100－100×(1－10%)÷5÷12×9
$$＝86.5(万元)$$

2×15 年 12 月 31 日该项固定资产计税基础＝100－100×(1－10%)×5/15÷12×9
$$＝77.5(万元)$$

差额 9 万元(86.5－77.5)在未来应调增应纳税所得额。

②因计提固定资产减值准备产生的差异

【案例 12-25】2×15 年 12 月 31 日,甲公司一项固定资产的账面价值为 100 万元,但预计其未来可收回金额只有 90 万元。

2×15 年 12 月 31 日该项固定资产计提固定资产减值准备＝100－90＝10(万元)

2×15 年 12 月 31 日该项固定资产的计税基础为 100 万元,与其账面价值 90 万元的差额可以在未来抵减应纳税所得额。

(2)无形资产

初始确认无形资产时,按照会计准则规定确定的入账价值与按照税法规定确定的计税成本之间一般不存在差异。无形资产的差异主要产生于无形资产摊销、无形资产计提减值准备和内部研究开发形成的无形资产。

①无形资产摊销

【案例 12-26】甲公司于 2×15 年 1 月 1 日取得一项无形资产,取得成本为 50 万元,但无法合理预计其使用期限,将其作为使用寿命不确定的无形资产。但税法规定,对该类无形资产按照 10 年的期限摊销,摊销金额允许税前扣除。

2×15 年 12 月 31 日该项无形资产计税基础＝50－50÷10＝45(万元)

无形资产的账面价值 50 万元与计税基础 45 万元之间的差额 5 万元,在未来应调增应纳税所得额。

②无形资产计提减值准备

无形资产计提减值准备,导致账面价值低于计税基础,产生的差额可以抵减未来应纳税所得额,有关会计处理同固定资产计提减值准备。

③内部研究开发形成的无形资产

内部研究开发形成的无形资产,其成本为开发阶段符合资本化条件以后至达到预定用途前发生的支出。除此之外,研究开发过程中发生的其他支出应予费用化计入损益。税法规定,自行开发的无形资产,以开发过程中该资产符合资本化条件后至达到预定用途前发生的支出为计税基础。另外,对于研究开发费用的加计扣除,税法中规定企业为开发新技术、新产品、新工艺发生的研究开发费用,未形成无形资产计入当期损益的,在按照规定据实扣除的基础上,按照研究开发费用的 50%加计扣除;形成无形资产的,按照无形资产成本的 150%摊销。

【案例 12-27】甲公司自行研发一项专利技术,研究阶段支出 50 万元,开发阶段支出 100 万元,其中 80 万元符合资本化条件。假定该项专利技术属于税法规定的开发新技术、新产品、新工艺。

根据企业会计准则的规定,应予费用化金额为 70 万元,资本化金额为 80 万元,即无形资产的入账价值为 80 万元。

根据税法的规定,可在当期税前扣除的费用金额为 105 万元(70×150%),无形资产的未来摊销基数为 120 万元(80×150％),即无形资产的计税基础为 120 万元,形成暂时性差异 40 万元。

(3)交易性金融资产

按照会计准则的规定,交易性金融资产按照公允价值计量且其变动计入当期损益。税法规定,企业以公允价值计量的金融资产、金融负债以及投资性房地产等,持有期间公允价值的变动不计入应纳税所得额,在实际处置或结算时,处置取得的价款扣除其历史成本后的差额应计入处置或结算期间的应纳税所得额,从而产生差异。

【案例 12-28】 2×15 年 11 月 8 日,甲公司购入某上市公司股票 10 万股,每股股价为 5 元,共支付 50 万元,假定没有发生其他交易费用,甲公司将其划分为交易性金融资产。2×15 年 12 月 31 日,该股票每股市价 7 元。

2×15 年 12 月 31 日该股票账面价值＝10×7＝70(万元)

2×15 年 12 月 31 日该股票计税基础＝10×5＝50(万元)

账面价值与计税基础的差额 20 万元,在未来应调增应纳税所得额。

(4)可供出售金融资产

可供出售金融资产的账面价值和计税基础产生差异的情况与交易性金融资产非常类似,只是根据准则的规定,公允价值的变动计入所有者权益,不影响应纳税所得额,进而不会影响企业所得税费用。

【案例 12-29】 沿用案例 12-28,假定甲公司将其划分为可供出售金融资产,其他条件不变。

2×15 年 12 月 31 日该股票账面价值＝10×7＝70(万元)

2×15 年 12 月 31 日该股票计税基础＝10×5＝50(万元)

账面价值与计税基础的差额 20 万元,在未来应考虑调增所有者权益。

另外,采用公允价值进行后续计量的投资性房地产、应收账款计提坏账准备、存货计提存货跌价准备等,也会产生账面价值与计税基础不一致的情况,有关会计处理在此不再赘述。

2. 负债的计税基础

负债的计税基础是指负债的账面价值减去未来期间计算应纳税所得额时按照税法规定可予抵扣的金额。用公式表示为:

负债的计税基础＝账面价值－未来期间按照税法规定可予税前扣除的金额

负债的确认与偿还一般不会影响企业的损益,也不会影响其应纳税所得额,计税基础即账面价值。但是,在某些情况下,负债的确认,可能税法和会计准则的规定不一致,使得其计税基础与账面价值之间产生差额。

(1)预计负债

按照或有事项准则的规定,或有事项满足有关确认条件时,可以确认为一项负债(预计负债)。如果税法规定,该类事项在实际发生损失时可以税前扣除,则会导致预计负债账面价值与计税基础之间的差额,在未来可以抵减应纳税所得额。

【案例 12-30】 2×15 年,甲企业因未决诉讼确认一项预计负债 100 万元,按照税法的规定,应在实际发生损失时才允许税前扣除。

该项预计负债在甲企业 2×15 年 12 月 31 日的资产负债表中的账面价值为 100 万元。

但按照税法的规定,未来允许抵扣的金额为 100 万元,换句话说现在不允许税前扣除。因此,该项预计负债的计税基础:

$$计税基础=账面价值-\begin{matrix}未来期间计算应纳税所得额时\\按照税法规定可予抵扣的金额\end{matrix}=100-100=0(万元)$$

(2)应付职工薪酬

会计准则规定,企业为获得职工提供的服务而给予的各种形式的报酬以及其他相关支出均应作为企业的成本费用,在未支付之前确认为负债。税法中对于合理的职工薪酬基本允许税前扣除,但税法中明确规定了税前扣除标准的,按照会计准则规定计入成本费用支出的金额超过规定标准部分的,应进行纳税调整。超过部分在发生当期不允许税前扣除,在以后期间也不允许税前扣除,即未来允许抵扣的金额为 0,所产生的应付职工薪酬负债的账面价值等于计税基础。

【案例 12-31】甲企业 2×15 年 12 月 31 日计入成本费用的职工工资总额为 600 万元,至 2×15 年 12 月 31 日尚未支付。按照税法的规定,允许税前扣除的计入成本费用的计税工资为 300 万元。

应付职工薪酬的账面价值为 600 万元。

税法规定的计税工资为 300 万元,与账面价值的差额 300 万元,当期不允许税前扣除,在未来也不允许税前扣除,即未来允许抵扣的金额为 0,所以,应付职工薪酬的计税基础为:600-0=600(万元)。

该项负债的账面价值 600 万元与其计税基础 600 万元相同,不形成暂时性差异。

(3)罚款与滞纳金

企业应交的罚款和滞纳金等,在尚未支付之前按照会计规定确认为费用,同时作为负债反映。税法规定,罚款和滞纳金不得税前扣除,即未来允许抵扣的金额为 0,计税基础等于账面价值。

【案例 12-32】2×15 年 12 月,甲企业因违反当地有关环保法规的规定,被环保部门罚款 20 万元。税法规定,企业因违反国家有关法律法规支付的罚款和滞纳金,计算应纳税所得额时不允许税前扣除。至 2×15 年 12 月 31 日,该项罚款尚未支付。

应支付罚款产生的负债的账面价值为 20 万元。

该项负债未来允许抵扣的金额为 0,因此计税基础为:20-0=20(万元)。

(二)暂时性差异

暂时性差异是指资产、负债的账面价值与其计税基础不同产生的差额。根据暂时性差异对未来期间应纳税所得额的影响,可将暂时性差异分为应纳税暂时性差异和可抵扣暂时性差异。

1. 应纳税暂时性差异

应纳税暂时性差异是指在确定未来收回资产或清偿负债期间的应纳税所得额时,将导致产生应税金额的暂时性差异,即在未来期间不考虑该事项影响的应纳税所得额的基础上,由于该暂时性差异的转回,会进一步增加转回期间的应纳税所得额和应交所得税金额,在其产生当期应当确认相关的递延所得税负债。

应纳税暂时性差异通常产生于以下情况:

(1)资产的账面价值大于其计税基础。如案例 12-24、案例 12-26、案例 12-28、案例 12-

29 中资产的账面价值大于计税基础,产生应纳税暂时性差异。

(2)负债的账面价值小于其计税基础。负债的账面价值小于其计税基础,则意味着该项负债在未来期间可以税前抵扣的金额为负数,即应在未来期间应纳税所得额的基础上调增,增加应纳税所得额和应交所得税金额,产生应纳税暂时性差异。

2. 可抵扣暂时性差异

可抵扣暂时性差异是指在确定未来收回资产或清偿负债期间的应纳税所得额时,将导致产生可抵扣金额的暂时性差异。该差异在未来期间转回时会减少转回期间的应纳税所得额,减少未来期间的应交所得税。在可抵扣暂时性差异产生当期,符合确认条件时,应当确认相关的递延所得税资产。

可抵扣暂时性差异一般产生于以下情况:

(1)资产的账面价值小于其计税基础。如案例 12-25、案例 12-27 中资产的账面价值小于计税基础,产生可抵扣暂时性差异。

(2)负债的账面价值大于其计税基础。如案例 12-30 中负债的账面价值大于其计税基础,产生可抵扣暂时性差异。

(三)递延所得税资产和递延所得税负债

按照所得税会计准则规定的原则,应纳税暂时性差异符合确认条件时,应当确认相关的递延所得税负债;可抵扣暂时性差异符合确认条件时,应当确认相关的递延所得税资产。

1. 递延所得税负债

企业在确认因应纳税暂时性差异产生的递延所得税负债时,除所得税准则中明确规定可不确认递延所得税负债的情况以外,对于所有的应纳税暂时性差异,均应确认相关的递延所得税负债。除与直接计入所有者权益的交易或事项以及企业合并中取得资产、负债相关的以外,在确认递延所得税负债的同时,应增加利润表中的所得税费用。

【案例 12-33】沿用案例 12-24、案例 12-26、案例 12-28、案例 12-29,假定甲公司适用的所得税税率为 25%,其他因素不予考虑。

应纳税暂时性差异金额=9+5+20+20=54(万元)

递延所得税负债金额=54×25%=13.5(万元)

计入所得税费用金额=(9+5+20)×25%=8.5(万元)

计入其他综合收益金额=20×25%=5(万元)

注:案例 12-29 中,可供出售金融资产的公允价值变动计入所有者权益,产生的应纳税暂时性差异影响所有者权益(其他综合收益)。

借:所得税费用	85 000
其他综合收益	50 000
贷:递延所得税负债	135 000

【案例 12-34】甲公司于 2×10 年 12 月底购入一台管理用设备,成本为 90 万元,预计使用年限为 5 年,预计净残值为零。会计上按直线法计提折旧,税法规定该类固定资产应采用年数总和法计提折旧。甲公司适用的所得税税率为 25%。

甲公司计算应纳税暂时性差异及递延所得税负债情况如表 12-3 所示。

表 12-3 应纳税暂时性差异及递延所得税负债计算表　　　　单位:万元

项目	2×11 年	2×12 年	2×13 年	2×14 年	2×15 年
实际成本	90	90	90	90	90
累计计提折旧	18	36	54	72	90
账面价值	72	54	36	18	0
累计计税折旧	30	54	72	84	90
计税基础	60	36	18	6	0
应纳税暂时性差异	12	18	18	12	0
适用税率	25%	25%	25%	25%	25%
递延所得税负债余额	3	4.5	4.5	3	0
递延所得税负债发生额	3	1.5	0	−1.5	−3

甲公司的会计处理为:

(1)2×11 年:

借:所得税费用　　　　　　　　　　　　　　　　　　　　　　　30 000

　　贷:递延所得税负债　　　　　　　　　　　　　　　　　　　　　　30 000

(2)2×12 年:

借:所得税费用　　　　　　　　　　　　　　　　　　　　　　　15 000

　　贷:递延所得税负债　　　　　　　　　　　　　　　　　　　　　　15 000

(3)2×13 年:

不做账务处理。

(4)2×14 年:

借:递延所得税负债　　　　　　　　　　　　　　　　　　　　　15 000

　　贷:所得税费用　　　　　　　　　　　　　　　　　　　　　　　　15 000

(5)2×15 年:

借:递延所得税负债　　　　　　　　　　　　　　　　　　　　　30 000

　　贷:所得税费用　　　　　　　　　　　　　　　　　　　　　　　　30 000

2. 递延所得税资产

递延所得税资产产生于可抵扣暂时性差异。确认因可抵扣暂时性差异产生的递延所得税资产,应以未来期间可能取得的应纳税所得额为限。在可抵扣暂时性差异转回的未来期间内,企业无法产生足够的应纳税所得额用以利用可抵扣暂时性差异的影响,使得与可抵扣暂时性差异相关的经济利益无法实现的,不应确认递延所得税资产;企业有明确的证据表明其于可抵扣暂时性差异转回的未来期间能够产生足够的应纳税所得额,进而利用可抵扣暂时性差异的,则应以可能取得的应纳税所得额为限,确认相关的递延所得税资产。

【案例 12-35】沿用案例 12-30,假定甲公司适用的所得税税率为 25%,其他因素不予考虑。

可抵扣暂时性差异金额=100(万元)

递延所得税资产金额=100×25%=25(万元)

借:递延所得税资产   250 000
　贷:所得税费用   250 000

注:案例12-27中,由于确认无形资产时,既不影响会计利润也不影响应纳税所得额,所以不确认可抵扣暂时性差异对应的递延所得税资产。

【案例12-36】沿用案例12-34,假定会计上采用年数总和法计提折旧,税法规定该类固定资产采用直线法计提折旧,其他条件不变。

甲公司计算可抵扣暂时性差异及递延所得税资产情况如表12-4所示。

表 12-4   可抵扣暂时性差异及递延所得税资产计算表   单位:万元

项目	2×11年	2×12年	2×13年	2×14年	2×15年
实际成本	90	90	90	90	90
累计计提折旧	30	54	72	84	90
账面价值	60	36	18	6	0
累计计税折旧	18	36	54	72	90
计税基础	72	54	36	18	0
可抵扣暂时性差异	12	18	18	12	0
适用税率	25%	25%	25%	25%	25%
递延所得税资产余额	3	4.5	4.5	3	0
递延所得税资产发生额	3	1.5	0	−1.5	−3

甲公司的会计处理为:

(1)2×11年:

借:递延所得税资产   30 000
　贷:所得税费用   30 000

(2)2×12年:

借:递延所得税资产   15 000
　贷:所得税费用   15 000

(3)2×13年:

不做账务处理。

(4)2×14年:

借:所得税费用   15 000
　贷:递延所得税资产   15 000

(5)2×15年:

借:所得税费用   30 000
　贷:递延所得税资产   30 000

按照税法规定可以结转以后年度的未弥补亏损及税款抵减,虽不是因资产、负债的账面价值与计税基础不同产生的,但与可抵扣暂时性差异具有同样的作用,均能够减少未来期间的应纳税所得额,进而减少未来期间的应交所得税,会计处理上视同可抵扣暂时性差异,在符合条件的情况下,应确认与其相关的递延所得税资产。

【**案例 12-37**】2×12 年,甲公司因经营不善发生亏损 200 万元。2×13 年经营情况好转,实现盈利 50 万元,2×14 年实现盈利 80 万元,2×15 年实现盈利 100 万元。假定甲公司适用的所得税税率为 25%,其他因素不予考虑。

甲公司的有关会计处理为:

(1)2×12 年:

经营亏损 200 万元,可以用以后连续 5 年的税前利润弥补,即未来允许税前抵扣的金额为 200 万元,形成可抵扣暂时性差异,产生递延所得税资产 50 万元(200×25%)。

借:递延所得税资产   500 000
    贷:所得税费用   500 000

(2)2×13 年:

以税前利润 50 万元弥补亏损表示可抵扣暂时性差异转回,减少递延所得税资产 12.5 万元(50×25%)。

借:所得税费用   125 000
    贷:递延所得税资产   125 000

(3)2×14 年:

以税前利润 80 万元弥补亏损,减少递延所得税资产 20 万元(80×25%)。

借:所得税费用   200 000
    贷:递延所得税资产   200 000

(4)2×15 年:

以税前利润 70 万元弥补亏损,减少递延所得税资产 17.5 万元(70×25%);应交所得税 7.5 万元[(100−70)×25%]。

借:所得税费用   250 000
    贷:递延所得税资产   175 000
      应交税费——应交所得税   75 000

(四)所得税费用

所得税费用包括当期所得税和递延所得税两个部分。

1. 当期所得税

当期所得税是指企业按照税法规定计算、确定的针对当期发生的交易和事项,应交纳给税务部门的所得税金额,即当期应交所得税。可按照以下公式计算、确定:

当期所得税=当期应交所得税=(会计利润+按照会计准则规定计入利润表但计税时不允许税前扣除的费用±计入利润表的费用与按照税法规定可予税前抵扣的金额之间的差额±计入利润表的收入与按照税法规定应计入应纳税所得的收入之间的差额−税法规定的不征税收入±其他需要调整的因素)×税率

【**案例 12-38**】甲公司 2×15 年度利润表中的利润总额为 325 万元,该公司适用的所得税税率为 25%。递延所得税资产及递延所得税负债不存在期初余额。与所得税核算有关的情况如下:

(1)2×15 年 12 月 31 日,取得国债利息收入 30 万元。税法规定,国债利息收入免交所得税。

(2)2×14 年 12 月 15 日,甲公司购入一项无需安装的管理用设备,入账价值为 100 万元,预计该设备的使用年限为 10 年,预计净残值为零,采用年限平均法计提折旧。税法规定,该类固定资产的折旧年限为 20 年。假定甲公司该设备预计净残值和采用的折旧方法符合税法规定。

(3)2×15 年 9 月 20 日,甲公司因废水超标排放被环保部门处以 20 万元罚款,罚款已以银行存款支付。税法规定,企业违反国家法规所支付的罚款不允许在税前扣除。

(4)2×15 年 11 月 12 日,甲公司以银行存款 80 万元购入某上市公司股票,将其划分为交易性金融资产核算。12 月 31 日,该股票的公允价值为 100 万元。假定税法规定,交易性金融资产持有期间公允价值变动金额不计入应纳税所得额,待出售时一并计入应纳税所得额。

甲公司预计在未来期间有足够的应纳税所得额用于抵扣可抵扣暂时性差异,其他因素不予考虑。

甲公司当期所得税的计算如下:

应纳税所得额＝325－30＋(100÷10－100÷20)＋20－20＝300(万元)

当期所得税＝当期应交所得税＝300×25％＝75(万元)

2. 递延所得税

递延所得税是指按照所得税准则规定当期应予确认的递延所得税资产和递延所得税负债金额。用公式表示为:

递延所得税＝(递延所得税负债的期末余额－递延所得税负债的期初余额)

－(递延所得税资产的期末余额－递延所得税资产的期初余额)

在案例 12-38 中,管理用设备的会计年折旧额为 10 万元(100÷10),2×15 年 12 月 31 日账面价值为 90 万元;税法的年折旧额为 5 万元(100÷20),计税基础为 95 万元,产生可抵扣暂时性差异 5 万元,形成递延所得税资产 1.25 万元(5×25％)。

2×15 年 12 月 31 日,交易性金融资产的账面价值为 100 万元,计税基础为 80 万元,产生应纳税暂时性差异 20 万元,形成递延所得税负债 5 万元(20×25％)。

递延所得税＝5－1.25＝3.75(万元)

3. 所得税费用的核算

所得税费用＝当期所得税＋递延所得税

在案例 12-38 中,所得税费用＝75＋3.75＝78.75(万元)。

会计分录为:

借:所得税费用   787 500

 递延所得税资产   12 500

 贷:应交税费——应交所得税   750 000

  递延所得税负债   50 000

三、营业外收支的核算

营业外收支是指企业发生的与日常活动无直接关系的各项收支,包括营业外收入和营业外支出。

(一)营业外收入

营业外收入是指企业发生的与其日常活动无直接关系的各项利得。营业外收入主要包括非流动资产处置利得、非货币性资产交换利得、债务重组利得、政府补助、盘盈利得、捐赠利得等。

【案例 12-39】甲公司于 2×15 年 8 月 10 日将一台不需用设备对外出售,不含税出售价格为 80 万元,增值税 13.6 万元。该项固定资产原入账价值为 200 万元,已提折旧 120 万元,已提减值准备 20 万元。款项已收到并存入银行。

甲公司的会计处理为:

(1)将固定资产转入清理:

借:固定资产清理	600 000
累计折旧	1 200 000
固定资产减值准备	200 000
贷:固定资产	2 000 000

(2)对外处置:

借:银行存款	936 000
贷:固定资产清理	800 000
应交税费——应交增值税(销项税额)	136 000

(3)结转清理净损益:

借:固定资产清理	200 000
贷:营业外收入	200 000

(二)营业外支出

营业外支出是指企业发生的与日常活动无直接关系的各项损失。营业外支出主要包括非流动资产处置损失、非货币性资产交换损失、债务重组损失、公益性捐赠支出、非常损失、盘亏损失等。

假定案例 12-39 中,处置收入为 50 万元,增值税为 8.5 万元,其他条件不变。

甲公司的会计处理为:

(1)将固定资产转入清理:

借:固定资产清理	600 000
累计折旧	1 200 000
固定资产减值准备	200 000
贷:固定资产	2 000 000

(2)对外处置:

借:银行存款	585 000
贷:固定资产清理	500 000
应交税费——应交增值税(销项税额)	85 000

(3)结转清理净损益:

借:营业外支出	100 000
贷:固定资产清理	100 000

需要注意的是,营业外收入和营业外支出不符合配比要求,应当分别核算,不得相互抵消,应当在利润表中分别披露。

▶▶▶ 项目小结

本项目包括收入的核算、费用的核算和利润的核算三部分。

1. 收入是指企业在日常活动中形成的、会导致所有者权益增加的、与所有者投入资本无关的经济利益的总流入。按照企业从事日常活动的性质，可将收入分为销售商品收入、提供劳务收入、让渡资产使用权收入；按照企业从事日常活动在企业的重要性，可将收入分为主营业务收入、其他业务收入等。

2. 销售商品收入同时满足有关 5 个条件的，才能予以确认，按确定的收入金额，贷记"主营业务收入"、"其他业务收入"等科目。

3. 销售折让是指企业因售出商品的质量不合格等原因而在售价上给予的减让。销售退回是指企业售出的商品由于质量、品种不符合要求等原因而发生的退货。

4. 代销可分为视同买断式代销和收取手续费式代销。以收取手续费方式代销商品，由于商品上的主要风险和报酬没有发生转移，委托方在发出商品时通常不应确认销售商品收入，而应在收到受托方开出的代销清单时确认销售商品收入。

5. 分期收款销售商品，实质上具有融资性质的，应当按照应收的合同或协议价款的公允价值或商品现销价格确定销售商品收入金额。

6. 售后回购交易一般具有融资性质，商品所有权上的主要风险和报酬并没有转移，因此发出商品时不能确认收入。收到的款项应确认为负债，回购价格大于原售价的差额，企业应在回购期间按期计提利息，计入财务费用。

7. 企业提供劳务收入的确认可分为提供劳务交易的结果能够可靠估计和不能可靠估计两种情况。企业在资产负债日提供劳务交易的结果能够可靠估计的，应当采用完工百分比法确认提供劳务的收入。企业在资产负债表日提供劳务的交易结果不能够可靠估计的，已经发生的劳务成本预计能够得到补偿的，按照已经发生的劳务成本金额确认提供劳务的收入，并按相同金额结转劳务成本；已经发生的劳务成本预计不能够得到补偿的，应当将已经发生的劳务成本计入当期损益，不确认提供劳务收入。

8. 其他业务收入不属于企业的主营业务收入，一般包括工业企业对外出售不需用的原材料取得的收入、出租固定资产或无形资产使用权取得的收入、出租包装物等周转材料取得的收入等。

9. 费用是指企业在日常活动中发生的、会导致所有者权益减少的、与向所有者分配利润无关的经济利益的总流出。在确认费用时，首先应当划分生产费用与非生产费用的界限。

10. 期间费用包括管理费用、销售费用和财务费用。管理费用是指企业为组织和管理企业生产经营所发生的费用；销售费用是指企业在销售商品和材料、提供劳务的过程中发生的各种费用；财务费用是指企业为筹集生产经营所需资金等而发生的筹资费用。

11. 利润是指企业在一定会计期间的经营成果。利润包括收入减去费用后的净额、直接计入当期利润的利得或损失等。利润的计算包括营业利润的计算、利润总额的计算和净利润的计算。

12. 我国所得税会计采用资产负债表债务法。资产的计税基础，是指企业收回资产账面价值过程中，计算应纳税所得额时按照税法规定可以自应税经济利益中抵扣的金额，即某一项资产在未来期间计税时按照税法规定可以税前扣除的金额。负债的计税基础，是指负债的账面价值减去未来期间计算应纳税所得额时按照税法规定可予抵扣的金额。

13. 暂时性差异是指资产、负债的账面价值与其计税基础不同产生的差额。根据暂时性差异对未来期间应纳税所得额的影响,可将暂时性差异分为应纳税暂时性差异和可抵扣暂时性差异。递延所得税负债产生于应纳税暂时性差异,递延所得税资产产生于可抵扣暂时性差异。

14. 所得税费用包括当期所得税和递延所得税两个部分。

15. 营业外收支是指企业发生的与日常活动无直接关系的各项收支,包括营业外收入和营业外支出。营业外收入是指企业发生的与其日常活动无直接关系的各项利得;营业外支出是指企业发生的与日常活动无直接关系的各项损失。

项目十三　财务会计报告的编制

知识目标

1. 掌握财务报告的含义及组成。
2. 掌握资产负债表的含义、格式及其编制要求。
3. 掌握利润表的含义、格式及其编制要求。
4. 掌握现金流量的含义及其分类，掌握现金流量表的含义、格式及其编制要求。
5. 掌握所有者权益变动表的含义、格式及其编制要求。
6. 掌握会计报表附注应披露的主要内容。

能力目标

1. 能够计算填列资产负债表中各类资产项目、负债项目和所有者权益项目的期末余额和年初余额。
2. 能够按照多步法计算填列利润表中各项目的本期金额。
3. 能够区分经营活动产生的现金流量、投资活动产生的现金流量、筹资活动产生的现金流量；能够计算填列现金流量表中相关项目的金额；能够采用间接法计算填列现金流量表的补充资料。
4. 能够填列所有者权益变动表的各个项目。
5. 会编制会计报表主要附注。

　　财务报告是指企业对外提供的反映企业某一特定日期的财务状况和某一会计期间的经营成果、现金流量等会计信息的文件。财务报告包括财务报表和其他应当在财务报告中披露的相关信息和资料。

　　财务报表是对企业财务状况、经营成果和现金流量的结构性表述。财务报表至少应当包括下列组成部分：①资产负债表；②利润表；③现金流量表；④所有者权益（或股东权益，下同）变动表；⑤附注。

(一)财务报告的分类

　　财务报告可以按照不同的标准进行分类：

　　1. 按财务报告编报时间的不同，分为中期财务报告和年度财务报告

　　中期财务报告是指以中期为基础编制的财务报告。中期是指短于一个完整的会计年度的报告期间。中期财务报告包括月报、季报和半年报等。中期财务报告至少应当包括资产负债表、利润表、现金流量表和附注。年度财务报告是年度终了编制的财务会计报告。

　　2. 按财务报告编报主体的不同，分为个别财务报告和合并财务报告

个别财务报告是由企业在自身会计核算基础上对账簿记录进行加工而编制的财务报告,它主要用以反映企业自身的财务状况、经营成果和现金流量情况。合并财务报告是以母公司和子公司组成的企业集团为会计主体,根据母公司和所属子公司的财务报告,由母公司编制的综合反映企业集团财务状况、经营成果及现金流量情况的财务报告。

(二)编制财务报告的基本要求

(1)企业应当以持续经营为基础,根据实际发生的交易和事项,按照《企业会计准则——基本准则》和其他各项会计准则的规定进行确认和计量,在此基础上编制财务报告。企业不应以附注披露代替确认和计量。

以持续经营为基础编制财务报告不再合理的,企业应当采用其他基础编制财务报告,并在附注中披露这一事实。

(2)财务报告的项目列报应当在各个会计期间保持一致,不得随意变更,但下列情况除外:

①会计准则要求改变财务报告项目的列报。

②企业经营业务的性质发生重大变化后,变更财务报告项目的列报能够提供更可靠、更相关的会计信息。

③性质或功能不同的项目,应当在财务报告中单独列报,但不具有重要性的项目除外。

性质或功能类似的项目,其所属类别具有重要性的,应当按其类别在财务报告中单独列报。

重要性是指财务报告某项目的省略或错报会影响使用者据此作出的经济决策。重要性应当根据企业所处环境,从项目的性质和金额大小两方面予以判断。

(4)财务报告中的资产项目和负债项目的金额、收入项目和费用项目的金额不得相互抵消,但其他会计准则另有规定的除外。

资产项目按扣除减值准备后的净额列示,不属于抵消。非日常活动产生的损益,以收入扣减费用后的净额列示,不属于抵消。

(5)当期财务报告的列报,至少应当提供所有列报项目上一可比会计期间的比较数据,以及与理解当期财务报告相关的说明,但其他会计准则另有规定的除外。

财务报告项目的列报发生变更的,应当对上期比较数据按照当期的列报要求进行调整,并在附注中披露调整的原因和性质,以及调整的各项目金额。对上期比较数据进行调整不切实可行的,应当在附注中披露不能调整的原因。不切实可行,是指企业在作出所有合理努力后仍然无法采用某项规定。

(6)企业应当在财务报告的显著位置至少披露下列各项:

①编报企业的名称;

②资产负债表日或财务报表涵盖的会计期间;

③人民币金额单位;

④财务报告是合并财务报告的,应当予以标明。

(7)企业至少应当按年编制财务报告。年度财务报告涵盖的期间短于一年的,应当披露年度财务报告的涵盖期间,以及短于一年的原因。

对外提供中期财务报告的,还应遵循《企业会计准则第 32 号——中期财务报告》的规定。

(8)准则规定在财务报告中单独列报的项目,应当单独列报。其他会计准则规定单独列报的项目,应当增加单独列报项目。

任务一　编制资产负债表

一、什么是资产负债表

资产负债表是指反映企业在某一特定日期财务状况的会计报表。它反映企业在某一特定日期所拥有或控制的经济资源、所承担的现时义务和所有者对净资产的要求权,是根据"资产＝负债＋所有者权益"会计等式,按照一定的分类标准和程序编制的。

资产负债表主要有以下作用:一是可以提供某一日期资产的总额及其结构;二是可以提供某一日期的负债总额及其结构;三是可以反映所有者所拥有的权益,据以判断资本保值、增值的情况以及对负债的保障程度;四是可以提供进行财务分析的基本资料,如计算出流动比率、速动比率等,有助于报表使用者作出经济决策。

资产负债表的格式主要有账户式结构和报告式结构。

1. 账户式结构

账户式资产负债表分左、右两方,左方列示资产各项目,反映全部资产的分布及存在形态;右方列示负债和所有者权益各项目,反映全部负债和所有者权益的内容及构成情况。

2. 报告式结构

报告式资产负债表将资产、负债和所有者权益项目自上而下依次排列。

在我国,资产负债表采用账户式结构,左方列示资产各项目,包括流动资产和非流动资产各项目;右方先列示负债项目,包括流动负债和非流动负债项目,然后列示所有者权益项目。此外,为便于使用者比较不同时点资产负债表的数据,掌握企业财务状况的变动情况及发展趋势,企业需要提供比较资产负债表。资产负债表还就各项目再分为"年初余额"和"期末余额"两栏分别填列。资产负债表的具体格式如表13-4所示。

二、资产负债表的填列方法

(一)资产负债表项目填列基本方法

1. 根据总账科目余额填列

"交易性金融资产"、"工程物资"、"固定资产清理"、"递延所得税资产"、"短期借款"、"交易性金融负债"、"应付票据"、"应付职工薪酬"、"应交税费"、"应付利息"、"应付股利"、"其他应付款"、"专项应付款"、"预计负债"、"递延所得税负债"、"实收资本(或股本)"、"资本公积"、"库存股"、"其他综合收益"、"盈余公积"等项目,应根据有关总账科目的余额直接填列。

有些项目则需根据几个总账科目的期末余额计算填列。如"货币资金"项目,需根据"库存现金"、"银行存款"、"其他货币资金"三个总账科目的期末余额的合计数填列。

2. 根据明细账科目余额计算填列

"应付账款"项目,需要根据"应付账款"和"预付账款"两个科目所属的相关明细科目的期末贷方余额合计数填列;"预收款项"项目,应根据"预收账款"和"应收账款"科目所属各明细科目的期末贷方余额合计数填列;"一年内到期的非流动资产"、"一年内到期的非流动负债"项目,应根据有关非流动资产或负债项目的明细科目余额分析填列;"长期借款"、"应付债券"项目,应分别根据"长期借款"、"应付债券"科目的明细科目余额分析填列;"未分配利润"项目,应根据"利润分配"科目中所属的"未分配利润"明细科目期末余额列。

【案例13-1】2×15年12月31日,甲公司"应付账款"总账账户余额为340万元,明细账余额中A公司贷方200万元、B公司贷方100万元、C公司贷方60万元、D公司借方20万元。"预付账款"总账账户余额为50万元,其中E公司借方60万元、F公司贷方10万元。

"应付账款"项目填列金额＝200＋100＋60＋10＝370(万元)

"预付款项"项目填列金额＝60＋20＝80(万元)

3. 根据总账科目和明细账科目余额分析计算填列

"长期借款"项目,应根据"长期借款"总账科目余额扣除"长期借款"科目所属的明细科目中将在资产负债表日起一年内到期、且企业不能自主地将清偿义务展期的长期借款后的金额计算填列。"长期待摊费用"项目,应根据"长期待摊费用"科目的期末余额减去将于一年内(含一年)摊销的数额后的金额填列。"其他非流动负债"项目,应根据有关科目的期末余额减去将于一年内(含一年)到期偿还数后的金额填列。

【案例13-2】2×15年12月31日,甲公司"长期借款"总账账户余额为600万元,有关明细账户资料如表13-1所示。

表13-1　"长期借款"明细账

序号	明细账户	余额(万元)	借入日期	到期日期
1	中国工行海滨支行	200	2×13年07月10日	2×16年07月10日
2	中国建行海滨支行	300	2×14年09月01日	2×17年09月01日
3	中国农行海滨支行	100	2×14年11月10日	2×16年11月10日
合计	—	600		

"长期借款"项目应填列金额＝300(万元)

"一年内到期的非流动负债"项目应填列金额＝200＋100＝300(万元)

4. 根据有关科目余额减去其备抵科目余额后的净额填列

"应收账款"、"其他应收款"、"存货"、"持有至到期投资"、"长期股权投资"、"在建工程"、"固定资产"、"无形资产"、"投资性房地产"等项目,应根据相关科目的期末余额扣除相应的减值准备,按其净额填列。

【案例13-3】2×15年12月31日,甲公司"固定资产"总账账户余额为400万元,"累计折旧"总账账户余额为100万元,"固定资产减值准备"总账账户余额为80万元。

"固定资产"项目填列金额＝400－100－80＝220(万元)

【案例13-4】2×15年12月31日,甲公司部分总账账户余额如下:"材料采购"30万元,"材料成本差异"10万元,"原材料"200万元,"库存商品"140万元,"周转材料"40万元,"生产成本"80万元,"存货跌价准备"20万元。

"存货"项目填列金额＝30＋10＋200＋140＋40＋80－20＝480(万元)

(二)资产负债表项目填列具体方法

1. 资产负债表"年初余额"栏的填列方法

资产负债表"年初余额"栏通常根据上年年末有关项目的期末余额填列,且与上年年末资产负债表"期末余额"栏一致。如果企业发生了会计政策变更、前期差错更正,应当对"年初余额"栏中的有关项目进行相应调整。此外,如果企业上年度资产负债表规定的项目的名称和内容同本年度不一致,应对上年年末资产负债表相关项目的名称和数字按照本年度的规定进行调整,填入"年初余额"栏。

2. 资产负债表"期末余额"栏的填列方法

(1)"货币资金"项目,根据"库存现金"、"银行存款"、"其他货币资金"等科目的期末余额合计填列。

(2)"交易性金融资产"项目,根据"交易性金融资产"科目的期末余额填列。

(3)"应收票据"项目,根据"应收票据"科目的期末余额,扣除相应坏账准备后,按净额填列。

(4)"应收账款"项目,根据"应收账款"明细科目的借方期末余额,加上预收账款明细科目借方期末余额,扣除相应的坏账准备后,按净额填列。

(5)"预付款项"项目,根据"预付账款"明细科目的借方期末余额,加上"应付账款"明细科目的借方期末余额,合计填列。

(6)"应收利息"项目,根据"应收利息"科目的期末余额填列。

(7)"应收股利"项目,根据"应收股利"科目的期末余额填列。

(8)"其他应收款"项目,根据"其他应收款"科目的期末余额,扣除相应坏账准备后,按净额填列。

(9)"存货"项目,根据"材料采购"、"原材料"、"材料成本差异"、"库存商品"、"发出商品"、"委托加工物资"、"周转材料"、"生产成本"等科目的期末余额,扣除"存货跌价准备"后,按净额填列。

(10)"一年内到期的非流动资产"项目,根据"持有至到期投资"、"长期应收款"、"长期待摊费用"明细科目中一年内到期的部分合计填列。

(11)"可供出售金融资产"项目,根据"可供出售金融资产"科目的期末余额填列。

(12)"持有至到期投资"项目,根据"持有至到期投资"科目的期末余额,减去一年内到期的部分,扣除持有至到期投资减值准备,按净额填列。

(13)"长期应收款"项目,根据"长期应收款"科目的期末余额,减去一年内到期的部分填列。

(14)"投资性房地产"项目,根据"投资性房地产"科目的期末余额,扣除投资性房地产减值准备,按净额填列。如果投资性房地产按公允价值计量,则根据"投资性房地产"科目的期末余额填列。

(15)"固定资产"项目,根据"固定资产"科目的期末余额,减去"累计折旧"科目的期末余额,扣除固定资产减值准备,按净额填列。

(16)"在建工程产"项目,根据"在建工程"科目的期末余额,扣除在建工程减值准备,按净额填列。

(17)"工程物资"项目,根据"工程物资"科目的期末余额填列。

(18)"固定资产清理"项目,根据"固定资产清理"科目的期末余额填列。

(19)"无形资产"项目,根据"无形资产"科目的期末余额,减去"累计摊销"科目的期末余额,扣除无形资产减值准备,按净额填列。

(20)"开发支出"项目,根据"研发支出"科目的中所属的"资本化支出"明细科目的期末余额填列。

(21)"长期待摊费用"项目,根据"长期待摊费用"科目的期末余额,减去一年内到期的部分填列。

(22)"递延所得税资产"项目,根据"递延所得税资产"科目的期末余额填列。

(23)"短期借款"项目,根据"短期借款"科目的期末余额填列。

(24)"交易性金融负债"项目,根据"交易性金融负债"科目的期末余额填列。

(25)"应付票据"项目,根据"应付票据"科目的期末余额填列。

(26)"应付账款"项目,根据"应付账款"明细科目的贷方期末余额,加上"预付账款"明细科目的贷方期末余额,合计填列。

(27)"预收款项"项目,根据"预收账款"明细科目的贷方期末余额,加上"应收账款"明细科目的贷方期末余额,合计填列。

(28)"应付职工薪酬"项目,根据"应付职工薪酬"科目的期末余额填列。

(29)"应交税费"项目,根据"应交税费"科目的期末余额填列。

(30)"应付利息"项目,根据"应付利息"科目的期末余额填列。

(31)"应付股利"项目,根据"应付股利"科目的期末余额填列。

(32)"其他应付款"项目,根据"其他应付款"科目的期末余额填列。

(33)"一年内到期的非流动负债",根据"长期借款"、"应付债券"、"长期应付款"、"专项应付款"明细科目中一年内到期的部分合计填列。

(34)"长期借款"项目,根据"长期借款"科目的期末余额,减去一年内到期的部分填列。

(35)"应付债券"项目,根据"应付债券"科目的期末余额,减去一年内到期的部分填列。

(36)"专项应付款"项目,根据"专项应付款"科目的期末余额,减去一年内到期的部分填列。

(37)"预计负债"项目,根据"预计负债"科目的期末余额填列。

(38)"递延所得税负债"项目,根据"递延所得税负债"科目的期末余额填列。

(39)"实收资本"项目,根据"实收资本"科目的期末余额填列。

(40)"资本公积"项目,根据"资本公积"科目的期末余额填列。

(41)"库存股"项目,根据"库存股"科目的期末余额填列。

(42)"其他综合收益"项目,根据"其他综合收益"科目的期末余额填列。

(43)"盈余公积"项目,根据"盈余公积"科目的期末余额填列。

(44)"未分配利润"项目,根据"利润分配"科目的期末余额填列。

三、资产负债表编制案例

【案例 13-5】

(一)资料

1. 甲公司为增值税一般纳税人,增值税税率为 17%,所得税税率为 25%。2×15 年 1 月 1 日有关科目的余额如表 13-2 所示。

表 13-2 科目余额表   单位:元

科目名称	借方余额	科目名称	贷方余额
库存现金	2 000	短期借款	300 000
银行存款	1 280 000	应付票据	200 000
其他货币资金	124 300	应付账款	953 800
交易性金融资产	15 000	其他应付款	50 000
应收票据	246 000	应付职工薪酬	110 000
应收账款	300 000	应交税费	36 600
坏账准备	−900	应付利息	1 000
预付账款	100 000	长期借款	1 600 000
其他应收款	5 000	其中:一年内到期的长期负债	1 000 000
材料采购	325 000	股本	5 000 000
原材料	550 000	盈余公积	100 000
周转材料	88 050	利润分配(未分配利润)	50 000
库存商品	1 680 000		
材料成本差异	36 725		
长期股权投资	250 000		
固定资产	1 500 000		
累计折旧	−400 000		
在建工程	1 500 000		
无形资产	600 000		
长期待摊费用	200 000		
递延所得税资产	225		
合计	8401 400	合计	8 401 400

注:①应付职工薪酬的贷方余额全部与经营活动有关。

②应交税费的贷方余额全部为未交增值税。

2. 甲公司 2×15 年发生的经济业务如下:

(1)收到银行通知,用银行存款支付到期的商业承兑汇票 100 000 元。

(2)购入原材料一批,用银行存款支付货款 150 000 元,以及购入材料支付的增值税税额 25 500 元,款项已付,材料未到,原材料按计划成本核算。

(3)收到原材料一批,实际成本为 100 000 元,计划成本为 95 000 元,材料验收入库,货款已于上月支付。

(4)用银行汇票支付采购材料价款,购入材料及运杂费为 99 800 元,支付增值税税额 16 966 元,退回余款 234 元。原材料已验收入库,计划价格为 100 000 元。

(5)销售产品一批,不含税售价为 300 000 元,增值税税额为 51 000 元,实际成本为

180 000元。货款尚未收到。销售成本于期末一次结转,下同。

(6)公司持有股票(已划分为交易性金融资产)的公允价值上涨了1 000元。

(7)公司将上述持有的股票(已划分为交易性金融资产)全部出售,出售价格为16 500元,交易性金融资产的账面价值为16 000元,其中本金15 000元、公允价值变动1 000元。款项已存入银行。

(8)购入不需要安装设备1台,价款为100 000元,增值税税额为17 000元。款项已用银行存款支付,假定增值税税额符合税法的规定允许抵扣。

(9)购入工程物资一批,价款为150 000元(含已交纳的增值税税额),已用银行存款支付。

(10)在建工程领用工程物资100 000元,另发生工程人员工资费用200 000元,长期借款的利息费用为100 000元(长期借款为一次性还本付息)。

(11)一项工程完工,交付生产使用,已办理竣工手续,发生费用合计1 400 000元。

(12)生产车间报废生产设备一台,原价为200 000元,已提折旧180 000元,发生清理费用500元,残值收入为800元,均通过银行存款支付。该项固定资产已清理完毕。

(13)为购建一座厂房,从银行借入3年期借款400 000元。

(14)销售产品一批,销售价款为700 000元,应收增值税税额为119 000元,该批产品的实际成本为420 000元,货款已收到并存入银行。

(15)将已到期的无息银行承兑汇票(面值200 000元)拿到银行办理转账。

(16)被投资单位宣告现金股利30 000元(该项投资采用成本法核算,甲公司和被投资单位的所得税税率一致),已收到并存入银行。

(17)对外出售一台不需用设备,价款为300 000元。原价为400 000元,已提折旧150 000元。款项已存入银行。

(18)计提应计入当期损益的借款利息费用21 500元,其中短期借款利息11 500元、长期借款利息10 000元(长期借款为一次性还本付息)。

(19)归还短期借款,本金为250 000元,利息为12 500元。

(20)用银行存款支付工资500 000元,其中包括在建工程人员工资200 000元(前已分配提取)。

(21)分配职工工资费用300 000元(不含在建工程应负担的工资),其中生产人员275 000元、车间管理人员10 000元、行政管理人员15 000元。

(22)基本生产车间领用原材料一批,计划成本为700 000元,应分摊的材料成本差异为35 000元。

(23)基本生产车间领用低值易耗品一批,计划成本为50 000元,应分摊的材料成本差异为2 500元。

(24)计提固定资产折旧100 000元,其中生产用固定资产计提80 000元,行政管理用固定资产计提20 000元。

(25)无形资产摊销60 000元。

(26)收到应收账款51 000元,存入银行。

(27)计提坏账准备900元,根据税法规定,各项资产计提的减值准备不予税前扣除。

(28)固定资产发生减值损失30 000元。

(29)用银行存款支付产品展览费 10 000 元、广告费 10 000 元。

(30)结转本期制造费用 90 000 元。没有期初在产品,本期生产的产品全部完工入库。

(31)计算结转本期完工产品成本 1 152 500 元。

(32)销售产品一批,价款为 250 000 元,增值税税额为 42 500 元,收到一张 3 个月期的无息商业承兑汇票。产品实际成本为 150 000 元。

(33)将上述商业承兑汇票拿到银行办理贴现,贴现息为 20 000 元。

(34)以银行存款发放未统筹的退休金 50 000 元。

(35)本期产品应交纳教育费附加 2 000 元。

(36)用银行存款交纳增值税 100 000 元、教育费附加 2 000 元。

(37)结转本期产品销售成本 750 000 元。

(38)将各收支科目结转至本年利润。

(39)计算确认递延所得税资产 7 725 元、本期应交所得税 80 825 元,并将所得税费用结转至本年利润。

(40)按净利润的 10% 提取法定盈余公积金 24 930 元,按净利润的 5% 提取任意盈余公积 12 465 元,分配现金股利 111 905 元。

(41)将本年利润、利润分配各明细账户的余额结转至"未分配利润"账户。

(42)偿还长期借款 1 000 000 元。

(43)用银行存款交纳所得税 70 375 元。

(二)根据上述资料编制会计分录和比较资产负债表

1. 根据前述经济业务编制如下会计分录:

(1)借:应付票据		100 000
贷:银行存款		100 000
(2)借:材料采购		150 000
应交税费——应交增值税(进项税额)		25 500
贷:银行存款		175 500
(3)借:原材料		95 000
材料成本差异		5 000
贷:材料采购		100 000
(4)借:材料采购		99 800
应交税费——应交增值税(进项税额)		16 966
银行存款		234
贷:其他货币资金		117 000
借:原材料		100 000
贷:材料采购		99 800
材料成本差异		200
(5)借:应收账款		351 000
贷:主营业务收入		300 000
应交税费——应交增值税(销项税额)		51 000
(6)借:交易性金融资产——公允价值变动		1 000

　　　　贷:公允价值变动损益　　　　　　　　　　　　　　　　　　　　1 000
　(7)借:银行存款　　　　　　　　　　　　　　　　　　　　　　　　　16 500
　　　　公允价值变动损益　　　　　　　　　　　　　　　　　　　　　1 000
　　　　贷:交易性金融资产——成本　　　　　　　　　　　　　　　　15 000
　　　　　　　　　　　　——公允价值变动　　　　　　　　　　　　　1 000
　　　　　　投资收益　　　　　　　　　　　　　　　　　　　　　　　1 500
　(8)借:固定资产　　　　　　　　　　　　　　　　　　　　　　　　100 000
　　　　应交税费——应交增值税(进项税额)　　　　　　　　　　　　17 000
　　　　贷:银行存款　　　　　　　　　　　　　　　　　　　　　　　117 000
　(9)借:工程物资　　　　　　　　　　　　　　　　　　　　　　　　150 000
　　　　贷:银行存款　　　　　　　　　　　　　　　　　　　　　　　150 000
　(10)借:在建工程　　　　　　　　　　　　　　　　　　　　　　　400 000
　　　　贷:工程物资　　　　　　　　　　　　　　　　　　　　　　　100 000
　　　　　　应付职工薪酬　　　　　　　　　　　　　　　　　　　　　200 000
　　　　　　长期借款　　　　　　　　　　　　　　　　　　　　　　　100 000
　(11)借:固定资产　　　　　　　　　　　　　　　　　　　　　　　1 400 000
　　　　贷:在建工程　　　　　　　　　　　　　　　　　　　　　　　1 400 000
　(12)借:固定资产清理　　　　　　　　　　　　　　　　　　　　　20 000
　　　　累计折旧　　　　　　　　　　　　　　　　　　　　　　　　180 000
　　　　贷:固定资产　　　　　　　　　　　　　　　　　　　　　　　200 000
　　借:固定资产清理　　　　　　　　　　　　　　　　　　　　　　　500
　　　贷:银行存款　　　　　　　　　　　　　　　　　　　　　　　　500
　　借:银行存款　　　　　　　　　　　　　　　　　　　　　　　　　800
　　　贷:固定资产清理　　　　　　　　　　　　　　　　　　　　　　800
　　借:营业外支出　　　　　　　　　　　　　　　　　　　　　　　19 700
　　　贷:固定资产清理　　　　　　　　　　　　　　　　　　　　　　19 700
　(13)借:银行存款　　　　　　　　　　　　　　　　　　　　　　　400 000
　　　　贷:长期借款　　　　　　　　　　　　　　　　　　　　　　　400 000
　(14)借:银行存款　　　　　　　　　　　　　　　　　　　　　　　819 000
　　　　贷:主营业务收入　　　　　　　　　　　　　　　　　　　　　700 000
　　　　　　应交税费——应交增值税(销项税额)　　　　　　　　　　119 000
　(15)借:银行存款　　　　　　　　　　　　　　　　　　　　　　　200 000
　　　　贷:应收票据　　　　　　　　　　　　　　　　　　　　　　　200 000
　(16)借:银行存款　　　　　　　　　　　　　　　　　　　　　　　30 000
　　　　贷:投资收益　　　　　　　　　　　　　　　　　　　　　　　30 000
　(17)借:固定资产清理　　　　　　　　　　　　　　　　　　　　　250 000
　　　　累计折旧　　　　　　　　　　　　　　　　　　　　　　　　150 000
　　　　贷:固定资产　　　　　　　　　　　　　　　　　　　　　　　400 000
　　借:银行存款　　　　　　　　　　　　　　　　　　　　　　　　300 000

贷:固定资产清理	300 000
借:固定资产清理	50 000
贷:营业外收入	50 000
(18)借:财务费用	21 500
贷:应付利息	11 500
长期借款	10 000
(19)借:短期借款	250 000
应付利息	12 500
贷:银行存款	262 500
(20)借:应付职工薪酬	500 000
贷:银行存款	500 000
(21)借:生产成本	275 000
制造费用	10 000
管理费用	15 000
贷:应付职工薪酬	300 000
(22)借:生产成本	735 000
贷:原材料	700 000
材料成本差异	35 000
(23)借:生产成本	52 500
贷:周转材料	50 000
材料成本差异	2 500
(24)借:制造费用	80 000
管理费用	20 000
贷:累计折旧	100 000
(25)借:管理费用	60 000
贷:累计摊销	60 000
(26)借:银行存款	51 000
贷:应收账款	51 000
(27)借:资产减值损失	900
贷:坏账准备	900
(28)借:资产减值损失	30 000
贷:固定资产减值准备	30 000
(29)借:销售费用	20 000
贷:银行存款	20 000
(30)借:生产成本	90 000
贷:制造费用	90 000
(31)借:库存商品	1 152 500
贷:生产成本	1 152 500
(32)借:应收票据	292 500

	贷：主营业务收入	250 000
	应交税费——应交增值税（销项税额）	42 500
（33）借：银行存款		272 500
财务费用		20 000
贷：应收票据		292 500
（34）借：管理费用		50 000
贷：银行存款		50 000
（35）借：营业税金及附加		2 000
贷：应交税费——应交教育费附加		2 000
（36）借：应交税费——应交增值税（已交税金）		100 000
——应交教育费附加		2 000
贷：银行存款		102 000
（37）借：主营业务成本		750 000
贷：库存商品		750 000
（38）借：主营业务收入		1 250 000
投资收益		31 500
营业外收入		50 000
贷：本年利润		1 331 500
借：本年利润		1 009 100
贷：主营业务成本		750 000
营业税金及附加		2 000
销售费用		20 000
管理费用		145 000
财务费用		41 500
资产减值损失		30 900
营业外支出		19 700

本期利润总额＝1 331 500－1 009 100＝322 400（元）

（39）本期应交所得税＝（322 400－30 000＋30 900）×25％

$$＝323 300×25％＝80 825（元）$$

注：30 000 元为分得的现金股利；30 900 元为固定资产、应收账款计提减值准备。

确认递延所得税资产金额＝30 900×25％＝7 725（元）

所得税费用＝80 825－7 725＝73 100（元）

借：所得税费用	73 100
递延所得税资产	7 725
贷：应交税费——应交所得税	80 825
借：本年利润	73 100
贷：所得税费用	73 100

本期净利润＝322 400－73 100＝249 300（元）

（40）提取法定盈余公积金＝249 300×10％＝24 930（元）

提取任意公积金＝249 300×5％＝12 465(元)

借:利润分配——提取法定盈余公积	24 930
——提取任意盈余公积	12 465
贷:盈余公积——法定盈余公积	24 930
——任意盈余公积	12 465
借:利润分配——应付现金股利	111 905
贷:应付股利	111 905
(41)借:本年利润	249 300
贷:利润分配——未分配利润	249 300
借:利润分配——未分配利润	149 300
贷:利润分配——提取法定盈余公积	24 930
——提取任意盈余公积	12 465
——应付现金股利	111 905
(42)借:长期借款	1 000 000
贷:银行存款	1 000 000
(43)借:应交税费——应交所得税	70 375
贷:银行存款	70 375

2. 根据上述资料,编制 2×15 年 12 月 31 日的科目余额表,如表 13-3 所示。

表 13-3　科目余额表　　　　　　　　　　　　　　　　　单位:元

科目名称	借方余额	科目名称	贷方余额
库存现金	2 000	短期借款	50 000
银行存款	822 159	应付票据	100 000
其他货币资金	7 300	应付账款	953 800
交易性金融资产	0	其他应付款	50 000
应收票据	46 000	应付职工薪酬	110 000
应收账款	600 000	应交税费	100 084
坏账准备	−1 800	应付利息	0
预付账款	100 000	应付股利	111 905
其他应收款	5 000	一年内到期的长期负债	0
材料采购	375 000	长期借款	1 110 000
原材料	45 000	股本	5 000 000
周转材料	38 050	盈余公积	137 395
库存商品	2 082 500	利润分配(未分配利润)	150 000
材料成本差异	4 025		
长期股权投资	250 000		
固定资产	2 400 000		

科目名称	借方余额	科目名称	贷方余额
累计折旧	−170 000		
固定资产减值准备	−30 000		
工程物资	50 000		
在建工程	500 000		
无形资产	600 000		
累计摊销	−60 000		
长期待摊费用	200 000		
递延所得税资产	7 950		
合计	7 873 184	合计	7 873 184

3. 编制 2×15 年 12 月 31 日的比较资产负债表,如表 13-4 所示。

表 13-4 资产负债表

会企 01 表

编制单位:甲公司   2×15 年 12 月 31 日   单位:元

资产	期末余额	年初余额	负债和所有者权益（或股东权益）	期末余额	年初余额
流动资产:			流动负债:		
货币资金	831 459	1 406 300	短期借款	50 000	300 000
交易性金融资产	0	15 000	交易性金融负债	0	0
应收票据	46 000	246 000	应付票据	100 000	200 000
应收账款	598 200	299 100	应付账款	953 800	953 800
预付款项	100 000	100 000	预收款项	0	0
应收利息	0	0	应付职工薪酬	110 000	110 000
应收股利	0	0	应交税费	100 084	36 600
其他应收款	5 000	5 000	应付利息	0	1 000
存货	2 544 575	2 679 775	应付股利	111 905	0
一年内到期的非流动资产	0	0	其他应付款	50 000	50 000
其他流动资产	0	0	一年内到期的非流动负债	0	1 000 000
流动资产合计	4 125 234	4 751 175	其他流动负债	0	0
非流动资产:			流动负债合计	1 475 789	2 651 400
可供出售金融资产	0	0	非流动负债:		

续表 13-4

资产	期末余额	年初余额	负债和所有者权益 （或股东权益）	期末余额	年初余额
持有至到期投资	0	0	长期借款	1 110 000	600 000
长期应收款	0	0	应付债券	0	0
长期股权投资	250 000	250 000	长期应付款	0	0
投资性房地产	0	0	专项应付款	0	0
固定资产	2 200 000	1 100 000	预计负债	0	0
在建工程	500 000	1 500 000	递延所得税负债	0	0
工程物资	50 000	0	其他非流动负债	0	0
固定资产清理	0	0	非流动负债合计	1 110 000	600 000
生产性生物资产	0	0	负债合计	2 585 789	3 251 400
油气资产	0	0	所有者权益：		
无形资产	540 000	600 000	实收资本（或股本）	5 000 000	5 000 000
开发支出	0	0	资本公积	0	0
商誉	0	0	减：库存股	0	0
长期待摊费用	200 000	200 000	其他综合收益	0	0
递延所得税资产	7 950	225	盈余公积	137 395	100 000
其他非流动资产	0	0	未分配利润	150 000	50 000
非流动资产合计	3 747 950	3 650 225	所有者权益合计	5 287 395	5 150 000
资产总计	7 873 184	8 401 400	负债和所有者权益总计	7 873 184	8 401 400

任务二 编制利润表

一、什么是利润表

利润表是反映企业在一定会计期间的经营成果的会计报表。利润表可以反映企业一定会计期间的收入实现情况、费用耗费情况，生产经营活动的成果（即净利润的实现情况），据以判断资本保值、增值情况。利润表还可以提供进行财务分析的基本资料，如计算应收账款周转率、存货周转率、资产收益率等，可以表现企业资金周转情况以及企业的盈利能力和水平，便于报表使用者判断企业未来的发展趋势，作出经济决策。

常见的利润表结构主要有单步式和多步式两种。

（1）单步式利润表将本期的所有收入和所有费用分别加以汇总，用收入合计减去费用合计得出本期利润。单步式利润表编制简单，但收入、费用的性质不加以区分，不利于报表分析。

（2）多步式利润表通过对当期的收入、费用、支出项目按性质加以归类，按利润形成的主要环节列示一些中间性利润指标（如营业利润、利润总额、净利润），分步计算当期损益。多步式利润表便于进行报表分析。

在我国，企业利润表采用的基本上是多步式结构。为了使报表使用者通过比较不同期间利润的实现情况，判断企业经营成果的未来发展趋势，企业需要提供比较利润表，即将利润表的各项目再分为"本期金额"和"上期金额"两栏分别填列。利润表的具体格式见表13-6。

二、利润表的编制方法

(一)上期金额栏的填列方法

利润表"上期金额"栏内各项数字,应根据上年该期利润表"本期金额"栏内所列数字填列。如果上年该期利润表规定的各个项目的名称和内容与本期不相一致,应对上年该期利润表各项目的名称和数字按本期的规定进行调整,填入利润表"上期金额"栏内。

(二)本期金额栏的填列方法

利润表"本期金额"栏内各项数字一般应根据损益类科目的发生额分析填列。

(1)"营业收入"项目,根据"主营业务收入"、"其他业务收入"科目的本期发生额合计填列。

(2)"营业成本"项目,根据"主营业务成本"、"其他业务成本"科目的本期发生额合计填列。

(3)"营业税金及附加"项目,根据"营业税金及附加"科目的本期发生额填列。

(4)"销售费用"项目,根据"销售费用"科目的本期发生额填列。

(5)"管理费用"项目,根据"管理费用"科目的本期发生额填列。

(6)"财务费用"项目,根据"财务费用"科目的本期发生额填列。

(7)"资产减值损失"项目,根据"资产减值损失"科目的本期发生额填列。

(8)"公允价值变动收益"项目,根据"公允价值变动损益"科目的本期发生额填列。

(9)"投资收益"项目,根据"投资收益"科目的本期发生额填列。

(10)"营业外收入"项目,根据"营业外收入"科目的本期发生额填列。

(11)"营业外支出"项目,根据"营业外支出"科目的本期发生额填列。

(12)"所得税费用"项目,根据"所得税费用"科目的本期发生额填列。

三、利润表编制案例

【案例 13-6】根据案例 13-5 的资料,甲公司 2×15 年度有关损益类科目的发生额如表 13-5 所示。

表 13-5　甲公司损益类科目 2×15 年度累计发生净额　　　　　　　　单位:元

科目名称	借方发生额	贷方发生额
主营业务收入	1 250 000	
主营业务成本	750 000	
营业税金及附加	2 000	
销售费用	20 000	
管理费用	145 000	
财务费用	41 500	
资产减值损失	30 900	
投资收益		31 500
营业外收入		50 000
营业外支出	19 700	
所得税费用	73 100	

根据资料编制利润表,如表 13-6 所示。

表 13-6 利润表

会企 02 表

编制单位:甲公司　　　　　　　　　2×15 年　　　　　　　　　单位:元

项　　目	本期金额	上期金额(略)
一、营业收入	1 250 000	
减:营业成本	750 000	
营业税金及附加	2 000	
销售费用	20 000	
管理费用	145 000	
财务费用	41 500	
资产减值损失	30 900	
加:公允价值变动收益(损失以"－"号填列)	0	
投资收益(损失以"－"号填列)	31 500	
其中:对联营企业和合营企业的投资收益	0	
二、营业利润(亏损以"－"号填列)	292 100	
加:营业外收入	50 000	
其中:非流动资产处置收益	(略)	
减:营业外支出	19 700	
其中:非流动资产处置损失	(略)	
三、利润总额(亏损总额以"－"号填列)	322 400	
减:所得税费用	73 100	
四、净利润(净亏损以"－"号填列)	249 300	
五、其他综合收益		
(一)以后会计期间不能重分类进损益的其他综合收益	0	
(二)以后会计期间在满足规定条件时将重分类进损益的其他综合收益	0	
其他综合收益税后净额	0	
六、综合收益总额	249 300	
七、每股收益:	(略)	
(一)基本每股收益		
(二)稀释每股收益		

任务三 编制现金流量表

一、什么是现金流量表

现金流量表是反映企业在一定会计期间现金和现金等价物流入和流出的报表。现金是指企业库存现金以及可以随时用于支付的存款。现金等价物是指企业持有的期限短、流动性强、易于转换为已知金额现金及价值变动风险很小的投资。

从编制原则上看,现金流量表按照收付实现制原则编制,将权责发生制下的盈利信息调整为收付实现制下的现金流量信息,便于信息使用者了解企业净利润的质量。从内容上看,现金流量表被划分为经营活动、投资活动和筹资活动三个部分,每类活动又分为各具体项目,这些项目从不同角度反映企业业务活动的现金流入与流出,弥补了资产负债表和利润表提供信息的不足。通过现金流量表,报表使用者能够了解现金流量的影响因素,评价企业的支付能力、偿债能力和周转能力,预测企业未来的现金流量,为其决策提供有力依据。

现金流量表的具体格式见表13-7。

二、现金流量表的编制方法

(一)经营活动产生的现金流量的编制方法

经营活动是指企业投资活动和筹资活动以外的所有交易和事项。对于工商企业而言,经营活动主要包括销售商品、提供劳务、购买商品、接受劳务、支付税费等。

1. 直接法与间接法

编制现金流量表时,列报经营活动现金流量的方法有两种:一是直接法,二是间接法。

(1)直接法是指通过现金收入和现金支出的主要类别列示经营活动的现金流量。一般是以利润表中的营业收入为起算点,调节与经营活动有关的项目的增减变动,然后计算出经营活动产生的现金流量。

(2)间接法即通过将企业非现金交易,过去或者未来经营活动产生的现金收入或支出的递延或应计项目,以及与投资或筹资现金流量相关的收益或费用项目对净收益的影响进行调整来反映企业经营活动所形成的现金流量。在间接法下,将净利润调节为经营活动现金流量,实际上就是将按权责发生制原则确定的净利润调整为现金净流入,并剔除投资活动和筹资活动对现金流量的影响。

采用直接法编报现金流量表,便于分析企业经营活动产生的现金流量的来源和用途,预测企业现金流量的未来前景;采用间接法编报现金流量表,便于将净利润与经营活动产生的现金流量净额进行比较,了解净利润与经营活动产生的现金流量差异的原因,从现金流量的角度分析净利润的质量。我国企业会计准则规定企业应当采用直接法编报现金流量表,同时要求在附注中提供以净利润为基础调节经营活动现金流量的信息。

2. 经营活动现金流量各项目

(1)"销售商品、提供劳务收到的现金"项目,反映企业销售商品、提供劳务实际收到的现金(含销售收入和应向购买者收取的增值税税额)。本项目可根据"主营业务收入"、"其他业务收入"、"应收账款"、"应收票据"、"预收账款"及"库存现金"、"银行存款"等账户分析填列。

本项目可按下列公式计算：

销售商品、提供劳务收到的现金＝营业收入（主营业务收入＋其他业务收入）＋销项税额－应收账款增加额－应收票据增加额＋预收款项增加额－本期计提的坏账准备－贴现利息±特殊调整业务

（2）"收到的税费返还"项目，反映企业收到返还的各种税费。本项目可以根据"库存现金"、"银行存款"、"应交税费"、"营业税金及附加"等账户的记录分析填列。

（3）"收到的其他与经营活动有关的现金"项目，反映企业除了上述各项目以外收到的其他与经营活动有关的现金流入，如罚款收入、流动资产损失中由个人赔偿的现金收入等。本项目可根据"营业外收入"、"营业外支出"、"库存现金"、"银行存款"、"其他应收款"等账户的记录分析填列。

（4）"购买商品、接受劳务支付的现金"项目，反映企业购买商品、接受劳务实际支付的现金。本项目可根据"应付账款"、"应付票据"、"预付账款"、"库存现金"、"银行存款"、"主营业务成本"、"其他业务成本"、"存货"等账户的记录分析填列。本项目可按下列公式计算：

购买商品、接受劳务支付的现金＝营业成本（主营业务成本＋其他业务成本）＋进项税额－应付账款增加额－应付票据增加额＋预付款项增加额＋存货项目本期增加额＋计提的存货跌价准备－生产成本、制造费用中的职工薪酬－生产成本、制造费用中的累计折旧±特殊调整业务

（5）"支付给职工以及为职工支付的现金"项目，反映企业实际支付给职工以及为职工支付的工资、奖金、各种津贴和补贴等（含为职工支付的养老、失业等各种保险和其他福利费用）。但不含为离退休人员支付的各种费用和固定资产购建人员的工资。本项目可根据"库存现金"、"银行存款"、"应付职工薪酬"、"生产成本"等账户的记录分析填列。

（6）"支付的各项税费"项目，反映企业按规定支付的各项税费和有关费用，但不包括已计入固定资产原价而实际支付的耕地占用税和本期退回的所得税。本项目应根据"应交税费"、"库存现金"、"银行存款"等账户的记录分析填列。

（7）"支付的其他与经营活动有关的现金"项目，反映企业除上述各项目外，支付的其他与经营活动有关的现金，包括罚款支出、差旅费、业务招待费、保险费支出、支付的离退休人员的各项费用等。本项目应根据"管理费用"、"销售费用"、"营业外支出"等账户的记录分析填列。

（二）投资活动产生的现金流量的编制方法

投资活动产生的现金流入和现金流出的各项目的内容和填列方法如下：

（1）"收回投资收到的现金"项目，反映企业出售、转让和到期收回的除现金等价物以外的交易性金融资产、长期股权投资而收到的现金，以及收回持有至到期投资本金而收到的现金，不包括持有至到期投资收回的利息以及收回的非现金资产。本项目应根据"交易性金融资产"、"长期股权投资"、"库存现金"、"银行存款"等账户的记录分析填列。

（2）"取得投资收益收到的现金"项目，反映企业因股权性投资而分得的现金股利和分回利润所收到的现金，以及债权性投资取得的现金利息收入。本项目应根据"投资收益"、"库存现金"、"银行存款"等账户的记录分析填列。

（3）"处置固定资产、无形资产和其他长期资产所收回的现金净额"项目，反映处置上述各项长期资产所取得的现金，减去为处置这些资产所支付的有关费用后的净额。本项目可

根据"固定资产清理"、"库存现金"、"银行存款"等账户的记录分析填列。

如该项目为负数,应在"支付的其他与投资活动有关的现金"项目填列。

(4)"收到的其他与投资活动有关的现金"项目,反映除上述各项目以外,收到的其他与投资活动有关的现金流入。本项目应根据"库存现金"、"银行存款"和其他有关账户的记录分析填列。

(5)"购建固定资产、无形资产和其他长期资产支付的现金"项目,反映企业购买、建造固定资产,取得无形资产和其他长期资产所支付的现金。其中企业为购建固定资产支付的现金,包括购买固定资产支付的价款现金及增值税税款、固定资产购建支付的现金;但不包括购建固定资产的借款利息支出和融资租入固定资产的租赁费。本项目应根据"固定资产"、"无形资产"、"在建工程"、"库存现金"、"银行存款"等账户的记录分析填列。

(6)"投资支付的现金"项目,反映企业在现金等价物以外进行交易性金融资产、长期股权投资、持有至到期投资所实际支付的现金,包括佣金手续费所支付的现金,但不包括企业购买股票和债券时,实际支付价款中包含的已宣告但尚未领取的现金股利或已到付息期但尚未领取的债券利息。本项目应根据"交易性金融资产"、"长期股权投资"、"持有至到期投资"、"库存现金"、"银行存款"等账户记录分析填列。

(7)"支付的其他与投资活动有关的现金"项目,反映企业除了上述各项以外,支付的与其他投资活动有关的现金流出,包括企业购买股票和债券时,实际支付价款中包含的已宣告但尚未领取的现金股利或已到付息期但尚未领取的债券利息等。本项目应根据"库存现金"、"银行存款"、"应收股利"、"应收利息"等账户的记录分析填列。

(三)筹资活动产生的现金流量的编制方法

筹资活动产生的现金流入和现金流出包括的各项目的内容和填列方法如下:

(1)"吸收投资收到的现金"项目,反映企业收到投资者投入的现金,包括以发行股票、债券等方式筹集资金实际收到的款项净额(即发行收入减去支付的佣金等发行费用后的净额)。本项目可根据"实收资本(或股本)"、"应付债券"、"库存现金"、"银行存款"等账户的记录分析填列。

(2)"取得借款收到的现金"项目,反映企业举借各种短期借款、长期借款而收到的现金。本项目可根据"短期借款"、"长期借款"、"银行存款"等账户的记录分析填列。

(3)"收到的其他与筹资活动有关的现金"项目,反映企业除上述各项以外,收到的其他与筹资活动有关的现金流入。本项目应根据"库存现金"、"银行存款"和其他有关账户的记录分析填列。

(4)"偿还债务支付的现金"项目,反映企业以现金偿还债务的本金,包括偿还金融机构的借款本金、偿还到期的债券本金等。本项目可根据"短期借款"、"长期借款"、"应付债券"、"库存现金"、"银行存款"等账户的记录分析填列。

(5)"分配股利、利润或偿还利息支付的现金"项目,反映企业实际支付的现金股利、支付给投资人的利润或用现金支付的借款利息、债券利息等。本项目可根据"应付股利(或应付利润)"、"财务费用"、"长期借款"、"应付债券"、"库存现金"、"银行存款"等账户的记录分析填列。

(6)"支付的其他与筹资活动有关的现金"项目,反映除了上述各项目以外,支付的其他与筹资活动有关的现金流出,例如发行股票、债券所支付的审计、咨询等费用。该项目可根据"库存现金"、"银行存款"和其他有关账户的记录分析填列。

(四)汇率变动对现金及现金现金等价物的影响的编制方法

本项目反映企业的外币现金流量发生日所采用的汇率与期末汇率的差额对现金的影响数额。(编制方法略)

(五)现金及现金等价物的净增加额的编制方法

本项目是将本表中"经营活动产生的现金流量净额"、"投资活动产生的现金流量净额"、"筹资活动产生的现金流量净额"和"汇率变动对现金及现金等价物的影响"四个项目相加得出的。

(六)期末现金及现金等价物余额的填列

本项目是将计算出来的现金及现金等价物净增加额加上期初现金及现金等价物金额求得的。它应该与企业期末的全部货币资金及现金等价物的合计余额相等。

(七)补充资料的编制方法

除现金流量表反映的信息外,企业还应该在附注中披露将净利润调节为经营活动的现金流量,以及不涉及现金收支的重大投资和筹资活动、现金及现金等价物净变动情况等信息。也就是要求按间接法编制现金流量表的补充资料(表13-8)。

1. 将净利润调节为经营活动现金流量

现金流量表采用直接法反映经营活动的现金流量,同时,企业还应采用间接法反映经营活动产生的现金流量。间接法是指以企业本期净利润为起算点,通过调整不涉及现金的收入和费用、营业外收支以及经营性应收、应付等项目的增减变动,调整不属于经营活动的现金收支项目,据此计算并列报经营活动产生的现金流量的方法。现金流量表补充资料是对现金流量表采用直接法反映的经营活动现金流量进行核对和补充说明。

采用间接法列报经营活动产生的现金流量时,需要对四大类项目进行调整。①实际没有支付现金的费用;②实际没有收到现金的收益;③不属于经营活动的损益;④经营性应收、应付项目的增减变动。

企业利润表中反映的净利润是以权责发生制为基础核算的,而且包括了投资活动和筹资活动的收入和费用。将净利润调节为经营活动的现金流量,就是要按收付实现制的原则,将净利润按各项目调整为现金净流入,并且要剔除投资和筹资活动对现金流量的影响。对这些项目的调整过程,就是按间接法编制经营活动现金流量表的过程。

将净利润调节为经营活动的现金流量是以净利润为基础。因为净利润是现金净流入的主要来源。但净利润与现金净流入并不相等,所以需要在净利润的基础上,将净利润调整为现金净流入。在净利润的基础上进行调整的项目主要包括:

(1)"资产减值准备"项目。企业计提的各项资产减值准备,包括坏账准备、存货跌价准备以及各项长期资产的减值准备等已经计入了资产减值损失科目,期末结转到本年利润账户,从而减少了净利润。但是计提资产减值准备,并不需要支付现金,即没有减少现金流量。所以应将计提的各项资产减值准备,在净利润的基础上予以加回。本项目应根据"资产减值损失"账户的记录分析填列。

(2)"固定资产折旧"项目。工业加工企业计提的固定资产折旧,一部分增加了产品的成本,另一部分增加了期间费用(如管理费用、销售费用等)。计入期间费用的部分直接减少了净利润,计入产品成本的部分,一部分转入了主营业务成本,也直接冲减了净利润;对于产品尚未变现的部分,折旧费用加到了存货成本中,存货的增加是作为现金流出进行调整的。而实际上全部的折旧费用并没有发生现金流出。所以,应在净利润的基础上将折旧的部分予以加回。本项目应根据"累计折旧"账户的贷方发生额分析填列。

(3)"无形资产摊销"项目。企业的无形资产摊销是计入管理费用的,所以冲减了净利润。但无形资产摊销并没有发生现金流出。所以无形资产当期摊销的价值,应在净利润的基础上予以加回。本项目可根据"累计摊销"账户的记录分析填列。

(4)"长期待摊费用摊销"项目。长期待摊费用的摊销与无形资产摊销一样,已经计入了损益,但没有发生现金流出,所以,本项目应在净利润的基础上予以加回。

(5)"处置固定资产、无形资产和其他长期资产的损失"项目。处置固定资产、无形资产和其他长期资产发生的损益,属于投资活动产生的损益,不属于经营活动产生的损益,但却影响了当期净利润,所以在将净利润调节为经营活动现金流量时应予以剔除。如为净损失,应当予以加回;如为净收益,应予以扣除,即用"一"号列示。本项目可根据"营业外收入"、"营业外支出"等账户所属明细账户的记录分析填列。

(6)"固定资产报废损失"项目。本项目反映企业当期固定资产报废后的净损失(或报废后的净收益)。企业发生固定资产报废损益,属于投资活动产生的损益,不属于经营活动产生的损益,但却影响了当期净利润,所以在将净利润调节为经营活动现金流量时应予以剔除。如为净损失,应当予以加回;如为净收益,应予以扣除,即用"一"号列示。本项目可根据"营业外收入"、"营业外支出"等账户所属明细账户的记录分析填列。

(7)"公允价值变动损失"项目。本项目反映企业持有的交易性金融资产、交易性金融负债、采用公允价值模式计量的投资性房地产等公允价值变动形成的净损失。因为公允价值变动损失影响了当期净利润,但并没有发生现金流出,所以应进行调整。如为净收益,以"一"号列示。本项目可根据"公允价值变动损益"账户所属有关明细账户的记录分析填列。

(8)"财务费用"项目。一般企业,财务费用主要是借款发生的利息支出(减存款利息收入)。财务费用属于筹资活动发生的现金流出,而不属于经营活动的现金流量。但财务费用作为期间费用,已直接计入了企业经营损益,影响了净利润,所以在将净利润调节为经营活动现金流量时应予以剔除。财务费用如为借方余额,应予以加回;如为贷方余额,应予以扣除。本项目应根据利润表中的"财务费用"项目填列。

(9)"投资损失"项目。企业发生的投资损益,属于投资活动的现金流量,不属于经营活动的现金流量。但投资损失,已直接计入了企业当期利润,影响了净利润,所以在将净利润调节为经营活动现金流量时应予以剔除。如为投资净损失,应当予以加回;如为投资净收益,应予以扣除,即用"一"号列示。本项目可根据利润表中的"投资收益"项目填列。

(10)"递延所得税资产减少"项目。本项目反映企业资产负债表"递延所得税资产"项目的期初余额与期末余额的差额。递延所得税资产的减少增加了所得税费用,减少了利润。而递延所得税资产的减少并没有增加现金流出。所以应在净利润的基础上予以加回。相反,如果是递延所得税资产增加,则应用"一"号填列。本项目可以根据"递延所得税资产"科目分析填列。

(11)"递延所得税负债增加"项目。递延所得税负债的增加,增加了当期所得税费用,但并没有因此增加现金流出,所以应在净利润的基础上予以加回。相反,如果是递延所得税负债减少,则应用"一"号填列。

(12)"存货的减少"项目。企业当期存货减少,说明本期经营中耗用的存货,有一部分是期初的存货,这部分存货在当期没有发生现金流出,但在计算净利润时已经进行了扣除。所以在将净利润调节为经营活动现金流量时应当予以加回。

如果期末存货比期初增加,说明当期购入的存货除本期耗用外还剩余一部分。这部分存货已经发生了现金流出,但没有减少净利润,所以在将净利润调节为经营活动现金流量时应予以扣除,即用"一"号列示。总之,存货的减少,应视为现金的增加,应予加回现金流量;存货的增加,应视为现金的减少,应予扣除现金流量。本项目可根据资产负债表中的"存货"项目的期初、期末数之间的差额填列。

(13)"经营性应收项目的减少"项目。经营性应收项目的减少(如应收账款、应收票据、其他应收款等项目中与经营活动有关的部分的减少),说明本期收回的现金大于利润表中确认的主营业务收入,即上期实现的收入由本期收回了现金,形成了本期的现金流入,但净利润却没有增加。所以在将净利润调节为经营活动现金流量时,将本期经营性应收项目减少的部分予以加回。

如果上述各应收项目增加,即经营性各应收项目的期末余额大于期初余额,则表明本期的销售收入中有一部分没有收回,从而减少了现金的流入,在将净利润调节为经营活动现金流量时应予以扣除。

本项目应根据各应收项目账户所属的明细账户的记录分析填列。

(14)"经营性应付项目的增加"项目。经营性应付项目的增加(如应付账款、应付票据、应付职工薪酬、应付福利费、应交税费、其他应付款等项目中与经营活动有关的部分的增加),说明本期购入的存货中有一部分没有支付现金,净利润不变,但现金流出减少了,从而现金流量肯定增加了。所以在将净利润调节为经营活动现金流量时,将本期经营性应付项目增加的部分予以加回。

如果上述经营性应付项目减少,即期末余额小于期初余额,说明除将本期购入的存货全部付款以外,还支付了上期的应付款项,所以现金流出增加了,现金净流量减少了。在将净利润调节为经营活动现金流量时,将本期经营性应付项目减少的部分予以扣除。

本项目应根据各应付项目账户所属的明细账户的记录分析填列。

2. 不涉及现金收支的重大投资和筹资活动

"不涉及现金收支的重大投资和筹资活动"项目,反映企业一定期间内影响资产和负债但不形成现金收支的所有投资和筹资活动的信息。这些投资和筹资活动虽不涉及现金收支,但对以后各期的现金流量会产生重大影响,所以也应进行列示和披露。不涉及现金收支的重大投资和筹资活动的具体项目见现金流量表补充资料。

三、现金流量表编制案例

【案例 13-7】根据案例 13-5 的资料。

1. 甲公司 2×15 年度有关现金流量表的编制如下:

(1)销售商品、提供劳务收到的现金

＝营业收入(主营业务收入＋其他业务收入)＋销项税额－应收账款增加额

　　－应收票据增加额＋预收款项增加额－本期计提的坏账准备－贴现利息

　　±特殊调整业务

$=1\ 250\ 000+212\ 500-(598\ 200-299\ 100)-(46\ 000-246\ 000)-900-20\ 000$

$=1\ 342\ 500(元)$

(2)购买商品、接受劳务支付的现金

=营业成本(主营业务成本+其他业务成本)+进项税额-应付账款增加额

　　-应付票据增加额+预付款项增加额+存货项目本期增加额

　　+计提的存货跌价准备-生产成本、制造费用中的职工薪酬

　　-生产成本、制造费用中的累计折旧±特殊调整业务

$=750\ 000+42\ 466-(953\ 800-953\ 800)-(100\ 000-200\ 000)-(100\ 000-100\ 000)$

　　$+(2\ 544\ 575-2\ 679\ 775)-285\ 000-80\ 000$

$=392\ 266(元)$

(3)支付给职工以及为职工支付的现金

=生产成本、制造费用、管理费用中的职工薪酬+(应付职工薪酬年初余额

　　-应付职工薪酬期末余额)-[应付职工薪酬(在建工程)年初余额

　　-应付职工薪酬(在建工程)期末余额]

$=300\ 000+(110\ 000-110\ 000)-(0-0)$

$=300\ 000(元)$

(4)支付的各项税费

=当期所得税费用+营业税金及附加+已交税金-(应交所得税期末余额

　　-应交所得税期初余额)±特殊调整事项

$=(73\ 100+7\ 725)+2\ 000+100\ 000-(10\ 450-0)$

　　$=172\ 375(元)$

(5)支付的其他与经营活动有关的现金

=其他管理费用+销售费用

$=50\ 000+20\ 000=70\ 000(元)$

(6)收回投资收到的现金

=交易性金融资产贷方发生额+与交易性金融资产一起收回的投资收益

$=16\ 000+500=16\ 500(元)$

(7)取得投资收益收到的现金

=收到的股息收入

$=30\ 000(元)$

(8)处置固定资产收回的现金净额

$=300\ 000+(800-500)=300\ 300(元)$

(9)购建固定资产支付的现金

=用现金购买的固定资产、工程物资+支付给在建工程人员的薪酬

$=100\ 000+17\ 000+150\ 000+200\ 000=467\ 000(元)$

(10)取得借款收到的现金

$=400\ 000(元)$

(11)偿还债务支付的现金

$=250\ 000+1\ 000\ 000=1\ 250\ 000(元)$

(12)偿付利息支付的现金

＝12 500(元)

2. 将净利润调节为经营活动现金流量各项目的计算分析如下：

(1)资产减值准备

＝900＋30 000＝30 900(元)

(2)固定资产折旧

＝20 000＋80 000＝100 000(元)

(3)无形资产摊销

＝60 000(元)

(4)处置固定资产、无形资产和其他长期资产的损失(减：收益)

＝－50 000(元)

(5)固定资产报废损失

＝19 700(元)

(6)财务费用

＝21 500(元)

(7)投资损失(减：收益)

＝－31 500(元)

(8)递延所得税资产减少

＝225－7 950＝－7 725(元)

(9)存货的减少

＝2 679 775－2 544 575＝135 200(元)

(10)经营性应收项目的减少

＝(246 000－46 000)＋(299 100＋900－598 200－1 800)

＝－100 000(元)

(11)经营性应付项目的增加

＝(100 000－200 000)＋(953 800－953 800)＋(100 000－100 000)

  ＋(110 000－110 000)＋(100 084＋17 000－36 600)＋(50 000－50 000)

＝－19 516(元)

根据上述数据，编制现金流量表(表13-7)及其补充资料(表13-8)。

表13-7 现金流量表

会企03表

编制单位：甲公司   2×15年   单位：元

项　目	本期金额	上期金额
一、经营活动产生的现金流量：		略
销售商品、提供劳务收到的现金	1 342 500	
收到的税费返还	0	
收到的其他与经营活动有关的现金	0	
经营活动现金流入小计	1 342 500	

续表 13-7

项　　目	本期金额	上期金额
购买商品、接受劳务支付的现金	392 266	
支付给职工以及为职工支付的现金	300 000	
支付的各项税费	172 375	
支付的其他与经营活动有关的现金	70 000	
经营活动现金流出小计	934 641	
经营活动产生的现金流量净额	407 859	
二、投资活动产生的现金流量：		
收回投资收到的现金	16 500	
取得投资收益收到的现金	30 000	
处置固定资产、无形资产和其他长期资产收回的现金净额	300 300	
处置子公司及其他营业单位收到的现金净额	0	
收到的其他与投资活动有关的现金	0	
投资活动现金流入小计	346 800	
购建固定资产、无形资产和其他长期资产支付的现金	467 000	
投资支付的现金	0	
取得子公司及其他营业单位支付的现金净额	0	
支付的其他与投资活动有关的现金	0	
投资活动现金流出小计	467 000	
投资活动产生的现金流量净额	−120 200	
三、筹资活动产生的现金流量：		
吸收投资收到的现金	0	
取得借款收到的现金	400 000	
收到的其他与筹资活动有关的现金	0	
筹资活动现金流入小计	400 000	
偿还债务支付的现金	1 250 000	
分配股利、利润或偿付利息支付的现金	12 500	
支付的其他与筹资活动有关的现金	0	
筹资活动现金流出小计	1 262 500	
筹资活动产生的现金流量净额	−862 500	
四、汇率变动对现金及现金等价物的影响	0	
五、现金及现金等价物净增加额	−574 841	
加：期初现金及现金等价物余额	1406 300	
六、期末现金及现金等价物余额	831 459	

表 13-8 现金流量表补充资料

补充资料	本期金额	上期金额
1. 将净利润调节为经营活动现金流量:		略
净利润	249 300	
加:资产减值准备	30 900	
固定资产折旧、油气资产折耗、生产性生物资产折旧	100 000	
无形资产摊销	60 000	
长期待摊费用摊销	0	
处置固定资产、无形资产和其他长期资产的损失(收益以"—"号填列)	−50 000	
固定资产报废损失(收益以"—"号填列)	19 700	
公允价值变动损失(收益以"—"号填列)	0	
财务费用(收益以"—"号填列)	21 500	
投资损失(收益以"—"号填列)	−31 500	
递延所得税资产减少(增加以"—"号填列)	−7 725	
递延所得税负债增加(减少以"—"号填列)	0	
存货的减少(增加以"—"号填列)	135 200	
经营性应收项目的减少(增加以"—"号填列)	−100 000	
经营性应付项目的增加(减少以"—"号填列)	−19 516	
其他	0	
经营活动产生的现金流量净额	407 859	
2. 不涉及现金收支的重大投资和筹资活动:		
债务转为资本	0	
一年内到期的可转换公司债券	0	
融资租入固定资产	0	
3. 现金及现金等价物净变动情况:		
现金的期末余额	831 459	
减:现金的期初余额	1 406 300	
加:现金等价物的期末余额	0	
减:现金等价物的期初余额	0	
现金及现金等价物净增加额	−574 841	

任务四 编制所有者权益变动表

一、什么是所有者权益变动表

所有者权益变动表是指反映构成所有者权益各组成部分当期增减变动情况的报表。所有者权益变动表应当全面反映一定时期所有者权益变动的情况,不仅包括所有者权益总量的增减变动,还包括所有者权益增减变动的重要结构性信息,特别是要反映直接计入所有者权益的利得或损失,让报表使用者准确理解所有者权益增减变动的根源。

所有者权益变动表至少应当单独列示反映下列信息的项目:①净利润;②直接计入所有者权益的利得或损失项目及其总额;③会计政策变更和差错更正的累积影响金额;④所有者投入资本和向所有者分配利润等;⑤提取的盈余公积;⑥实收资本或股本、资本公积、其他综合收益、盈余公积、未分配利润的期初和期末余额及其调节情况。

为了清楚地表明构成所有者权益的各组成部分当期的增减变动情况,所有者权益变动表应当以矩阵的形式列示:纵向列示导致所有者权益变动的交易或事项,横向按照所有者权益各组成部分(包括实收资本、资本公积、其他综合收益、盈余公积、未分配利润和库存股)及其总额列示交易或事项对所有者权益的影响。此外,比较所有者权益变动表再分为"本年金额"和"上年金额"两栏分别填列。所有者权益变动表的具体格式如表 13-9 所示。

二、所有者权益变动表的编制方法

(一)上年金额栏的填列方法

所有者权益变动表"上年金额"栏内的各项数字,应根据上年度所有者权益变动表"本年金额"栏内所列数字填列。如果上年度所有者权益变动表规定的各个项目的名称和内容与本年度不一致,应对上年度所有者权益变动表各项目的名称和数字按本年度的规定进行调整,填入所有者权益变动表"上年金额"栏内。

(二)本年金额栏的填列方法

所有者权益变动表"本年金额"栏内各项数字一般应根据"实收资本(或股本)"、"资本公积"、"其他综合收益"、"盈余公积"、"利润分配"、"库存股"、"以前年度损益调整"科目的发生额分析填列。

三、所有者权益变动表编制案例

【案例 13-8】根据案例 13-5 的资料,甲公司 2×15 年度有关所有者权益变动表的编制如表 13-9 所示。

表 13-9　所有者权益变动表

会企 04 表

编制单位:甲公司　　　　　　　　　　2×15 年度　　　　　　　　　　单位:元

项目	本年金额							上年金额						
	实收资本(或股本)	资本公积	减:库存股	其他综合收益	盈余公积	未分配利润	所有者权益合计	实收资本(或股本)	资本公积	减:库存股	其他综合收益	盈余公积	未分配利润	所有者权益合计
一、上年年末余额	5 000 000	0	0	0	100 000	50 000	5 150 000							
加:会计政策变更														
前期差错更正														
二、本年年初余额	5 000 000	0	0	0	100 000	50 000	5 150 000							
三、本年增减变动金额(减少以"－"号填列)														
(一)综合收益总额						249 300	249 300							
(二)所有者投入和减少资本														
1. 所有者投入资本														
2. 股份支付计入所有者权益的金额														
3. 其他														
(三)利润分配														
1. 提取盈余公积					37 395	－37 395	0							
2. 对所有者(或股东)的分配						－111 905	－111 905							
3. 其他														
(五)所有者权益内部结转														
1. 资本公积转增资本(或股本)														
2. 盈余公积转增资本(或股本)														
3. 盈余公积弥补亏损														
4. 其他														
四、本年年末余额	5 000 000	0	0	0	137 395	150 000	5 287 395							

任务五 编制会计报表附注

附注是对资产负债表、利润表、现金流量表和所有者权益变动表等报表中列示项目的文字描述或明细资料，以及对未能在这些报表中列示项目的说明等。附注是财务报表的重要组成部分。附注应当按照如下顺序披露有关内容：

一、企业的基本情况

1. 企业注册地、组织形式和总部地址。
2. 企业的业务性质和主要经营活动。
3. 母公司以及集团最终母公司的名称。
4. 财务报告的批准报出者和财务报告的批准报出日。

二、财务报表的编制基础

企业应当在附注中对财务报表的编制基础进行说明。

三、遵循企业会计准则的声明

企业应当明确说明编制的财务报表符合企业会计准则的要求，真实、公允地反映了企业的财务状况、经营成果和现金流量等有关信息，以此明确企业编制财务报表所依据的制度基础。

如果企业编制的财务报表只是部分地遵循了企业会计准则，附注中不得作出这种表述。

四、重要会计政策和会计估计

企业应当披露采用的重要会计政策和会计估计，不重要的会计政策和会计估计可以不披露。

(一)重要会计政策的说明

由于企业经济业务的复杂性和多样化，某些经济业务可以有多种会计处理方法，也即存在不止一种可供选择的会计政策。企业在发生某项经济业务时，必须从允许的会计处理方法中选择适合本企业特点的会计政策。企业选择不同的会计处理方法，可能极大地影响企业的财务状况和经营成果，进而编制出不同的财务报表。为了有助于使用者理解，有必要对这些会计政策加以披露。

需要特别指出的是，说明会计政策时还需要披露下列两项内容：

1. 财务报表项目的计量基础

会计计量属性包括历史成本、重置成本、可变现净值、现值和公允价值，这直接显著影响报表使用者的分析，这项披露要求便于使用者了解企业财务报表中的项目是按何种计量基础予以计量的，如存货是按成本还是可变现净值计量等。

2. 会计政策的确定依据

会计政策的确定依据主要是指企业在运用会计政策过程中所作的对报表中确认的项目金额最具影响的判断。例如，企业如何判断持有的金融资产是持有至到期的投资而不是交易性投资;又比如,对于拥有的持股不足 50％的关联企业,企业为何判断拥有控制权而将关联企业纳入合并范围;再比如,企业如何判断与租赁资产相关的所有风险和报酬已转移给企业,从而符合融资租赁的标准;以及投资性房地产的判断标准是什么等等,这些判断对在报表中确认的项目金额具有重要影响。因此,这项披露要求有助于使用者理解企业选择和运用会计政策的背景,增加财务报表的可理解性。

(二)重要会计估计的说明

企业应当披露会计估计中所采用的关键假设和不确定因素的确定依据,这些关键假设和不确定因素在下一会计期间内很可能导致资产、负债的账面价值进行重大调整。在确定报表中确认的资产和负债的账面金额的过程中,企业有时需要对不确定的未来事项在资产负债表日对这些资产和负债的影响加以估计。例如,固定资产可收回金额的计算需要根据其公允价值减去处置费用后的净额与预计未来现金流量的现值两者之间的较高者确定;在计算资产预计未来现金流量的现值时需要对未来现金流量进行预测,并选择适当的折现率,应当在附注中披露未来现金流量预测所采用的假设及其依据、所选择的折现率为什么是合理的等。这些假设的变动对这些资产和负债项目金额的影响很大,有可能会在下一个会计年度内作出重大调整。因此,强调这一披露要求,有助于提高财务报表的可理解性。

五、会计政策和会计估计变更以及差错更正的说明

企业应当按照《企业会计准则第 28 号——会计政策、会计估计变更和差错更正》及其应用指南的规定,披露会计政策和会计估计变更以及差错更正的有关情况。

六、重要报表项目的说明

企业应当以文字和数字描述相结合、尽可能以列表形式披露重要报表项目的构成或当期增减变动情况,并与报表项目相互参照。在披露顺序上,一般应当按照资产负债表、利润表、现金流量表、所有者权益变动表的顺序及其报表项目列示的顺序。

七、其他需要说明的重要事项

其他需要说明的重要事项主要包括或有和承诺事项、资产负债表日后非调整事项、关联方关系及其交易等。

▶▶▶ *项目小结*

本项目包括编制资产负债表、编制利润表、编制现金流量表、编制所有者权益变动表和编制会计报表附注五部分。

1. 财务报告是指企业对外提供的反映企业某一特定日期的财务状况和某一会计期间的经营成果、现金流量等会计信息的文件。财务报告包括财务报表和其他应当在财务报告中披露的相关信息与资料。财务报表至少应当包括下列组成部分:①资产负债表;②利润表;③现金流量表;④所有者权益(或股东权益)变动表;⑤附注。

2. 资产负债表是指反映企业在某一特定日期财务状况的会计报表。它反映企业在某一特定日期所拥有或控制的经济资源、所承担的现时义务和所有者对净资产的要求权。在我国,资产负债表采用账户式结构。

3. 利润表是反映企业在一定会计期间的经营成果的会计报表。在我国,企业利润表采用的基本上是多步式结构。

4. 现金流量表是指反映企业在一定会计期间现金和现金等价物流入和流出的报表。现金流量包括经营活动产生的现金流量、投资活动产生的现金流量和筹资活动产生的现金流量三个部分。

5. 编制现金流量表时,列报经营活动现金流量的方法有两种。一是直接法,二是间接法。我国企业会计准则规定企业应当采用直接法编报现金流量表,同时要求在附注中提供以净利润为基础调节经营活动现金流量的信息。

6. 所有者权益变动表是指反映构成所有者权益各组成部分当期增减变动情况的报表。

7. 会计报表附注是对资产负债表、利润表、现金流量表和所有者权益变动表等报表中列示项目的文字描述或明细资料,以及对未能在这些报表中列示项目的说明等。

项目十四　特殊会计业务的处理

知识目标

1. 掌握投资性房地产确认和初始计量、后续计量，投资性房地产的转换和投资性房地产的处置的有关规定。

2. 掌握非货币性资产的含义，掌握非货币性资产交换的确认和计量，掌握以公允价值计量和以账面价值计量进行会计处理的有关规定。

3. 掌握债务重组的含义及方式，掌握债务重组会计处理的有关规定。

4. 掌握或有事项的含义，掌握或有事项会计处理的有关规定。

5. 掌握资产负债表日后事项的含义，掌握资产负债表日后事项会计处理的有关规定。

能力目标

1. 能够对投资性房地产进行确认和初始计量，能够采用成本模式和公允价值模式进行后续计量，能够对投资性房地产的转换和投资性房地产的处置进行核算。

2. 能够进行非货币性资产交换的确认和计量，能够按照以公允价值计量进行会计处理，能够按照以账面价值计量进行会计处理。

3. 能够进行以资产清偿债务、债务转为资本、修改其他债务条件及以上三种方式的组合下的会计处理。

4. 能够识别或有事项，能够进行预计负债的确认与计量，能够对或有事项进行具体会计处理以及或有事项的列报。

5. 能够识别资产负债表日后事项，能对资产负债表日后事项的调整事项进行会计处理，能够对非调整事项进行披露。

任务一　投资性房地产的核算

一、什么是投资性房地产

投资性房地产是指为赚取租金或资本增值，或者两者兼有而持有的房地产。投资性房地产包括：

1. 已出租的土地使用权

已出租的土地使用权是指企业通过出让或转让方式取得的、以经营租赁方式出租的土地使用权。对于以经营租赁方式租入土地使用权再转租给其他单位的，不能确认为投资性房地产。

2. 持有并准备增值后转让的土地使用权

持有并准备增值后转让的土地使用权是指企业取得的、准备增值后转让的土地使用权。按照国家有关规定认定的闲置土地,不属于持有并准备增值后转让的土地使用权,也就不属于投资性房地产。

3. 已出租的建筑物

已出租的建筑物是指企业拥有产权、以经营租赁方式出租的建筑物,包括自行建造或开发完成后用于出租的建筑物。

下列项目不属于投资性房地产:

1. 自用房地产

自用房地产是指为生产商品、提供劳务或者经营管理而持有的房地产。如企业生产经营用的厂房和办公楼属于固定资产;企业生产经营用的土地使用权属于无形资产。

2. 作为存货的房地产

作为存货的房地产通常是指房地产开发企业在正常经营过程中销售的或为销售而正在开发的商品房和土地。

二、投资性房地产的核算方法

(一)投资性房地产的确认和初始计量

投资性房地产只有在符合定义的前提下,同时满足下列条件的,才能予以确认:①与该投资性房地产有关的经济利益很可能流入企业;②该投资性房地产的成本能够可靠地计量。

1. 外购投资性房地产的确认和初始计量

采用成本模式计量时,外购的土地使用权和建筑物,按照取得时的实际成本进行初始计量,借记"投资性房地产"科目,贷记"银行存款"等科目。

采用公允价值模式计量时,企业应当在"投资性房地产"科目下设置"成本"和"公允价值变动"两个明细科目,按照外购的土地使用权和建筑物发生的实际成本记入"投资性房地产——成本"科目。

【案例14-1】2×15年6月20日,甲公司购入一栋写字楼用于对外出租,支付价款200万元。假设不考虑其他因素,甲公司采用成本模式进行后续计量。

甲公司的账务处理如下:

借:投资性房地产——写字楼　　　　　　　　　　　　　2 000 000
　贷:银行存款　　　　　　　　　　　　　　　　　　　　　　2 000 000

假设甲公司采用公允价值模式进行后续计量。

甲公司的账务处理如下:

借:投资性房地产——成本(写字楼)　　　　　　　　　2 000 000
　贷:银行存款　　　　　　　　　　　　　　　　　　　　　　2 000 000

(二)自行建造投资性房地产的确认和初始计量

自行建造投资性房地产,采用成本模式计量的,应按照确定的成本,借记"投资性房地产"科目,贷记"在建工程"或"开发产品"科目;采用公允价值模式计量的,应按照确定的成本,借记"投资性房地产——成本"科目,贷记"在建工程"或"开发产品"科目。

【案例14-2】2×15年12月,甲公司自行建造一栋写字楼直接用于对外出租。该写字楼的成本为 100 万元。假设不考虑其他因素,甲公司采用成本模式进行后续计量。

甲公司的账务处理如下:

借:投资性房地产——厂房   1 000 000

　　贷:在建工程   1 000 000

(三)投资性房地产的后续计量

投资性房地产的后续计量有成本模式和公允价值模式,通常应当采用成本模式,只有满足特定条件的情况下才可以采用公允价值模式。同一企业只能采用一种模式对所有投资性房地产进行后续计量,不得同时采用两种计量模式。

1. 采用成本模式进行后续计量的投资性房地产

采用成本模式进行后续计量的投资性房地产,应当按照《企业会计准则第 4 号——固定资产》或《企业会计准则第 6 号——无形资产》的有关规定,按期(月)计提折旧或摊销,借记"其他业务成本"等科目,贷记"投资性房地产累计折旧(摊销)"科目。取得的租金收入,借记"银行存款"等科目,贷记"其他业务收入"等科目。

投资性房地产存在减值迹象的,还应当适用资产减值的有关规定,经减值测试后确定发生减值的,应当计提减值准备,借记"资产减值损失"科目,贷记"投资性房地产减值准备"科目。已经计提减值准备的投资性房地产,其减值损失在以后的会计期间不得转回。

【案例 14-3】甲公司将一栋新建的办公楼出租给乙公司使用,租期为 5 年,每年的租金为 20 万元。甲公司对该项投资性房地产采用成本模式进行后续计量。该栋办公楼的成本为 200 万元,预计净残值为 0,预计使用年限为 20 年,按照直线法计提折旧。

甲公司的账务处理如下:

(1)计提折旧:

每年计提的折旧=200÷20=10(万元)

借:其他业务成本   100 000

　　贷:投资性房地产累计折旧(摊销)   100 000

(2)确认租金:

借:银行存款(或其他应收款)   200 000

　　贷:其他业务收入   200 000

2. 采用公允价值模式进行后续计量的投资性房地产

企业有确凿证据表明其投资性房地产的公允价值能够持续可靠取得的,可以对投资性房地产采用公允价值模式进行后续计量。

采用公允价值模式计量的投资性房地产,应当同时满足下列条件:①投资性房地产所在地有活跃的房地产交易市场。②企业能够从活跃的房地产交易市场上取得同类或类似房地产的市场价格及其他相关信息,从而对投资性房地产的公允价值作出合理的估计。

投资性房地产采用公允价值模式进行后续计量的,不计提折旧或摊销,应当以资产负债表日的公允价值计量。资产负债表日,投资性房地产的公允价值高于其账面余额的差额,借记"投资性房地产——公允价值变动"科目,贷记"公允价值变动损益"科目;公允价值低于其账面余额的差额作相反的账务处理。

【案例 14-4】甲公司是一家从事房地产经营开发的企业。2×15 年 1 月 10 日,甲公司将一栋新建的写字楼出租给乙公司使用,租期为 10 年,每年的租金 10 万元于年末收取。甲公司对该项投资性房地产采用公允价值模式进行后续计量。该写字楼的建造成本为 150 万元。2×15 年 12 月 31 日,该写字楼的公允价值为 170 万元。

甲公司的账务处理如下:

(1)2×15 年 1 月 10 日,甲公司开发完成写字楼并出租:

借:投资性房地产——成本　　　　　　　　　　　　　　　　　　　　1 500 000

　贷:开发成本　　　　　　　　　　　　　　　　　　　　　　　　　　1 500 000

(2)2×15 年 12 月 31 日,收取租金:

借:银行存款(或其他应收款)　　　　　　　　　　　　　　　　　　　100 000

　贷:其他业务收入　　　　　　　　　　　　　　　　　　　　　　　　100 000

(3)2×15 年 12 月 31 日,确认公允价值变动:

借:投资性房地产——公允价值变动　　　　　　　　　　　　　　　　　200 000

　贷:公允价值变动损益　　　　　　　　　　　　　　　　　　　　　　200 000

3. 投资性房地产的转换

企业有确凿证据表明房地产用途发生改变,满足下列条件之一的,应当将投资性房地产转换为其他资产或者将其他资产转换为投资性房地产:①投资性房地产开始自用;②作为存货的房地产改为出租;③自用土地使用权停止自用,用于赚取租金或资本增值;④自用建筑物停止自用,改为出租。

在成本模式下,应当将房地产转换前的账面价值作为转换后的入账价值。

采用公允价值模式计量的投资性房地产转换为自用房地产时,应当以其转换当日的公允价值作为自用房地产的账面价值,公允价值与原账面价值的差额计入当期损益。自用房地产或存货转换为采用公允价值模式计量的投资性房地产时,投资性房地产按照转换当日的公允价值计价,转换当日的公允价值小于原账面价值的,其差额计入当期损益;转换当日的公允价值大于原账面价值的,其差额计入所有者权益。

【案例 14-5】2×15 年 12 月 31 日,甲公司将闲置的一栋办公楼对外出租。该栋办公楼的原价为 200 万元,已提折旧 130 万元,已提减值准备 30 万元。假定甲公司对投资性房地产采用成本模式计量。

甲公司的账务处理如下:

借:投资性房地产——办公楼　　　　　　　　　　　　　　　　　　　2 000 000

　累计折旧　　　　　　　　　　　　　　　　　　　　　　　　　　　1 300 000

　固定资产减值准备　　　　　　　　　　　　　　　　　　　　　　　300 000

　贷:固定资产　　　　　　　　　　　　　　　　　　　　　　　　　　2 000 000

　　投资性房地产累计折旧(摊销)　　　　　　　　　　　　　　　　1 300 000

　　投资性房地产减值准备　　　　　　　　　　　　　　　　　　　　300 000

【案例 14-6】2×15 年 12 月 31 日,甲公司将出租在外的厂房收回,开始用于本企业生产商品。该厂房的原价为 400 万元,累计已提折旧 250 万元。假设甲公司对投资性房地产采用成本计量模式。

甲公司的账务处理如下:

借:固定资产　　　　　　　　　　　　　　　　　　　　　　　　　　4 000 000

　投资性房地产累计折旧(摊销)　　　　　　　　　　　　　　　　　2 500 000

　　贷：投资性房地产　　　　　　　　　　　　　　　　　　　　　　　4 000 000

　　　　累计折旧　　　　　　　　　　　　　　　　　　　　　　　　　2 500 000

　　【案例 14-7】2×15 年 12 月 31 日，甲公司将闲置的一栋办公楼对外出租。该栋办公楼的原价为 200 万元，已提折旧 130 万元，已提减值准备 30 万元，公允价值为 100 万元。假定甲公司对投资性房地产采用公允价值模式计量。

　　甲公司的账务处理如下：

　　借：投资性房地产——成本（办公楼）　　　　　　　　　　　　　　1 000 000

　　　　累计折旧　　　　　　　　　　　　　　　　　　　　　　　　　1 300 000

　　　　固定资产减值准备　　　　　　　　　　　　　　　　　　　　　300 000

　　　贷：固定资产　　　　　　　　　　　　　　　　　　　　　　　　2 000 000

　　　　　其他综合收益　　　　　　　　　　　　　　　　　　　　　　600 000

假定该办公楼的公允价值为 30 万元，其他条件不变，则甲公司的账务处理为：

　　借：投资性房地产——成本（办公楼）　　　　　　　　　　　　　　300 000

　　　　累计折旧　　　　　　　　　　　　　　　　　　　　　　　　　1 300 000

　　　　固定资产减值准备　　　　　　　　　　　　　　　　　　　　　300 000

　　　　公允价值变动损益　　　　　　　　　　　　　　　　　　　　　100 000

　　　贷：固定资产　　　　　　　　　　　　　　　　　　　　　　　　2 000 000

　　【案例 14-8】2×14 年 12 月 31 日，甲公司将出租在外的厂房收回，开始用于本企业生产商品。该项房地产原账面价值为 300 万元，其中成本为 240 万元，公允价值变动为 60 万元。2×15 年 12 月 31 日，公允价值为 320 万元。

　　甲公司的账务处理如下：

　　借：固定资产　　　　　　　　　　　　　　　　　　　　　　　　　3 200 000

　　　贷：投资性房地产——成本　　　　　　　　　　　　　　　　　　2 400 000

　　　　　　　　　　——公允价值变动　　　　　　　　　　　　　　　600 000

　　　　　公允价值变动损益　　　　　　　　　　　　　　　　　　　　200 000

　　4. 投资性房地产的处置

　　当投资性房地产被处置，或者永久退出使用且预计不能从其处置中取得经济利益时，应当终止确认该项投资性房地产。企业出售、转让、报废投资性房地产或者发生投资性房地产毁损，应当将处置收入扣除其账面价值和相关税费后的金额计入当期损益。

　　【案例 14-9】甲公司将其一栋用于出租的写字楼出售给乙公司，合同价款为 300 万元，乙公司已用银行存款付清。甲公司对投资性房地产采用成本模式计量。出售时，该栋写字楼的成本为 400 万元，已计提折旧 200 万元。假设不考虑相关税费。

　　甲公司的账务处理如下：

　　借：银行存款　　　　　　　　　　　　　　　　　　　　　　　　　3 000 000

　　　贷：其他业务收入　　　　　　　　　　　　　　　　　　　　　　3 000 000

　　借：其他业务成本　　　　　　　　　　　　　　　　　　　　　　　2 000 000

　　　　投资性房地产累计折旧（摊销）　　　　　　　　　　　　　　　2 000 000

　　　贷：投资性房地产——写字楼　　　　　　　　　　　　　　　　　4 000 000

　　【案例 14-10】甲公司将其一栋用于出租的写字楼出售给乙公司，合同价款为 300 万元，乙公司已用银行存款付清。甲公司对投资性房地产采用公允价值模式计量。出售时,该栋写字楼的账面价值200万元,其中成本为180万元,公允价值变动为20万元。假设不考虑相关税费。

甲公司的账务处理如下:

借:银行存款   3 000 000

  贷:其他业务收入   3 000 000

借:公允价值变动损益   200 000

  其他业务成本   1 800 000

  贷:投资性房地产——成本   1 800 000

        ——公允价值变动   200 000

任务二 非货币性资产交换的核算

一、什么是非货币性资产交换

非货币性资产交换是指交易双方主要以存货、固定资产、无形资产和长期股权投资等非货币性资产进行的交换。该交换不涉及或只涉及少量的货币性资产(即补价)。

货币性资产是指企业持有的货币资金和将以固定或可确定的金额收取的资产,包括现金、银行存款、应收账款和应收票据以及准备持有至到期的债券投资等。非货币性资产是指货币性资产以外的资产,通常包括存货(原材料、包装物、低值易耗品、库存商品、委托加工物资、委托代销商品等)、长期股权投资、投资性房地产、固定资产、在建工程、工程物资、无形资产等。

非货币性资产交换准则规定,认定涉及少量货币性资产的交换为非货币性资产交换,通常以补价占整个资产交换金额的比例低于25%作为参考比例,即支付的货币性资产占换入资产公允价值(或占换出资产公允价值与支付的货币性资产之和)的比例,或者收到的货币性资产占换出资产公允价值(或占换入资产公允价值和收到的货币性资产之和)的比例低于25%的,视为非货币性资产交换;高于25%(含25%)的,视为货币性资产交换,适用其他相关准则。

二、非货币性资产交换的核算方法

(一)非货币性资产交换的确认和计量的原则

1. 公允价值

非货币性资产交换同时满足下列两个条件的,应当以公允价值和应支付的相关税费作为换入资产的成本,公允价值与换出资产账面价值的差额计入当期损益:

(1)该项交换具有商业实质;

(2)换入资产或换出资产的公允价值能够可靠地计量。

资产存在活跃市场,是资产公允价值能够可靠计量的明显证据,但不是唯一要求。属于以下三种情形之一的,公允价值视为能够可靠计量:一是换入资产或换出资产存在活跃市场;二是换入资产或换出资产不存在活跃市场,但同类或类似资产存在活跃市场;三是换入资产或换出资产不存在同类或类似资产的可比市场交易、采用估值技术确定的公允价值满足一定的条件。

换入资产和换出资产公允价值均能够可靠计量的,应当以换出资产公允价值作为确定换入资产成本的基础。一般来说,取得资产的成本应当按照所放弃资产的对价来确定,在非货币性资产交换中,换出资产就是放弃的对价,如果其公允价值能够可靠确定,应当优先考虑以换出资产的公允价值作为确定换入资产成本的基础;如果有确凿证据表明换入资产的公允价值更加可靠的,应当以换入资产的公允价值为基础确定换入资产的成本,这种情况多发生在非货币性资产交换存在补价的情况,因为存在补价表明换入资产和换出资产的公允价值不相等,一般不能直接以换出资产的公允价值作为换入资产的成本。

2. 账面价值

不具有商业实质或交换涉及资产的公允价值均不能可靠计量的非货币性资产交换,应当以换出资产的账面价值和应支付的相关税费,作为换入资产的成本,无论是否支付补价,均不确认损益。收到支付的补价,作为确定换入资产成本的调整因素,其中,收到补价方应当以换出资产的账面价值减去补价作为换入资产的成本;支付补价方应当以换出资产的账面价值加上补价作为换入资产的成本。

(二)非货币性资产交换的会计处理

1. 以公允价值计量的会计处理

非货币性资产交换具有商业实质且公允价值能够可靠计量的,应当以换出资产的公允价值和应支付的相关税费,作为换入资产的成本,除非有确凿证据表明换入资产的公允价值比换出资产的公允价值更加可靠。

非货币性资产交换的会计处理,视换出资产的类别不同而有所区别:

(1)换出资产为存货的,应当视同销售处理,根据《企业会计准则第 14 号——收入》按照公允价值确认销售收入,同时结转销售成本,相当于按照公允价值确认的收入和按账面价值结转的成本之间的差额,也即换出资产公允价值和换出资产账面价值的差额,在利润表中作为营业利润的构成部分予以列示。

(2)换出资产为固定资产、无形资产的,换出资产公允价值和换出资产账面价值的差额,计入营业外收入或营业外支出。

(3)换出资产为长期股权投资、可供出售金融资产的,换出资产公允价值和换出资产账面价值的差额,计入投资收益。

换入资产与换出资产涉及相关税费的,如换出存货视同销售计算的销项税额,换入资产作为存货应当确认的可抵扣增值税进项税额,以及换出固定资产、无形资产视同转让应缴纳的增值税额等,按照相关税收规定计算确定。

(1)不涉及补价的情况

【案例 14-11】 2×15 年 3 月,甲公司以一台设备交换乙公司生产的一批产品,换入的产品作为原材料使用。设备的账面原价为 30 万元,已提折旧 10 万元,公允价值为 11.7 万元。产品的公允价值(即计税价格)为 10 万元,成本为 6 万元。甲、乙公司均为一般纳税人,增值税税率为 17%。

甲公司的账务处理如下:

借:固定资产清理　　　　　　　　　　　　　　　　　　　200 000

```
    累计折旧                                              100 000
      贷:固定资产                                          300 000
  借:原材料                                              100 000
    应交税费——应交增值税(进项税额)                        17 000
    营业外支出                                            83 000
      贷:固定资产清理                                      200 000
```

乙公司的账务处理如下:

```
  借:固定资产                                            117 000
      贷:主营业务收入                                      100 000
        应交税费——应交增值税(销项税额)                    17 000
  借:主营业务成本                                          60 000
      贷:库存商品                                          60 000
```

(2)涉及补价的情况

在以公允价值确定换入资产成本的情况下,发生补价的,支付补价方和收到补价方应当分别情况处理:

①支付补价方:应当以换出资产的公允价值加上支付的补价(即换入资产的公允价值)和应支付的相关税费,作为换入资产的成本;换入资产成本与换出资产账面价值加支付的补价、应支付的相关税费之和的差额,应当计入当期损益。

②收到补价方:应当以换入资产的公允价值(或换出资产的公允价值减去补价)和应支付的相关税费,作为换入资产的成本;换入资产成本加收到的补价之和与换出资产账面价值加应支付的相关税费之和的差额,应当计入当期损益。

在涉及补价的情况下,对于支付补价方而言,作为补价的货币性资产构成换入资产所放弃对价的一部分;对于收到补价方而言,作为补价的货币性资产构成换入资产的一部分。

【案例 14-12】甲公司将两辆大型运输车辆与乙公司的一台生产设备相交换,另支付补价 10 万元。在交换日,甲公司用于交换的两辆运输车辆的账面原价为 140 万元,累计折旧为 25 万元,公允价值为 90 万元;乙公司用于交换的生产设备的账面原价为 300 万元,累计折旧为 175 万元,公允价值为 100 万元。该非货币性资产交换具有商业实质。假定不考虑相关税费。

对甲公司而言:支付的补价 10 万元÷换入资产的公允价值 100 万元=10%<25%,属于非货币性资产交换。

对乙公司而言:收到的补价 10 万元÷换出资产的公允价值 100 万元=10%<25%,属于非货币性资产交换。

甲公司的账务处理如下:

```
  借:固定资产清理                                      1 150 000
    累计折旧                                            250 000
      贷:固定资产——汽车                                1 400 000
  借:固定资产——生产设备                                1 000 000
    营业外支出                                          250 000
      贷:固定资产清理                                    1 150 000
```

银行存款	100 000

乙公司的账务处理如下：

借：固定资产清理	1 250 000
累计折旧	1 750 000
贷：固定资产——生产设备	3 000 000
借：固定资产——汽车	900 000
银行存款	100 000
营业外支出	250 000
贷：固定资产清理	1 250 000

2. 以换出资产账面价值计量的会计处理

非货币性资产交换不具有商业实质，或者虽然具有商业实质但换入资产和换出资产的公允价值均不能可靠计量的，应当以换出资产的账面价值为基础确定换入资产的成本，不确认损益。

【案例 14-13】甲公司将一项专利权与乙公司的一台专用设备相交换。该专利权原入账价值为 100 万元，已摊销 60 万元。专用设备的账面原价为 140 万元，已计提折旧 80 万元。两项资产均未计提减值准备。专利权和专用设备的公允价值均不能可靠计量。经双方商定，甲公司向乙公司支付补价 10 万元。假定交易中没有涉及相关税费。

由于两项资产的公允价值不能可靠计量，因此，对于该项资产交换，换入资产的成本应当按照换出资产的账面价值确定。

甲公司的账务处理如下：

借：固定资产——专用设备	500 000
累计摊销	600 000
贷：无形资产——专利权	1 000 000
银行存款	100 000

乙公司的账务处理如下：

借：固定资产清理	600 000
累计折旧	800 000
贷：固定资产——专用设备	1 400 000
借：无形资产——专利权	500 000
银行存款	100 000
贷：固定资产清理	600 000

3. 涉及多项非货币性资产交换的会计处理

非货币性资产交换同时换入多项资产的，在确定各项换入资产的成本时，应当分别下列情况处理：

(1)非货币性资产交换具有商业实质，且换入资产的公允价值能够可靠计量的，应当按照换入各项资产的公允价值占换入资产公允价值总额的比例，对换入资产的成本总额进行分配，确定各项换入资产的成本。

(2)非货币性资产交换不具有商业实质，或者虽具有商业实质但换入资产的公允价值不能可靠计量的，应当按照换入各项资产的原账面价值占换入资产原账面价值总额的比例，对换入资产的成本总额进行分配,确定各项换入资产的成本。

【案例14-14】2×15年11月25日,甲公司以一批库存商品与丙公司的厂房、设备进行交换。甲公司该批库存商品的成本为80万元,已提存货跌价准备5万元,公允价值(即计税价格)为70万元。丙公司厂房的账面原价为60万元,累计折旧为30万元;设备的账面原价为90万元,累计折旧为20万元。另外,甲公司向丙公司支付银行存款10万元。假定甲公司、丙公司的资产交换具有商业实质,使用的增值税税率均为17%,甲公司换入资产仍然作为固定资产使用和管理,丙公司换入资产作为原材料使用,不考虑其他相关因素的影响。

对甲公司而言,支付补价占换入资产公允价值的比例为:10÷(70+10)=12.5%<25%,属于非货币性资产交换。

对乙公司而言,收到补价占换出资产公允价值的比例为:10÷(70+10)=12.5%<25%,属于非货币性资产交换。

甲公司的会计处理为:

换入资产总成本=70+10+70×17%=91.9(万元)

换入厂房原账面价值=60-30=30(万元)

换入设备原账面价值=90-20=70(万元)

换入厂房原账面价值占换入资产原账面价值总额的比例=30÷(30+70)=30%

换入设备原账面价值占换入资产原账面价值总额的比例=70÷(30+70)=70%

换入厂房入账价值=91.9×30%=27.57(万元)

换入设备入账价值=91.9×70%=64.33(万元)

会计分录:

借:固定资产——厂房	275 700
——设备	643 300
贷:主营业务收入	700 000
应交税费——应交增值税(销项税额)	119 000
银行存款	100 000
借:主营业务成本	750 000
存货跌价准备	50 000
贷:库存商品	800 000

乙公司的会计处理为:

换入资产总成本=70(万元)

借:固定资产清理	1 000 000
累计折旧	500 000
贷:固定资产——厂房	600 000
——设备	900 000
借:原材料	700 000
应交税费——应交增值税(进项税额)	119 000
银行存款	100 000
营业外支出	81 000
贷:固定资产清理	1 000 000

任务三　债务重组的核算

一、什么是债务重组

债务重组是指在债务人发生财务困难的情况下,债权人按照其与债务人达成的协议或法院的裁定作出让步的事项。

"债务人发生财务困难",是指债务人出现资金周转困难或经营陷入困境,导致其无法或者没有能力按原定条件偿还债务;"债权人作出让步",是指债权人同意发生财务困难的债务人现在或者将来以低于重组债务账面价值的金额或者价值偿还债务。"债权人作出让步"的情形主要包括:债权人减免债务人部分债务本金或者利息、降低债务人应付债务的利率等。

债务重组主要有以下几种方式:

(1)以资产清偿债务。

(2)债务转为资本。

(3)修改其他债务条件,如减少债务本金、减少债务利息等,不包括上述两种方式。

(4)以上三种方式的组合等。

二、债务重组的核算方法

(一)以资产清偿债务

1. 以现金清偿债务

债务人以现金清偿债务的,债务人应当将重组债务的账面价值与支付的现金之间的差额确认为债务重组利得,计入当期损益(营业外收入)。债权人应当将重组债权的账面余额与收到的现金之间的差额确认为债务重组损失,计入当期损益(营业外支出)。债权人已对债权计提减值准备的,应当先将该差额冲减减值准备,减值准备不足以冲减的部分,计入当期损益。

【案例14-15】甲公司应收乙公司货款20万元。由于乙公司出现财务困难,无法如期偿还,双方于2×15年7月30日协议进行债务重组。债务重组协议规定,甲公司同意减免乙公司债务5万元,余额用现金立即偿清。乙公司于当日通过银行转账支付了该笔剩余款项。甲公司已为该项应收债权计提坏账准备3万元。

(1)乙公司的账务处理:

借:应付账款 200 000
　　贷:银行存款 150 000
　　　　营业外收入——债务重组利得 50 000

(2)甲公司的账务处理:

借:银行存款 150 000
　　坏账准备 30 000
　　营业外支出——债务重组损失 20 000
　　贷:应收账款 200 000

假定甲公司为该应收债权计提的坏账准备为6万元,则甲公司的账务处理为:

借:银行存款　　　　　　　　　　　　　　　　　　　　　　　　　　150 000
　　坏账准备　　　　　　　　　　　　　　　　　　　　　　　　　　60 000
　　贷:应收账款　　　　　　　　　　　　　　　　　　　　　　　　　　　200 000
　　　　资产减值损失　　　　　　　　　　　　　　　　　　　　　　　　　10 000

2. 以非现金资产清偿某项债务

债务人以非现金资产清偿某项债务的,债务人应当将重组债务的账面价值与转让的非现金资产的公允价值之间的差额确认为债务重组利得,计入当期损益(营业外收入);转让的非现金资产的公允价值与其账面价值的差额作为转让资产损益,计入当期损益。债权人应当对受让的非现金资产按其公允价值入账,重组债权的账面余额与受让的非现金资产的公允价值之间的差额,确认为债务重组损失,计入当期损益(营业外支出)。重组债权已经计提减值准备的,应当先将上述差额冲减已计提的减值准备,冲减后仍有损失的,计入营业外支出(债务重组损失);冲减后减值准备仍有余额的,应予转回并抵减当期资产减值损失。

(1)以存货抵偿债务

债务人以库存材料或产品抵偿债务,应视同销售进行核算,根据"收入"的相关规定,按非现金资产的公允价值确认销售商品收入,同时结转相应的成本。

【案例 14-16】甲公司欠乙公司购货款 40 万元。由于甲公司财务发生困难,短期内不能支付已于 2×15 年 6 月 30 日到期的货款。2×15 年 7 月 1 日,经双方协商,乙公司同意甲公司以其生产的产品偿还债务。该产品的公允价值为 30 万元,实际成本为 20 万元。甲公司适用的增值税税率为 17%。乙公司于 2×15 年 7 月 15 日收到抵债产品后,作为原材料使用。乙公司对该项应收账款计提坏账准备 3 万元。

(1)甲公司的账务处理:

借:应付账款　　　　　　　　　　　　　　　　　　　　　　　　　　400 000
　　贷:主营业务收入　　　　　　　　　　　　　　　　　　　　　　　　　300 000
　　　　应交税费——应交增值税(销项税额)　　　　　　　　　　　　　　51 000
　　　　营业外收入——债务重组利得　　　　　　　　　　　　　　　　　　49 000
借:主营业务成本　　　　　　　　　　　　　　　　　　　　　　　　200 000
　　贷:库存商品　　　　　　　　　　　　　　　　　　　　　　　　　　　200 000

(2)乙公司的账务处理:

借:原材料　　　　　　　　　　　　　　　　　　　　　　　　　　　300 000
　　应交税费——应交增值税(进项税额)　　　　　　　　　　　　　　　51 000
　　坏账准备　　　　　　　　　　　　　　　　　　　　　　　　　　30 000
　　营业外支出——债务重组损失　　　　　　　　　　　　　　　　　　19 000
　　贷:应收账款　　　　　　　　　　　　　　　　　　　　　　　　　　　400 000

(2)以固定资产抵偿债务

债务人以固定资产抵偿债务,应将固定资产的公允价值与该项固定资产账面价值和清理费用的差额作为转让固定资产的损益处理。同时,将固定资产的公允价值与应付债务的账面价值的差额,作为债务重组利得,计入营业外收入。债权人收到的固定资产应按公允价值计量。

【案例 14-17】甲公司于 2×15 年 1 月 1 日应收乙公司货款 50 万元,但由于乙公司财务发生困难,短期内不能支付货款。2×15 年 2 月 1 日,经双方协商,甲公司同意乙公司以一台设备偿还债务。该项设备的账面原价为 50 万元,已提折旧 10 万元,设备的公允价值为 30 万元。甲公司对该项应收账款已提取坏账准备 3 万元。假定不考虑与该项债务重组相关的税费。

(1)乙公司的账务处理:

将固定资产净值转入固定资产清理:

借:固定资产清理		400 000
累计折旧		100 000
贷:固定资产		500 000

确认债务重组利得:

借:应付账款		500 000
贷:固定资产清理		300 000
营业外收入——债务重组利得		200 000

确认固定资产处置损失:

借:营业外支出——处置固定资产损失		100 000
贷:固定资产清理		100 000

(2)甲公司的账务处理:

借:固定资产		300 000
坏账准备		30 000
营业外支出——债务重组损失		170 000
贷:应收账款		500 000

以非现金资产清偿某项债务,还可以使用股票、债券等金融资产抵偿债务。债务人以股票、债券等金融资产清偿债务,应将相关金融资产的公允价值与其账面价值的差额,作为转让金融资产的利得或损失;相关金融资产的公允价值与重组债务的账面价值的差额,作为债务重组利得。债权人收到的相关金融资产应按公允价值计量。

(二)债务转为资本

以债务转为资本方式进行债务重组的,应分别以下情况处理:

将债务转为资本的,债务人应当将债权人放弃债权而享有股份的面值总额确认为股本(或者实收资本),股份的公允价值总额与股本(或者实收资本)之间的差额确认为资本公积;重组债务的账面价值与股份的公允价值总额之间的差额,计入当期损益。债权人应将重组债权的账面余额与因放弃债权而享有的股权的公允价值之间的差额,先冲减已提取的减值准备,减值准备不足冲减的部分,或未提取减值准备的,将该差额确认为债务重组损失。

【案例 14-18】2×15 年 1 月 1 日,甲公司应收乙公司账款的账面余额为 60 万元,由于乙公司发生财务困难,无法如期偿付。经双方协商,同意乙公司以 10 万股抵偿该项债务,假定乙公司普通股的面值为 1 元,股票每股市价为 4 元。甲公司对该项应收账款计提了坏账准备 5 万元。

(1)乙公司的账务处理:

借:应付账款		600 000
贷:股本		100 000

资本公积——股本溢价	300 000
营业外收入——债务重组利得	200 000

（2）甲公司的账务处理：

借：长期股权投资　　　　　　　　　　　　　　　　　　　　　　400 000

　　坏账准备　　　　　　　　　　　　　　　　　　　　　　　　 50 000

　　营业外支出——债务重组损失　　　　　　　　　　　　　　　150 000

　　贷：应收账款　　　　　　　　　　　　　　　　　　　　　　600 000

（三）修改其他债务条件

　　修改其他债务条件的，债务人应当将修改其他债务条件后债务的公允价值作为重组后债务的入账价值。重组债务的账面价值与重组后债务的入账价值之间的差额，计入当期损益。修改后的债务条款如涉及或有应付金额，且该或有应付金额符合《企业会计准则第13号——或有事项》中有关预计负债确认条件的，债务人应当将该或有应付金额确认为预计负债。重组债务的账面价值，与重组后债务的入账价值和预计负债金额之和的差额，计入当期损益。或有应付金额是指需要根据未来某种事项的出现而发生的应付金额，而且该未来事项的出现具有不确定性。

　　以修改其他债务条件进行债务重组，如修改后的债务条款不涉及或有应收金额，则债权人应当将修改其他债务条件后的债权的公允价值作为重组后债权的账面价值，重组债权的账面余额与重组后债权账面价值之间的差额确认为债务重组损失，计入当期损益。如果债权人已对该项债权计提了减值准备，应当首先冲减已计提的减值准备，减值准备不足以冲减的部分，作为债务重组损失，计入营业外支出。

　　修改后的债务条款中涉及或有应收金额的，债权人不应当确认或有应收金额，不得将其计入重组后债权的账面价值。或有应收金额是指需要根据未来某种事项的出现而发生的应收金额，而且该未来事项的出现具有不确定性。

　　【案例14-19】2×14年12月31日，甲公司应收乙公司账款50万元。由于乙公司资金周转困难，不能偿付该笔应收账款。经双方协商，于2×15年1月1日进行债务重组。甲公司同意将债务降至30万元，偿还期限延长至2×16年12月31日，延长期间按2%计算利息。甲公司已为该项应收款项计提了坏账准备5万元。

　　（1）乙公司的账务处理：

　　①债务重组时的会计分录：

借：应付账款　　　　　　　　　　　　　　　　　　　　　　　　500 000

　　贷：应付账款——债务重组　　　　　　　　　　　　　　　　300 000

　　　　营业外收入——债务重组利得　　　　　　　　　　　　　200 000

　　②2×15年12月31日支付利息：

借：财务费用　　　　　　　　　　　　　　　　　　　　　　　　 6 000

　　贷：银行存款　　　　　　　　　　　　　　　　　　　　　　 6 000

　　③2×16年12月31日偿还本金和最后一年利息：

借：应付账款——债务重组　　　　　　　　　　　　　　　　　　300 000

　　财务费用　　　　　　　　　　　　　　　　　　　　　　　　 6 000

　　贷：银行存款　　　　　　　　　　　　　　　　　　　　　　306 000

(2)甲公司的账务处理：

①债务重组日的会计分录：

借：应收账款——债务重组　　　　　　　　　　　　　　　　　300 000

　　坏账准备　　　　　　　　　　　　　　　　　　　　　　　 50 000

　　营业外支出——债务重组损失　　　　　　　　　　　　　　150 000

　　贷：应收账款　　　　　　　　　　　　　　　　　　　　　500 000

②2×15 年 12 月 31 日收到利息：

借：银行存款　　　　　　　　　　　　　　　　　　　　　　　 6 000

　　贷：财务费用　　　　　　　　　　　　　　　　　　　　　　6 000

③2×16 年 12 月 31 日收到本金和最后一年利息：

借：银行存款　　　　　　　　　　　　　　　　　　　　　　　306 000

　　贷：财务费用　　　　　　　　　　　　　　　　　　　　　　6 000

　　　　应收账款　　　　　　　　　　　　　　　　　　　　　300 000

(四)以上三种方式的组合

债务重组采用以现金清偿债务、非现金资产清偿债务、债务转为资本、修改其他债务条件等方式的组合进行的，债权人应当依次以收到的现金、接受的非现金资产公允价值、债权人享有股份的公允价值冲减重组债权的账面余额，再按债权人修改其他债务条件的规定进行会计处理。

【案例 14-20】2×15 年 6 月 30 日，甲公司应收乙公司账款 600 万元，乙公司遇到严重财务困难，无法偿还。甲公司经与乙公司协商，签订债务重组合同。合同规定：乙公司以其拥有的一栋写字楼及一项长期股权投资偿付该项债务；乙公司写字楼和长期股权投资所有权转移至甲公司后，双方债权债务结清。2×15 年 8 月 20 日，乙公司将写字楼和长期股权投资所有权转移至甲公司。同日，甲公司该重组债权已计提的坏账准备为 100 万元；乙公司该写字楼的原入账金额为 500 万元，已提折旧 300 万元，公允价值为 300 万元；乙公司该长期股权投资的账面余额为 100 万元，已计提的减值准备为 50 万元，公允价值为 60 万元。甲公司将取得的股权投资作为长期股权投资，采用成本法核算。

乙公司的账务处理如下：

债务重组利得（营业外收入）=600-（300+60）=240（万元）

写字楼转让收益（营业外收入）=300-（500-300）=100（万元）

长期股权投资转让收益（投资收益）=60-（100-50）=10（万元）

借：固定资产清理　　　　　　　　　　　　　　　　　　　　2 000 000

　　累计折旧　　　　　　　　　　　　　　　　　　　　　　3 000 000

　　贷：固定资产　　　　　　　　　　　　　　　　　　　　5 000 000

借：应付账款　　　　　　　　　　　　　　　　　　　　　　6 000 000

　　长期股权投资减值准备　　　　　　　　　　　　　　　　　500 000

　　贷：固定资产清理　　　　　　　　　　　　　　　　　　2 000 000

　　　　长期股权投资　　　　　　　　　　　　　　　　　　1 000 000

　　　　营业外收入——债务重组利得　　　　　　　　　　　2 400 000

　　　　　　　　　——处置非流动资产利得　　　　　　　　1 000 000

　　投资收益　　　　　　　　　　　　　　　　　　　　　　　100 000

甲公司的账务处理如下：

债务重组损失（营业外支出）＝（600－100）－（300＋60）＝140（万元）

借：固定资产　　　　　　　　　　　　　　　　　　　　　3 000 000

　　长期股权投资　　　　　　　　　　　　　　　　　　　　600 000

　　坏账准备　　　　　　　　　　　　　　　　　　　　　1 000 000

　　营业外支出——债务重组损失　　　　　　　　　　　　1 400 000

　　贷：应收账款　　　　　　　　　　　　　　　　　　　6 000 000

任务四　或有事项的核算

一、什么是或有事项

　　或有事项是指过去的交易或者事项形成的，其结果须由某些未来事项的发生或不发生才能决定的不确定事项。常见的或有事项包括：未决诉讼或未决仲裁、债务担保、产品质量保证（含产品安全保证）、亏损合同、重组义务、承诺、环境污染整治等。

　　或有负债是指过去的交易或事项形成的潜在义务，其存在须通过未来不确定事项的发生或不发生予以证实；或过去的交易或事项形成的现时义务，履行该义务不是很可能导致经济利益流出企业或该义务的金额不能可靠计量。

　　履行或有事项相关义务导致经济利益流出的可能性，通常按照一定的概率区间加以判断。一般情况下，发生的概率分为以下几个层次：基本确定、很可能、可能、极小可能。其中，"基本确定"是指发生的可能性大于95％但小于100％；"很可能"是指发生的可能性大于50％但小于或等于95％；"可能"是指发生的可能性大于5％但小于或等于50％；"极小可能"是指发生的可能性大于0但小于或等于5％。

　　或有资产是指过去的交易或者事项形成的潜在资产，其存在须通过未来不确定事项的发生或不发生予以证实。或有资产作为一种潜在资产，其结果具有较大的不确定性，只有随着经济情况的变化，通过某些未来不确定事项的发生或不发生才能证实其是否会形成企业真正的资产。

　　或有负债和或有资产不符合负债或资产的定义和确认条件，企业不应当确认或有负债和或有资产，而应当进行相应的披露。

二、或有事项的核算方法

（一）预计负债的确认与计量

1. 预计负债的确认

　　与或有事项有关的义务应当在同时符合以下三个条件时确认为负债，作为预计负债进行确认和计量：

　　（1）该义务是企业承担的现时义务；

　　（2）履行该义务很可能导致经济利益流出企业；

　　（3）该义务的金额能够可靠地计量。

2. 预计负债的计量

当与或有事项有关的义务符合确认为负债的条件时,应当将其确认为预计负债。预计负债应当按照履行相关现时义务所需支出的最佳估计数进行初始计量。

所需支出存在一个连续范围,且该范围内各种结果发生的可能性相同的,最佳估计数应当按照该范围内的中间值确定。在其他情况下,最佳估计数应当分别下列情况处理:

(1)或有事项涉及单个项目的,按照最可能发生的金额确定。

(2)或有事项涉及多个项目的,按照各种可能结果及相关概率计算确定。

企业在确定最佳估计数时,应当综合考虑与或有事项有关的风险、不确定性和货币时间价值等因素。货币时间价值影响重大的,应当通过对相关未来现金流出进行折现后确定最佳估计数。

【案例 14-21】 $2×15$ 年 11 月 25 日,甲公司因合同违约被乙公司诉至法院。$2×15$ 年 12 月 31 日,法院尚未宣判。甲公司的法律顾问判断,最终的判决很可能对甲公司不利,赔偿金额可能是 100 万～120 万元之间的某一金额,而且这个区间内每个金额的可能性都大致相同。

甲公司应在 $2×15$ 年 12 月 31 日的资产负债表中确认一项负债金额:$(100+120)÷2=110$(万元)。

假定甲公司赔偿的金额很可能是 130 万元,则 $2×15$ 年 12 月 31 日的资产负债表中应确认负债金额为 130 万元。

【案例 14-22】 甲公司生产并销售 A 产品的产品质量保证条款为:该产品售出后一年内,如发生正常质量问题,公司将负责免费维修。根据以前年度的维修记录,如果发生较小的质量问题,发生的维修费用为销售收入的 2%;如果发生较大的质量问题,发生的维修费用为销售收入的 10%。$2×15$ 年第一季度,甲公司共销售 A 产品 200 万元。根据公司技术部门的预测,本季度销售的产品中,70% 不会发生质量问题,20% 可能发生较小质量问题,10% 可能发生较大质量问题。

$2×15$ 年第一季度末,甲公司应在资产负债表中确认的负债金额为:$200×(2\%×20\%+10\%×10\%)=2.8$(万元)。

(二)或有事项的具体会计处理

1. 未决诉讼或未决仲裁

【案例 14-23】 $2×15$ 年 12 月 10 日,甲公司因合同违约而被丁公司起诉。$2×15$ 年 12 月 31 日,公司尚未接到法院的判决。在咨询了公司的法律顾问后,甲公司认为最终的法律判决很可能对公司不利。预计赔偿金额为 120 万～200 万元之间的某一金额,而且这个区间内每个金额的可能性都大致相同,其中诉讼费为 2 万元。

甲公司应在资产负债表中确认一项预计负债,金额为:$(120+200)÷2=160$(万元)。

借:管理费用——诉讼费   20 000

    营业外支出   1 580 000

    贷:预计负债——未决诉讼   1 600 000

2. 债务担保

【案例 14-24】 甲公司为 B 公司银行贷款提供担保,B 公司银行贷款的金额为 1 000 万元,甲公司担保 50%。$2×14$ 年 12 月 31 日,B 公司贷款逾期未还,银行已起诉 B 公司,甲公司因连带责任需赔偿的金额很可能为 500 万元。

甲公司应在资产负债表中确认一项预计负债,金额为 500 万元。

借:营业外支出　　　　　　　　　　　　　　　　　　　　　　　　5 000 000

　　贷:预计负债——债务担保　　　　　　　　　　　　　　　　　　　5 000 000

3. 产品质量保证

【案例 14-25】沿用案例 14-22 的资料,甲公司 2×15 年第一季度的账务处理如下:

(1)确认与产品质量保证有关的预计负债:

借:销售费用——产品质量保证　　　　　　　　　　　　　　　　　　28 000

　　贷:预计负债——产品质量保证　　　　　　　　　　　　　　　　　28 000

假定甲公司 2×15 年第一季度发生维修费用 2 万元,其中原材料费用 1.5 万元、银行存款 0.5 万元:

借:预计负债——产品质量保证　　　　　　　　　　　　　　　　　　20 000

　　贷:银行存款　　　　　　　　　　　　　　　　　　　　　　　　　5 000

　　　原材料　　　　　　　　　　　　　　　　　　　　　　　　　　15 000

在对产品质量保证确认预计负债时,需要注意的是:

第一,如果发现保证费用的实际发生额与预计数相差较大,应及时对预计比例进行调整;

第二,如果企业针对特定批次产品确认预计负债,则在保修期结束时,将“预计负债——产品质量保证”余额冲销,不留余额;

第三,已对其确认预计负债的产品,如企业不再生产了,那么应在相应的产品质量保证期满后,将“预计负债——产品质量保证”余额冲销,不留余额。

4. 亏损合同

待执行合同变为亏损合同,同时该亏损合同产生的义务满足预计负债的确认条件的,应当确认为预计负债。其中,待执行合同是指合同各方未履行任何合同义务,或部分履行了同等义务的合同。待执行合同不属于或有事项。但是,待执行合同变为亏损合同的,应当作为或有事项。亏损合同是指履行合同义务不可避免发生的成本超过预期经济利益的合同。

5. 重组义务

企业因重组而承担了重组义务,并且同时满足或有事项的三项确认条件时,才能确认预计负债。

同时存在下列情况的,表明企业承担了重组义务:

(1)有详细、正式的重组计划,包括重组涉及的业务、主要地点、需要补偿的职工人数、预计重组支出、计划实施时间等。

(2)该重组计划已对外公告。

重组是指企业制定和控制的,将显著改变企业组织形式、经营范围或经营方式的计划实施行为。

企业应当按照与重组有关的直接支出确定预计负债金额。直接支出不包括留用职工岗前培训、市场推广、新系统和营销网络投入等支出。

(三)或有事项的列报

企业应当在附注中披露与或有事项有关的下列信息:

（1）预计负债：

①预计负债的种类、形成原因以及经济利益流出不确定性的说明。

②各类预计负债的期初、期末余额和本期变动情况。

③与预计负债有关的预期补偿金额和本期已确认的预期补偿金额。

（2）或有负债（不包括极小可能导致经济利益流出企业的或有负债）：

①或有负债的种类及其形成原因，包括已贴现商业承兑汇票、未决诉讼、未决仲裁、对外提供担保等形成的或有负债。

②经济利益流出不确定性的说明。

③或有负债预计产生的财务影响，以及获得补偿的可能性；无法预计的，应当说明原因。

（3）企业通常不应当披露或有资产。但或有资产很可能会给企业带来经济利益的，应当披露其形成的原因、预计产生的财务影响等。

在涉及未决诉讼、未决仲裁的情况下，披露全部或部分信息预期对企业造成重大不利影响的，企业无须披露这些信息，但应当披露该未决诉讼、未决仲裁的性质，以及没有披露这些信息的事实和原因。

任务五　资产负债表日后事项的核算

一、什么是资产负债表日后事项

资产负债表日后事项是指资产负债表日至财务报告批准报出日之间发生的有利或不利事项。资产负债表日后事项涵盖的期间是自资产负债表日次日起至财务报告批准报出日止的一段时间。

资产负债表日后事项包括资产负债表日后调整事项（以下简称调整事项）和资产负债表日后非调整事项（以下简称非调整事项）。

（一）调整事项

调整事项是指对资产负债表日已经存在的情况提供了新的或进一步证据的事项。

企业发生的调整事项，通常包括下列各项：①资产负债表日后诉讼案件结案，法院判决证实了企业在资产负债表日已经存在现时义务，需要调整原先确认的与该诉讼案件相关的预计负债，或确认一项新负债；②资产负债表日后取得确凿证据，表明某项资产在资产负债表日发生了减值或者需要调整该项资产原先确认的减值金额；③资产负债表日后进一步确定了资产负债表日前购入资产的成本或售出资产的收入；④资产负债表日后发现了财务报表舞弊或差错。

（二）非调整事项

非调整事项是指表明资产负债表日后发生的情况的事项。

企业发生的非调整事项，通常包括下列各项：①资产负债表日后发生重大诉讼、仲裁、承诺；②资产负债表日后资产价格、税收政策、外汇汇率发生重大变化；③资产负债表日后因自然灾害导致资产发生重大损失；④资产负债表日后发行股票和债券以及其他巨额举债；⑤资产负债表日后资本公积转增资本；⑥资产负债表日后发生巨额亏损；⑦资产负债表日后发生企业合并或处置子公司。

资产负债表日后发生的某一事项究竟是调整事项还是非调整事项,取决于该事项表明的情况在资产负债表日或资产负债表日以前是否已经存在。若该情况在资产负债表日或之前已经存在,则属于调整事项;反之,则属于非调整事项。

二、资产负债表日后事项的核算方法

(一)调整事项的会计处理

1. 调整事项的处理原则

企业发生的调整事项,应当调整资产负债表日的财务报表。年度资产负债表日后发生的调整事项,应具体分别以下情况进行处理:

(1)涉及损益的事项,通过"以前年度损益调整"科目核算。涉及损益的调整事项,如果发生在资产负债表日所属年度(即报告年度)所得税汇算清缴前,应调整报告年度应纳税所得额、应纳所得税税额;发生在报告年度所得税汇算清缴后,应调整本年度(即报告年度的次年)应纳所得税税额。

(2)涉及利润分配调整的事项,直接在"利润分配——未分配利润"科目核算。

(3)不涉及损益及利润分配的事项,调整相关科目。

(4)通过上述账务处理后,还应同时调整财务报表相关项目的数字,包括:①资产负债表日编制的财务报表相关项目的期末数或本年发生数;②当期编制的财务报表相关项目的期初数或上年数;③经过上述调整后,如果涉及报表附注内容的,还应当作出相应调整。

2. 调整事项的具体会计处理方法

为简化处理,如无特殊说明,下面所有案例均假定:财务报告批准报出日是次年3月31日,所得税税率为25%,按净利润的10%提取法定盈余公积,提取法定盈余公积后不再作其他分配;调整事项按税法规定均可调整应交纳的所得税;涉及递延所得税资产的,均假定未来期间很可能取得用来抵扣暂时性差异的应纳税所得额;不考虑报表附注中有关现金流量表项目的数字。

(1)资产负债表日后诉讼案件结案,法院判决证实了企业在资产负债表日已经存在现时义务,需要调整原先确认的与该诉讼案件相关的预计负债,或确认一项新负债

【案例14-26】2×14年8月31日前,甲公司按照合同规定应向乙公司提供一批物资。由于甲公司组织生产时出现生产事故,未能按照合同发货,致使乙公司发生重大经济损失。乙公司要求甲公司赔偿,但双方协商未果。2×14年12月5日,乙公司将甲公司告上法庭,要求甲公司赔偿300万元。2×14年12月31日法院尚未判决,甲公司咨询法律专家后,确认预计负债200万元。2×15年2月10日,经法院判决甲公司应赔偿乙公司240万元,甲、乙双方均服从判决。判决当日,甲公司向乙公司支付赔偿款80万元。甲、乙两公司2×14年所得税汇算清缴均在2×15年3月20日完成(假定该项预计负债产生的损失不允许在预计时税前抵扣,只有在损失实际发生时才允许税前抵扣)。

甲公司的账务处理如下:

①2×15年2月10日,法院判决,记录并支付赔偿款:

借:预计负债　　　　　　　　　　　　　　　　　　　　　2 000 000

　　以前年度损益调整　　　　　　　　　　　　　　　　　　400 000

　贷:其他应付款　　　　　　　　　　　　　　　　　　　　　　2 400 000

借:其他应付款   2 400 000
  贷:银行存款   2 400 000
②调整应交所得税及递延所得税资产:
应交所得税应调减:240×25%=60(万元)
递延所得税资产应调减:200×25%=50(万元)
借:应交税费——应交所得税   600 000
  贷:递延所得税资产   500 000
    以前年度损益调整   100 000
③将"以前年度损益调整"科目余额转入未分配利润:
借:利润分配——未分配利润   300 000
  贷:以前年度损益调整   300 000
④调整盈余公积:
借:盈余公积   30 000
  贷:利润分配——未分配利润   30 000
⑤调整报告年度财务报表(略)。

(2)资产负债表日后取得确凿证据,表明某项资产在资产负债表日发生了减值或者需要调整该项资产原先确认的减值金额

【案例 14-27】2×14 年 10 月,甲公司应收乙公司账款 100 万元。由于乙公司财务状况不佳,至 2×14 年 12 月 31 日仍未付款。甲公司于 12 月 31 日编制 2×14 年财务报表时,已为该项应收账款提取坏账准备 10 万元。12 月 31 日资产负债表上"应收账款"项目的金额为 90 万元。甲公司于 2×15 年 1 月 30 日(所得税汇算清缴前)收到法院通知,乙公司已宣告破产清算,无力偿还所欠部分货款。甲公司预计可收回应收账款的 60%。适用的所得税税率为 25%。

甲公司的账务处理如下:
①补提坏账准备:
应补提的坏账准备=100×40%-10=30(万元)
借:以前年度损益调整   300 000
  贷:坏账准备   300 000
②调整递延所得税资产:
借:递延所得税资产   75 000
  贷:以前年度损益调整   75 000
③将"以前年度损益调整"科目的余额转入利润分配:
借:利润分配——未分配利润   225 000
  贷:以前年度损益调整   225 000
④调整利润分配有关数字:
借:盈余公积   22 500
  贷:利润分配——未分配利润   22 500
⑤调整报告年度财务报表相关项目的数字(略)。

(3)资产负债表日后进一步确定了资产负债表日前购入资产的成本或售出资产的收入

【案例 14-28】2×14 年 11 月 20 日,甲公司销售给乙公司一批商品,销售价格为 100 万元,增值税为 17 万元,该批商品的成本为 80 万元。甲公司发出商品后,按照正常情况已确认收入,并结转了成本。2×14 年 12 月 31 日,该笔货款尚未收到。2×15 年 1 月 20 日,乙公司提出产品存在质量问题,要求退货,甲公司已同意并收到相关货物。甲公司于 2×15 年 2 月 28 日完成 2×14 年所得税汇算清缴。公司适用的所得税税率为 25%。

甲公司的账务处理如下:

①2×15 年 1 月 20 日,调整销售收入:

借:以前年度损益调整   1 000 000

    应交税费——应交增值税(销项税额)   170 000

  贷:应收账款   1 170 000

②调整销售成本:

借:库存商品   800 000

  贷:以前年度损益调整   800 000

③调整应缴纳的所得税:

借:应交税费——应交所得税   50 000

  贷:以前年度损益调整   50 000

④将"以前年度损益调整"科目的余额转入利润分配:

借:利润分配——未分配利润   150 000

  贷:以前年度损益调整   150 000

⑤调整盈余公积:

借:盈余公积   15 000

  贷:利润分配——未分配利润   15 000

⑥调整相关财务报表(略)。

(4)资产负债表日后发现了财务报表舞弊或差错

【案例 14-29】甲公司在 2×15 年 1 月 25 日发现 2×14 年公司漏记一项固定资产的折旧费用 15 万元,所得税申报表中未扣除该项费用。假设 2×14 年适用所得税税率为 25%,无其他纳税调整事项。假定税法允许调整应交所得税。

甲公司的账务处理如下:

①补提折旧:

借:以前年度损益调整   150 000

  贷:累计折旧   150 000

②调整应交所得税:

借:应交税费——应交所得税   37 500

  贷:以前年度损益调整   37 500

③将"以前年度损益调整"科目余额转入利润分配:

借:利润分配——未分配利润   112 500

  贷:以前年度损益调整   112 500

④调整利润分配有关数字:

借:盈余公积   11 250

　　　　贷：利润分配——未分配利润　　　　　　　　　　　　　　　　　　11 250

　　⑤财务报表调整和重述(略)。

(二)非调整事项的会计处理

　　1. 非调整事项的处理原则

　　资产负债表日后发生的非调整事项，是表明资产负债表日后发生的情况的事项，与资产负债表日存在状况无关，不应当调整资产负债表日的财务报表。但有的非调整事项对财务报告使用者具有重大影响，如不加以说明，将不利于财务报告使用者做出正确估计和决策，因此，应在附注中加以披露。

　　2. 非调整事项的主要类别

　　企业发生的非调整事项通常包括下列各项：

　　(1)资产负债表日后发生重大诉讼、仲裁、承诺。

　　(2)资产负债表日后资产价格、税收政策、外汇汇率发生重大变化。

　　(3)资产负债表日后因自然灾害导致资产发生重大损失。

　　(4)资产负债表日后发行股票和债券以及其他巨额举债。

　　(5)资产负债表日后资本公积转增资本。

　　(6)资产负债表日后发生巨额亏损。

　　(7)资产负债表日后发生企业合并或处置子公司。

　　资产负债表日后，企业利润分配方案中拟分配的以及经审议批准宣告发放的股利或利润，不确认为资产负债表日的负债，但应当在附注中单独披露。

▶▶ 项目小结

　　本项目包括投资性房地产的核算、非货币性资产交换的核算、债务重组的核算、或有事项的核算、资产负债表日后事项的核算等五个部分。

　　1. 投资性房地产是指为赚取租金或资本增值，或者两者兼有而持有的房地产。投资性房地产包括已出租的土地使用权、持有并准备增值后转让的土地使用权、已出租的建筑物。

　　2. 在采用成本模式计量时，外购的土地使用权和建筑物，按照取得时的实际成本进行初始计量。投资性房地产的后续计量有成本模式和公允价值模式，通常应当采用成本模式。企业有确凿证据表明房地产用途发生改变，满足有关条件时，应当将投资性房地产转换为其他资产或者将其他资产转换为投资性房地产。当投资性房地产被处置，或者永久退出使用且预计不能从其处置中取得经济利益时，应当终止确认该项投资性房地产。

　　3. 非货币性资产交换是指交易双方主要以存货、固定资产、无形资产和长期股权投资等非货币性资产进行的交换。该交换不涉及或只涉及少量的货币性资产(即补价)。非货币性资产交换同时满足下列两个条件的，应当以公允价值和应支付的相关税费作为换入资产的成本，公允价值与换出资产账面价值的差额计入当期损益：①该项交换具有商业实质；②换入资产或换出资产的公允价值能够可靠地计量。

　　4. 债务重组是指在债务人发生财务困难的情况下，债权人按照其与债务人达成的协议或法院的裁定作出让步的事项。债务重组主要有以下几种方式：以资产清偿债务、债务转为资本、修改其他债务条件、以上三种方式的组合等。

　　5. 或有事项是指过去的交易或者事项形成的，其结果须由某些未来事项的发生或不发生才能决定的不确定事项。常见的或有事项包括未决诉讼或未决仲裁、债务担保、产品质量保证(含产品安全保证)、亏损合同、重组义务、承诺、环境污染整治等。当与或有事项有关的义务符合确认为负债的条件时,应当将其确认为预计负债。预计负债应当按照履行相关现时义务所需支出的最佳估计数进行初始计量。

6.资产负债表日后事项是指资产负债表日至财务报告批准报出日之间发生的有利或不利事项。资产负债表日后事项涵盖的期间是自资产负债表日次日起至财务报告批准报出日止的一段时间。资产负债表日后事项包括资产负债表日后调整事项和资产负债表日后非调整事项。企业发生的资产负债表日后调整事项,应当采用追溯调整法调整资产负债表日的财务报表。资产负债表日后发生的非调整事项,不应当调整资产负债表日的财务报表,对财务报告使用者具有重大影响的,应在附注中加以披露。

附录 《企业会计准则(2014)》目录

1.《企业会计准则——基本准则》
2.《企业会计准则第1号——存货》
3.《企业会计准则第2号——长期股权投资》
4.《企业会计准则第3号——投资性房地产》
5.《企业会计准则第4号——固定资产》
6.《企业会计准则第5号——生物资产》
7.《企业会计准则第6号——无形资产》
8.《企业会计准则第7号——非货币性资产交换》
9.《企业会计准则第8号——资产减值》
10.《企业会计准则第9号——职工薪酬》
11.《企业会计准则第10号——企业年金基金》
12.《企业会计准则第11号——股份支付》
13.《企业会计准则第12号——债务重组》
14.《企业会计准则第13号——或有事项》
15.《企业会计准则第14号——收入》
16.《企业会计准则第15号——建造合同》
17.《企业会计准则第16号——政府补助》
18.《企业会计准则第17号——借款费用》
19.《企业会计准则第18号——所得税》
20.《企业会计准则第19号——外币折算》
21.《企业会计准则第20号——企业合并》
22.《企业会计准则第21号——租赁》
23.《企业会计准则第22号——金融工具确认和计量》
24.《企业会计准则第23号——金融资产转移》
25.《企业会计准则第24号——套期保值》
26.《企业会计准则第25号——原保险合同》
27.《企业会计准则第26号——再保险合同》
28.《企业会计准则第27号——石油天然气开采》
29.《企业会计准则第28号——会计政策、会计估计变更和差错更正》
30.《企业会计准则第29号——资产负债表日后事项》
31.《企业会计准则第30号——财务报表列报》
32.《企业会计准则第31号——现金流量表》
33.《企业会计准则第32号——中期财务报告》
34.《企业会计准则第33号——合并财务报表》

参 考 文 献

[1]中华人民共和国会计法.

[2]企业会计准则——基本准则.

[3]企业会计准则——具体准则.

[4]企业会计准则——应用指南.

[5]中国注册会计师协会.会计[M].北京:中国财政经济出版社,2015.

[6]王宗江,张宝清.财务会计[M].北京:高等教育出版社,2009.

[7]财政部会计资格评价中心.中级会计实务[M].北京:经济科学出版社,2015.

[8]财政部会计资格评价中心.初级会计实务[M].北京:中国财政经济出版社,2015.

[9]李海波,刘学华.财务会计[M].上海:立信会计出版社,2008.

[10]王华,石本仁.中级财务会计[M].北京:中国人民大学出版社,2007.

[11]赵智全.中级财务会计[M].上海:立信会计出版社,2007.

[12]潘上永,戴桂荣.财务会计[M].北京:高等教育出版社,2007.

[13]刘红岩,丁希宝.初级会计学.上海:立信会计出版社,2007.